一個橋樑書的新願景

——從圖像到文字閱讀的教學研究

Image to Reading

曾麗珍・著

Image to reading

盛夏的夜空

　　臺灣推廣圖畫書閱讀，經過十幾年來的努力，已達到相當的成效。但關心教育的人士卻也憂心，極力推動繪本教學的結果，會導致孩子們的閱讀傾向停留於圖像世界，無法進入文字閱讀的階段。於是出版界推出由圖多文少、半圖半文、圖少文多的書籍，希望架接起圖像與文字閱讀的「橋樑書」，讓孩子們穩定而扎實的進入抽象文字閱讀的世界。但我們卻也聽到有關「橋樑書」的另一種聲音：繪本其實是一個新興的文類，讀文互相激盪的氛圍，形成的紙面舞臺，是孩子與成人共讀最好的文類；其實，所有的書籍都是橋樑。我對前一個聲音衷心攝受，也對後一個聲音極力認同。我以身邊所有的書籍、讀物都可作為橋樑書的編製媒介為架橋信念，發展新橋樑書的階段性閱讀教學設計，設計理念扣緊幾個參考點：一、字數；二、句型和字彙的難易；三、故事類型。發展出兒童文學饗宴四部曲——「美感的啟蒙」、「幸福的樂章」、「如錦的編織」、「生命的地圖」的教學設計。此四部曲與「多圖像閱讀」、「半圖像半文字閱讀」、「全文字閱讀」銜接理念相扣合，閱讀的層級是漸進的，第一層級閱讀並沒有在第二層級的閱讀中消失，第二層級又包含在第三層級中。最高的閱讀層級，包括了所有的閱讀層次，也超過了所有的層次。

　　這個題目的成形，感謝慶華老師，感謝他願意擔任我的指導教授。聽不懂研究法，拿雨傘來訴說，拿水瓶來比喻；在研究室裡，

踮著腳尖，踩在椅端上，尋找要給我看的書籍；在下著微雨的傍晚，從台東提著一袋重重的書給我，那一晚，在台北的公館。感謝鍾屏蘭教授，對於我的論文從計畫書到口考時給予的肯定、指導與讚賞；感謝溫宏悅教授細心的指導我，處理論文中英文撰寫錯誤的部分。

感謝這一路上相伴而行的師長和親朋好友們，感謝同事們的鼓勵、體諒與協助，感謝同組夥伴們共同走過奮鬥的歲月。全班親愛的同學們，大家曾經共同擁有的美好時光，將永是歡愉的回憶。

　　盛夏的夜空，星光點點灑落；穗花棋盤腳長長的枝條從枝頂下落，白色的、粉色的花穗燦麗的綻放，我從枝條下低頭走過，望見來時的我。一個偶然的緣分，因為喜歡花東縱谷的青草香；一個邀約，一個貪圖清新的空氣，蔚藍的晴空的念頭，和東大語教所結了一分師生緣。

　　在暑氣室悶的東海岸旁，民情純摯的小城市裡，漫走在書室間；一轉眼，三個夏暑乍然而過。我從花叢下離去，回想從不曾有過的經驗，為了文字的鋪排，三百六十五個日子，不敢隨意走動；彷彿要孕育一個嬰兒，那嬰兒日日夜夜需要文字的餵養。堅持著、呵護著直到他該離手的時候。

　　盛夏的夜空，星光如此燦爛，我走在海岸邊，太平洋如此遼闊；穿越森林公園裡，月光如此柔美，我回想……

麗珍　　寫於東大　98.8.4

目　次

第一章

緒論

第一節　研究動機與問題

一、「橋樑書」概念的興起&楊茂秀的觀點

　　2007 年春陽時節，日麗風和，和幾位志趣相投的兒童文學愛好者，再度相約報名，到陽明山研習中心參加「少年小說進校園」的研習。研習中，授課的老師提及「橋樑書」的概念，以及為何舉辦此次研習的緣由。原來在大家熱烈推廣圖畫書閱讀的當前，經過數年的推展成效，在人力的投入和空間擴及範圍的廣泛性上，已達到相當的飽和度及熱潮。目前大家觀察到的問題是，孩子們的課外閱讀如果一直侷限於圖畫書，閱讀能力將會原地打轉；而倘若因此一下子就給予文字書，又會因為字數太多，讓他們感到畏懼怯步，這時橋樑書的出現就是要擔負起架接兩種讀本的功能。

　　但是規畫這項研習活動的楊茂秀，提出了他個人的觀點和見解跟大家分享：各家出版社推出的橋樑書，有其為孩子們階段性閱讀的貼心考量；但有時因必須考量出版銷售的現實面，名為橋樑書的出版品也可能成為另一種閱讀限定。譬如信誼出版社在 2001 年推

出的美國著名童書作、畫家洛貝爾（Arnold Lobel）所創作的「青蛙和蟾蜍」（Frog and Toad）系列，這系列書在美國頗受肯定，是學童必讀的精選作品。該系列書由 Haper 出版社規畫在 I Can Read 的系列中，共有 4 冊，分別是《青蛙和蟾蜍──好朋友》（Frog and Toad are Friends）、《青蛙和蟾蜍──好伙伴》（Frog and Toad Together）、《青蛙和蟾蜍──快樂時光》（Days with Frog and Toad）、《青蛙和蟾蜍──快樂年年》（Frog and Toad All Year），總計有 20 個小故事，故事內容圍繞著主角青蛙和蟾蜍這對好朋友的日常生活趣事。

本系列書的故事採擬人化的方式寫作，文字簡短、精練，內容情節完整，讓小讀者可獨立完成閱讀之外，大人閱讀起來也一樣興味盎然。楊茂秀說以他自己的閱讀經驗及感受來說，從他開始接觸這套讀本開始，每一次的閱讀都有每一次不同的體會與思索趣味。倘若只把這套書界定為橋樑書，那又有些窄化了這套書所可能引發每一個不同年齡層閱讀者的生命啟迪及意趣。

又如風靡全球的（J.K.Rowling）羅琳的《哈利波特》，這一系列的書該畫分為少年小說還是成人小說？眾所周知的無論大人或小孩都對《哈利波特》愛不釋手，總引頸期盼著每一本新續集的出版。楊茂秀說有一次他和女兒都讀了《哈利波特》的其中一集，他的女兒兩、三天就看完了，而他自己卻看了十餘天之久。他好奇的詢問女兒：文句流暢嗎？有無艱澀難懂的字，女兒回答：全無此困擾，因為故事情節實在太令人著迷了。他疑惑著那自己為何閱讀的速度比女兒慢？所以《哈利波特》該歸類為少年小說還是成人小說？其實沒有那麼僵固的界定。

　　同樣的橋樑書的出版，只有標明為橋樑書的書籍才是某一個階段的閱讀者最適恰的選擇嗎？其實不然，一個小學教育工作者，他該有更為細膩的觀察、更為貼近孩童的遠見、擁有更精深的對兒童心理發展的了解及認知發展層次上的專業定見。在生活周遭的讀物、作品中取材，以橋樑書的階段性閱讀概念，進行多元文類的擇取，視教學對象和環境的需求，進行更別具特色及廣博性的閱讀教學教材編制設計。

　　目前學校的語文教育，雖然脫離了過去統一版本教科書的窠臼。但是不同的民間版本教科書的發行，對於語文教育的開創性發展，我們看到彷彿沒有多大的改變。為了一綱多本，家長們買了各家版本，但補習班卻出了各家大成的補習班版本。為了書包減重，所以內容簡化了，好像大綱一樣，只有骨架，沒有血肉，內容果真如李家同說的「變薄變淺了」。我們的學校語文教育偏重於課文形音義等基本知識的重複學習，家長對於分數的重視又宛如緊箍咒一般，牢不可破。對於想做些培養孩子思考能力、想像力和創意教學的老師，總需要瞻前顧後的勸說與建議。這對於將與全世界接軌競爭的未來主人翁，直是個會令人捏把冷汗的問題。身為第一線的教育工作者，更應該隨時掌握第一手的訊息，把好的東西推進落實在我們的教學工作上。

二、孩子的閱讀也要有階段性

　　在《誠品報告 2003》當中的「專題十三」〈在圖與字之間──孩子的閱讀也要有階段性〉該文清楚說明，西方國家為不同年齡層

的孩童發展設計的童書，架構劃分得十分精緻，隨著對孩子的了解越多，分類也更加細緻：

從聽故事到看圖到識字

當孩子開始接觸閱讀，他（她）先是聽故事、然後喜歡上聽故事、然後開始讀圖、然後開始一個字一個字地認字。從只是聽故事到自行閱讀，藉由圖畫的輔助，孩子慢慢地建立識字的成就感。這個閱讀的階段套用西方世界為童書建立的架構，約略可分為圖畫書（picture books）、故事書（story books）和青少年讀物（young adult novels）。從 1843 年狄更斯的《聖誕頌歌》直到 1997 年 J.K.羅琳的《哈利波特》，此一架構奠基於百年來西方人的閱讀傳統，父母親從而依據自己過去的成長經驗，「自然」就會知道孩子幾歲可以看《野獸國》（圖畫書），幾歲可以看《愛麗絲夢遊仙境》（故事書），而幾歲可以看《想念五月》（青少年讀物）。（誠品報告編輯部，2004）

架接圖與字之間的橋樑書

然而隨著大人對孩子的了解越多，童書又朝向更細緻的分類發展。圖畫書向下延伸至嬰幼兒的幼幼書（board books），故事書又依年齡層（大約 5 或 6 歲左右）分為「轉接讀本」（transitional readers 或 chapter books）和「簡易讀本」（easy readers）。後面兩種經常被稱為「橋樑書」（bridging books）。bridging 顧名思義就是架接，而兩種讀本的架接功能便設定在「由圖畫書的少字多圖」漸進至「純文字的青少年文學」、

「中介的插圖書」或「篇章較短，故事結構較清晰簡易的兒
童文學」，即透過圖文的比例、內容敘述的繁複性、生活性、
趣味性，以漸進的方式，讓孩子建立自我閱讀的自信。（同上）

「透過圖文的比例、內容敘述的繁複性、生活性、趣味性，以
漸進的方式，讓孩子建立自我閱讀的自信。」這段文字就是橋樑書
貼心編寫出版的核心概念，但一套一套的橋樑書果真適用於每一個
不同成長階段的孩子嗎？它會不會成為另一種教科書？如果能擷
取其概念，利用身邊的資源，依據孩子的發展特質，及教師本身的
專才，編製屬於自己要施教的，屬於自己學生認知發展階段的教學
教材，那會是一種更靈活而細緻的階段性閱讀學習，學習的面向也
會更多元。

三、「新橋樑書」的理念

但在現有學校教學課程的時間安排下，要如何去發展這樣的階
段性閱讀教學？老師要自編教材且要求取其多元化，又該如何運用
時間才能普遍推展適用於其他教學者？這是一個考驗著「新橋樑
書」創作者的善巧方便智慧的好問題。首先，可以利用什麼時間？
可以考量學生的強項特質，倘若有重複學習而無益於學生的學校彈
性學習時間，就可以安排規畫為橋樑書教學課程。彈性課程、閱讀
課當然更是可以大為利用的時間，因為它們本身就是明定為提升學
生國語文能力的課程。

至於教材的編製，首先，你的心中要有一個自己想發展的教學
藍圖及教學主題，隨時注意瀏覽、閱讀過的書報雜誌，甚至任何一

場研習、一場演講。就像你要書寫一篇文章一樣，隨時留意身邊的寫作素材，情感醞釀夠了，架構想出來了，就可以完成一篇如預期中理想的作品了。而教材設計的教學主題明確了，資料齊全了，再審視一番學生目前的學習層次，就可以開始編製一份適恰而有創意的「新橋樑書」教材了。

　　教材的活動內容及方式，如果是兒歌或童詩，可以選擇以朗誦或歌唱的方式來進行閱讀及欣賞。童話故事可以進行故事背景、主角外表個性、情節發展、故事旨趣的探討與問題書寫，甚至來個迷你的情節創作。兒童戲劇可以讓學生表演，繪本可以進行小小說書人的簡易活動。少年小說有些可以搭配影片的欣賞，讓孩子以不同的方式及角度去欣賞文學作品的內涵及美感。這麼多元的教學教材及活動，如果能在學校當中找到志同道合的夥伴，形成一個合作團隊。大家發揮個人所長分工合作，那麼教學教材編製起來將可事半功倍，同時也在無形中將「新橋樑書」的階段性閱讀概念分享推廣出去了。

四、研究問題

　　對於本研究所探討的問題，具體說明如下：

　　周慶華《語文研究法》一書中，對於「理論建構撰寫體例」提出以下說明：

> 　　理論建構，講究創新。大致上從概念的設定開始，經由命題的建立到命題的演繹及其相關條件的配置等程序而完成一套具體系且有創意的論說。（周慶華，2004：329）

據此論點，將研究中所涉及的理論架構整理出來：橋樑書、圖像閱讀、文字閱讀、閱讀教學等為概念一。新橋樑書、橋樑書的功能、橋樑書的運用等為概念二。

　　概念設定後，接著要建立命題和進行演繹以確認所要形塑的論點和可以發揮的推論功能：現有制式教材過於簡化（命題一）；橋樑書可以培養學童的閱讀興趣（命題二）；橋樑書的成形有助於學校自我激化（命題三）。希望本研究可以提供教學者自編教材與改善教法的借鏡；激發學習者自我建立階次閱讀模式的參照；促進制式語文教材編纂更新的取為準則（演繹）。

　　有關「概念設定」、「命題建立」及「命題演繹」的發展進程圖示如下：

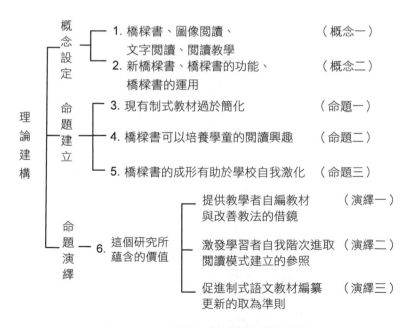

圖 1-1-1　本研究的理論建構示意圖

本研究經由理論架構的建立，藉由橋樑書的類似概念，考慮選編適合孩子需求的閱讀教材，並兼顧選編教材時教學者本身的時間、能力負擔，及如何彈性運用在學校課程中，達到階段性閱讀概念的目標，培養孩子獨立閱讀的習慣與自信。期望藉此自編教材經驗，帶給其他同在教學第一線的夥伴們改善教法的參考。這就是本研究所要極力來解決的問題。

第二節　研究目的與方法

提升寫作力是目前語文教育極為重要的一個目標。寫作本身是一種輸出的過程，能夠培鍊出一篇質秀的好文章，文句思考的細膩度、邏輯的清晰度、內容的豐富多采、情感傳達的深層次，往往仰賴的是原先儲存在寫作者內部的元素多寡。單單解決輸出端表層的問題並沒有辦法改善實質的寫作能力；也就是說，只是習得寫作的技巧、了解文章的結構、使用成語……並不能全面解決寫作問題。要提升寫作能力，多數的研究者或是推廣者的建議是：須要先透過大量閱讀；而大量閱讀的必要條件，就是先有「獨立閱讀」的能力。

中央大學教授柯華葳在《教出閱讀力》一書中提到，閱讀的學習過程，可以分成兩個部分，就是「先學習如何閱讀」，再「透過閱讀學習知識」。而小學三、四年級是一個重要的分野，因為「大部分的學生在小學三年級以前都在學習如何閱讀」。但許多孩子也在這個階段放棄閱讀，因為這些習得認字技巧的孩子，並沒有品嘗到閱讀的樂趣，因為閱讀能力低，對知識和字彙的取得的速度和數

量也會相對的減少。然後到小學中高年級，我們將會失去更多的讀者。所以透過有計畫的分級分類閱讀，為七到十歲、小學中低年級的孩子，挑選適合的課外讀物，才能幫助更多的孩子順利建立閱讀的自信與習慣。有清楚的階段性閱讀編輯概念的橋樑書，在選材和字數上都會考慮到孩子的需要，循序幫助孩子平穩前進。

一、以橋樑書的類似概念選編教材

（一）設計的幾個參考點

本研究經由理論架構的建立，藉橋樑書的類似概念，選編適合孩子需求的閱讀教材，在設計的時候有幾個參考點：一、字數；二、句型和字彙的難易；三、故事類型。尤其是字數，通常是控制的一個重點。也就是說，為了建立孩子的自信，每一頁的字數和閱讀教材的頁數都需要考量，句子的長度、文法和字彙的難度也受到限制。在故事類型上要傾向多樣，除了故事之外，傳記、科學、人文等都要包含；即使是故事類，幽默、幻想、懸疑冒險、生活、歷史，各種故事類型也儘可能要考量進去。因為本研究所設定的教學設計內容鎖定在兒童文學的品賞，所以選編素材以文學類為主。在取捨的考量上，以小朋友最感興趣的生活題材，多元的文體，增進孩子的閱讀能力。包括兒歌、童詩、童話故事、寓言故事、兒童散文、兒童生活故事、少年小說、兒童戲劇等不同的體裁和寫作技巧。豐富的表現手法，幫助孩子培養閱讀興趣，建立理解策略。

（二）目前現有橋樑書的分級方向

　　目前市面現有的橋樑書的分級方向，不管翻譯或中文自製書，中文的閱讀牽涉到孩子識字初期的自信和專注力，所以「字數」絕對是個分級門檻，恐怕也是現階段可以明確區隔的門檻。第一級的圖文比例會在接近 1:1，也就是幾乎每一頁都有插圖，每一個跨頁的字量控制在一百字以下，頁數六十四頁左右，總字數在五千字以下。第一級的讀物以貼近小孩生活經驗為主題，搭配簡單的故事概念與思維邏輯，用有限詞彙構築成的精簡語句所撰寫而成的故事，這是他們開始正式透過文字，親自體會文學美感的重要閱讀經驗。第二級圖文的比例大約是 1:2，也就是圖的量減少了，文字量加多，頁數在一百二十八頁左右，總字數在五千字到一萬字。第二級的階段孩子已擺脫識字初期的尷尬與生澀，一旦能持續閱讀習慣，閱讀和思維能力也會日漸提升，有耐心讀完比較長篇的故事，可以理解比較複雜的邏輯與因果關係，對情感的體會更加深刻，甚至因為閱讀中的模仿和學習，具有更精準的感知力與表達能力。此階段的橋樑書雖然仍有圖像陪襯，重點卻在文字表現，使用的字彙增多，句子的長度與結構複雜度也有所提升，除了兼具文學性，同時提供閱讀者語言學習的功能，成為他們跨入純文字閱讀的關鍵。第一、二級因為這兩個階段的書最能展現橋樑的概念，也是剛要獨立閱讀的孩子最需要的讀物。第三級的文字量大約在一萬到兩萬之間，以文字為主，有部分的插圖搭配。到了第三個級數，孩子應該有了一定的閱讀能力，接下來的重點是如何讓他們持續對閱讀保持興趣，並且能挑戰更多的文字量，更厚的篇幅。另外就是在故事類的書籍之外，選擇非文學類的讀物，藉著不同類型文字書寫的形式和邏輯，

開闊孩子們的閱讀經驗。這個級數的書，圖文的比例關係有比較大的變化，圖的量縮減為夾雜在頁面的配角位置，文字成為孩子閱讀中擷取資訊的主要來源。第四級：系列，其實第三級之後，就可以銜接到以特定主角發展成的系列故事，這種系列書（series）往往能引發孩子一本接一本的往下閱讀。無論是藝術、科學、人文，或是其他的類型，孩子的閱讀胃口在小學階段，應該被充分的拓展。當然報章雜誌也是另一種閱讀的選擇，漫畫也是可以考量的讀物，並不一定要全然禁止，只是漫畫內容參差不齊，選擇的時候要費心些。

（三）彈性的發展橋樑書自編教材教學

本研究選編教材時要兼顧教學者本身的時間、能力負擔，因為在學校已安排的課程遷就於社會的高速多元化，各科教學時數已達到相當飽和的程度，再加上教育當局推動的各種主題活動，各學校推展的特色教學活動，實際上每一個老師在學校的實務工作狀況早已是被時間追著跑的狀態。所以要從事橋樑書自編教學的活動，就要彈性、細心的審視自己班級學生的學習狀況，抽取掉對孩子比較沒有助益的一些制式活動；或者班級學生已具備相當成熟、優勢的能力，縮減不必要的重複學習。才能讓別具新意、體貼孩子閱讀心理認知層次考量的橋樑書，在輕鬆自在的狀況下，在老師沒有負擔的前提下，自然的走進班級教學活動中。培養孩子獨立閱讀的習慣與自信，同時也期許能給其他同在教學第一線的夥伴們改善教法的借鏡。

這麼多元的教學教材自編活動，如果能在學校當中找到志同道合的夥伴，形成一個合作團隊。大家發揮個人所長分工合作，那麼

教學教材編製起來將可事半功倍，同時也在無形中將「新橋樑書」的階段性閱讀概念分享推廣出去。在這「新橋樑書」合作團隊形成及運作的歷程中，學校倘若能提供足夠的素材來源，彈性的學習時間規畫，在背後作老師們選編資源的後盾，及此一革新概念的支持鼓勵者，那麼可以想像的是學校將會成為一座活的圖書館。

二、研究方法

以上這些是本研究解決問題後綜合所要達到的目的。而為了方便達到目的，本研究自然要依賴一些方法。由於本研究是「一個橋樑書新願景」的自編教學教材設計研究，概念建立在一個在國外發展完整、歷史悠久，而國內這幾年來才漸受重視的出版概念「橋樑書」（bridging books）上。研究中所涉及相關經驗的整理，還有賴於各種相應的方法，包括現象主義方法、心理學方法、社會學方法、美學方法等。

現象主義方法，是指探討所經驗的語文現象的方法。（周慶華，2004a：94-95）在本研究中的第二章文獻探討裡，將就橋樑書的定義，圖像閱讀與文字閱讀、橋樑書與閱讀教學的關係，就個人經驗所及的相關研究成果予以整理、分析和批判，並從文獻中去探取此一課題在教學實施上的新的可能性。

第三章要處理「橋樑書的界定及其作用場域」所關連的課題，對於「橋樑書新概念的建立」、「橋樑書的階段性閱讀功能」等課題有進一步開創性的解讀，是本研究帶給讀者的「新意」，會運用到心理學和社會學方法。所謂「心理學方法，在這裡是特指研究語文現象或以語文形式存在的事物內蘊的心理因素的方法……而該方

法所蘊含的語文現象或以語文形式存在的事物無從脫離心理機制而自行存在。」（周慶華，2004a：80-87）在人類的成長過程中，孩童時期的閱讀可塑性與變化性最為多元與繽紛：從嬰兒期的探觸學習與溝通媒介；幼兒期的認知理解與聲韻說唱；學齡前的聽說互動、想像遊戲與視覺經驗探索；學齡期低年級的自我閱讀與經驗分享；以至中高年級的同儕互動、探索新知、擴延生活經驗等。「橋樑書」便是由於每個階段的發展需求與經驗成長不同，給孩子閱讀的出版品相對地也產生不同的形式與內容，所以可以從心理學的角度來探討。此外，第六章多圖像閱讀、半圖像半文字、全文字閱讀的教學設計，也都與心理學有關。

　　其他相關連的課題，擇另外仰賴社會學方法。所謂「社會學方法，是指研究語文現象或以語文形式存在的事物所內蘊的社會背景的方法……大體上有兩個層面：一個是解析語文現象或以語文形式存在的事物是如何的被社會現實所促成；一個是解析語文現象或以語文形式存在的事物又是如何的反映了社會現實。這二者都可以稱為『文本社會學』；差別只在前者可能需要用到觀察和調查等輔助性的手段，而後者只須逕自去解析就行了。」（周慶華，2004a：87-94）本研究將兼運用此方法。第三章中橋樑書在閱讀教學上運用的可能性；第四章中制式教材過於簡化、橋樑書的成形有助於學校自我激化；第七章相關研究成果的應用推廣等，都是屬於前者的層面，探討目前的社會現狀突破的可能性。

　　第五章文學饗宴四部曲：「首部曲：美感的啟蒙／兒歌與童詩精選」、「二部曲：幸福的樂章／童話與寓言故事精選」、「三部曲：如錦的編織／散文與生活故事精選」、「四部曲：生命的地圖／兒童戲劇與少年小說精選」，以及第六章圖像閱讀銜接到文字閱讀的教

學設計等，都和文學的美感及圖像美感有關，須藉助「美學方法」
及其所統轄的敘事美學方法加以論述。「美學方法，是評估語文現
象或以語文形式存在的事物所具有的美感成分（價值）的方法……
一篇文學作品即使同時具有認知、規範和審美等作用，也很可能會
以審美作用為最凸出或最可觀。」（周慶華，2004a：132-136）因
此，運用此方法正為顧及所選編素材為文學作品的特殊性。

　　以上各種研究方法，都是依據周慶華在《語文研究法》一書中
所列舉的各項研究方法，書裡提到任何一種方法「只要有它所能夠
發揮的功能，相對的就會有它所受到的侷限」（周慶華，2004a：164）
因為有所侷限，所以運用各種方法互相搭配論述，以期研究能更臻
於完善。

第三節　研究範圍及其限制

一、研究範圍

　　根據上節所述，可了解本研究所涵括的範圍：橋樑書的界定、
橋樑書的閱讀功能和運用的可能性；現有語文教育的缺失，及橋樑
書可提供的改善功能；文學饗宴四部曲多元素材自編教學設計的選
編原則分析，素材擇取範圍的說明，教學設計技巧的運用；圖像與
文字閱讀由「圖圖文」到「圖文文」再到「文文文」自編教學設計
的原則及理念，相關研究成果的應用推廣等。

　　「橋樑書」是近兩三年才在國內出版界漸受重視的出版概念。原在歐美國家，兒童讀物會依年級或年齡來作階段區分，約略可分為圖畫書（picture books）、故事書（story books）和青少年讀物（young adult novels）。故事書又依年齡層（大約 5 或 6 歲左右）分為「轉接讀本」（transitional readers 或 chapter books）和「簡易讀本」（easy readers）。後面兩種經常被稱為「橋樑書」（bridging books）。（誠品報告編輯部，2004）

　　「橋樑書」處於孩子由圖畫世界進入文字世界的階段，沒人規定幾歲才算準，一般說來，從 5 歲到 8 歲這段期間的孩子都是「橋樑書」關顧的對象。這是《誠品報告 2003》「專題十三」〈在圖與字之間──孩子的閱讀也要有階段性〉一文中所提及有關橋樑書界定的訊息。（同上）

　　但在《天下雜誌》教育專刊「教出寫作力」中〈170 本橋樑書推薦與導讀〉一文，對橋樑書的界定卻略有不同：英文的橋樑書指的是從簡易讀本（easy readers）開始，直到章節書（chapter books），再往上可以銜接閱讀主角、系列（series）。跨越的年齡層大約從學齡前到三、四年級。（張淑瓊、劉清彥，2007：274-295）

　　對於橋樑書的閱讀功能及運用，天下雜誌出版社的執行長張錦娥以身為家長與出版業的觀點，與各界分享她挑選橋樑書的幾個條件：

　　　　張錦娥認為第一個條件，就是橋樑書必須具有「可讀性」，因為當孩子習慣字少而色彩豐富的圖畫書之後，如何吸引或說服孩子讀文字書，故事的精采度和趣味變成一個重要的要素。

第二個條件，張錦娥認為橋樑書扮演了一個重要的關鍵：「要能讓孩子延伸或發展進一步的能力」。她提到：「我個人以為橋樑書如果不是彩色的，是比較可以提供這種能力的。怎麼說？今年我們推出《彩虹仙子》系列，裡頭的圖是黑白線條的，這可以讓孩子邊看故事，邊著色，把書裡的文字具體化（譬如「紅色」的仙子，「黑色」的缸子等等），也可以讓孩子在書裡頭的故事情節停留久一點的時間。」

最後一個橋樑書應該具備的條件是：「要有進階的特質」。（「文教新聞」新浪新聞中心，2008）

談到現有語文教育的缺失，臺灣推動九年一貫新課程的跨世紀教改，但學生國語文程度卻逐年下降。年輕世代語文能力的退化，不單是臺灣的問題。網路新科技整體顛覆了年輕世代閱讀、寫作、談話的溝通方式，教學的娛樂化、聲光化，以及經濟強勢語言的全球化，是許多國家的語文教育共同面對的衝擊和挑戰。而面對外部危機四伏的挑戰，臺灣反而在九年一貫教改時，將國語文教學的時數縮減、課程活動化、教材簡易化，使我們的基礎教育體質更形脆弱。

談到國語文教學的關鍵問題，所有人都直指「時數不足」。學校推動閱讀最大的瓶頸是「其他課程或活動太多，分配給閱讀課程或活動的時間不夠。」九年一貫新課程實施以前，國小國語文有十堂課，如今只剩下五至六堂課，還內含鄉土語言一堂。臺灣的國小國語文時數不但比鄰近國家少，也遠遠不及中國。臺北市立教育大學教務長馮永敏分析，九年一貫課程的背後，因為缺乏扎實的理論和研究，缺乏經過實驗與不斷改善的教學方法，所以許多「表面」

的統整活動，充斥各科，使得教學過分「活動化」，忘了活動背後更重要的目標：如何增進孩子的知能。（林玉珮，2007：56-67）

　　九年一貫的教育改革，從一元化到多元化，從僵化到彈性化，有很大的改變。近年來，國內外語文教育界有一個運動——以文學作品作為語文教學基礎的教學活動，提倡選編現有的兒童文學作品作為幼稚園和小學的語文教材，使教材生動活潑。文學作品在教材裡的地位提高了，教材應提供多元的文學風格和不同的文章特色。國外有的直接以文學作品作教材，兒童文學作品因為趣味性高，對孩子充滿吸引力，可以幫助孩子發現讀書的樂趣，產生識字的動機、學習的動力。國內教材開放後，各出版社除了多找作家編寫外，也有少數選現有佳作改編，因受限於生字或教育性等關係，我們教材的文學性，還有很大的學習空間，需要老師在課外閱讀指導時加強。（林武憲，2004：164）

　　文學饗宴四部曲，便是根據教材的文學性、多元的文體特色和橋樑書的階段性學習概念等理念而自編的教學設計。它的文學性，從主題「文學饗宴」的設定就很明白的揭示出來了，編寫素材的範圍設定在文學作品，文體類型選擇了兒歌與童詩、童話與寓言故事、散文與生活故事、兒童戲劇與少年小說八類，這是要展現素材的多元性。四部曲是這一自編教材的階段性，它依據的原則是：一、字數；二、句型和字彙的難易；三、故事類型。一部曲兒歌和童詩很明顯的可以看出它們的字數量比其他三階段少；兒歌是讓孩子可以隨意自在哼唱的，字數上和童詩應該沒有明顯的差距，但童詩在意象層次上較高，內容比較有深度。二部曲童話與寓言故事：字數比第一階段多，童話的趣味性和想像力很豐富，字彙的難易度會隨著字數量變多而加深，以增加故事的變化性。寓言故事在字數上或

許不一定比童話故事多，但寓意顯然比童話深遠。三部曲散文與生活故事在字數上或許不一定比第二階段多，但在句型及字彙的難易度上顯然會比二部曲層級高。四部曲兒童戲劇與少年小說在字數上一定比第三階段多，且句型和字彙難易度、情節開展一定比第三階段複雜多變化。

圖像與文字閱讀由「圖圖文」到「圖文文」再到「文文文」自編教學設計，其圖文比例必須控制在一定的研究範圍內，才能達到由圖像閱讀銜接到文字閱讀的教學目標。在編寫之前研究者要先閱讀、研究、分析目前各出版社所出版的較具代表性的橋樑書作品，審視其內容編排是否符合橋樑書的概念，參酌其編輯方式，分析其編輯參考點是否明確。

第七章相關研究成果的應用推廣，是本研究的附帶目的。因為不希望橋樑書只限定在出版社所出版的課外讀物，而是每一個專業的教學工作者，都可以根據分級分齡閱讀的概念，就身邊隨手可觸及的文學作品，精選具文學意味及深度的作品，進行自編教材設計。而除了在教學應用外，也希望這樣的閱讀概念能成為每一個學習者（包括成人）自我階次進取閱讀的參考。更重要的是希望它能為目前九年一貫教育推動下的國語文教材，提供一個跳脫制式編纂方式的新契機。

二、研究限制

以上所談的是本研究的範圍；相對的，不在這個範圍內的，就成了本研究的限制。它包括：一、因為它是文學饗宴，所以編寫設計素材只能以文學作品為主，其他諸如科學類、藝術類……等非文

學類別便無法觸及。也因為教學者本身是級任導師，目前各科的教學時間有限，能將國語文課程進行優先編寫設計的目標，融入目前學校安排規定的課程中，已屬不易，也較能掌控此一研究有其充足的時間進行。二、教學活動只設定在閱讀上，這是由於閱讀在語文教育上具有其優先性、方便性、超越性且因現實情境不允許多耗時間旁涉；否則，會難以控制其變化，觀察相關的成效。三、本研究因為研究者自身所擔任的教學年級為三、四年級，教學設計的實施、應用受限於本身的教學處境，所以無法做到全面性檢證的地步。

第二章

文獻探討

第一節 橋樑書

一、「橋樑書」源自西方童書分類

「橋樑書」這個名詞起源於何時？從何而來的？曾經任職誠品書店童書企畫、兒童商品採購的張淑瓊表示，在誠品書店出刊的《誠品好讀》雜誌中，曾經陸續引用國外書目上的 Bridging Books 概念，翻譯為「橋樑書」，介紹國外的童書。但首次正式行文使用這個名詞，應是在《誠品報告2003》當中的「專題十三」〈在圖與字之間——孩子的閱讀也要有階段性〉。（陳玉金，2007：32）

「橋樑書」這個閱讀概念建立在西方已有百年歷史的閱讀傳統，歐美國家為不同年齡層的孩童發展設計的童書，從嬰幼兒、學齡前、學齡期低年級到中高年級，架構劃分得十分細緻。約略可分為圖畫書（picture books）、故事書（story books）和青少年讀物（young adult novels）。圖畫書向下延伸至嬰幼兒的幼幼書（board books），故事書又依年齡層（大約5或6歲左右）分為「轉接讀本」（transitional readers 或 chapter books）和「簡易讀本」（easy readers）。後面兩種經常被稱為「橋樑書」（bridging books）。

bridging 顧名思義就是架接，在西方世界為童書建立的架構，這兩種讀本的架接功能便設定在「由圖畫書的少字多圖」漸進至「純文字的青少年文學」、「中介的插圖書」或「篇章較短，故事結構較清晰簡易的兒童文學」，也就是由繪本過渡到文字書的銜接書籍。（誠品報告編輯部，2004）

二、「橋樑書」在臺灣引進的緣由

近十年來，帶領兒童閱讀的重心幾乎全以繪本為主，對剛學會認字、閱讀的兒童來說，這種藉圖像與文字的結合來達到學習效果的方式，很能引起他們閱讀的興趣。但是以長遠的眼光來看，就每個學習者的終身學習目標而言，閱讀類別集中聚焦於繪本似乎稍嫌不足。繪本雖然同樣具有激發想像力與創造力的功能，但與文字的功能層次不同，特別是在邏輯分析思考能力方面，繪本教學在學習過程中似乎有其侷限性。

在圖像閱讀氛圍的形塑下，孩子「不喜歡」文字較多的書早已成為關心教育者的一種隱憂。大家很憂慮的是，如果孩子只活在圖像裡，那以後在以文字為基本學習媒介的國中、高中、甚至大學階段，要如何去追求高深的學問？與他人交往時，可能言之有物嗎？將來他們又如何傳承文化？一個國家的國民不喜歡文字，競爭力又在那裡？

繪本有其階段性學習的功能，但隨著學習層次的提升，終究得回到抽象的文字世界。我們細心思考後，或許可以認定繪本教學適

合用於學前教育與低中年級。到了小學五年級，圖像教學應該逐漸由抽象文字所取代，但一下子要孩子完全抽離圖像世界並不容易。因此，如何在具象的圖像與抽象的文字之間架橋就變成一件重大的工程。我們不需要完全捨棄繪本，可以先選取文字較多、內容較深的繪本來輔助教學，可以精簡的文字撰寫趣味性較高的故事，來吸引孩子回到文字世界。在架橋過程中，出版社反應最為靈敏，早已熱衷籌畫出版所謂的「橋樑書」。（張子樟，2008）

　　陳巧宜在一場關於「橋樑書的創意教學設計」座談會中提到：根據研究，人的左右腦思考差異，會讓一個人具有完全不同的思考傾向，兒童與大人的左右腦也大不相同。孩子們比較傾向圖像思考，這就是為什麼孩子會比較容易接受圖畫，卻少能接受文字的原因——他們還沒學會解讀文字的符碼，尚未建構抽象的思考概念。一般的教育與社會規範，其實都在讓孩子練習由浪漫具象的圖像思考，逐漸走向理智抽象的文字思考，而這中間的轉變，就需要橋樑書來幫忙；讓兒童在閱讀一本書的時候，就能自然慢慢轉變他的閱讀習慣。（小魯閱讀網，2007）

三、「橋樑書」在臺灣的發展現狀

　　陳玉金在〈銜接圖像，進入文字閱讀的橋樑書〉文中提出：根據《誠品報告 2003》〈在圖與字之間——孩子的閱讀也要有階段性〉一文分析，2003 年臺灣的童書出版社，即使沒有使用「橋樑書」作為類型名稱，但此種書籍在臺灣童書出版品中，並沒有缺席。當時包括信誼基金會出版的「兒童閱讀列車」系列、民生報社的「童話森林」系列、遠流的「蘇斯博士小孩學讀書」系列、小魯「我自

已讀的故事書」系列、東方的「法蘭茲」系列，以及小天下的「內褲超人」、「黃毛狄多福」系列等，都試圖為這個正學習用文字思考的年齡層孩子，製作適合他們閱讀的出版品。（陳玉金，2007：33）

「兒童閱讀列車」系列 1993 年 8 月推出，當時出版參考自國外的「我會讀」（I Can Read）系列出版概念。藉由臺灣本地作者的圖文創作，為臺灣兒童造像，建構出本地孩童的形象，因此這系列故事內容多以本地孩子的生活故事作為創作主軸。本系列推出時以幼年童話的概念行銷，初推出時，並未受到重視，目前以「兒童閱讀列車」作為系列名，已逐漸受到專家及市場重視。民生報社的「童話森林」系列，從 1995 年 3 月起，網羅華文界的童話寫作高手，以短篇童話創作為內容，明確標示適讀年齡為國小中低年級的學童。此系列童話每篇字數二千字左右，插圖的分布較少，大致上一篇文章搭配一張圖畫。雖然內容是為中低年級學童設計，但如以這兩年出版社各自為「橋樑書」所作的界定，這系列書籍蒐羅的內容篇幅與字數，都較目前各出版社推出的「橋樑書」顯得厚重。遠流的「蘇斯博士小孩學讀書」系列，原本就是「橋樑書」的經典之作，中文版於 1992 年 12 月出版。是美國著名的童書作家蘇斯博士（Dr. Seuss）與他的妻子受出版社邀約一同策畫的。「小孩學讀書」（Beginner Books）系列書中以最少與最簡單的字彙寫出逗趣的故事，蘇斯博士利用大量的趣味韻文發展出有趣的故事，並且配上插圖，出版後大受孩子們的喜愛，也在美國引發兒童教材讀本的大變革。小兵出版社於 2003 年 7 月，在臺東大學兒童文學研究所教授林文寶的企畫下，推出「小兵童話精選」，將讀者設定為中低年級，除了文字之外，也配插圖，但所占份量不似圖畫書多。在「橋樑書」

名稱逐漸明晰後，小兵出版社在 2006 至 2007 年更進一步推出「小兵快樂讀本」標明為「橋樑書」，目前已出版 6 冊。（同上，33-34）

　　日本橋樑書的引進，有小魯文化的「我自己讀的故事書」、「我自己讀的童話書」等，和融出版社的「童心圖畫故事系列」，以及東方出版社的「故事摩天輪」系列。「我自己讀的故事書」系列編號第 1 本的《怪獸突突》在 2001 年出版，至 2006 年已出版至編號第 12 本的《南瓜弟弟忘東西》。該系列中除了《小保學畫畫》為本土作者、繪者創作之外，其餘 11 冊均翻譯自日本的書籍。「我自己讀的童話書」系列共計 10 冊，首冊《小熊沃夫》初版年為 2004 年，末冊《你好，小熊沃夫！》初版年為 2006 年，在陸續推出的書籍中，4 冊為華人創作、4 冊為日人創作，兩冊為翻譯自德國人的作品，可見出版社除了引入翻譯作品，也試圖吸取他人經驗，推出原創性作品。其他以日文橋樑書為主的「童心圖畫故事系列」，自 2002 年起就陸續推出，頁數少，短小輕薄，文字加注音，內容有趣，圖文俱佳，滿足低年級學童的閱讀所需。東方出版社的「故事摩天輪」系列從 2005 年 10 月起，陸續推出《冰箱裡的企鵝》等 6 本翻譯自日本的橋樑書，由於所選的書籍原本就是為適合六到八歲小朋友閱讀所設計，圖文搭配大字注音，廣告宣傳就標明為「橋樑書」。（同上，34）

　　2003 年之後，在本土創作部分，以天下雜誌社在 2006 年 1 月推出的「字的童話」系列最受矚目，也以圖文並茂的方式進行，並加注音，適讀年齡設定為七至十二歲，由於故事內容有趣、題材新鮮，書籍推出後也讓「橋樑書」的內容更加多元化。（同上，35）以圖表表示其發展現狀如下：

2003 年

信誼「兒童閱讀列車」系列

民生報「童話森林」系列

遠流「蘇斯博士小孩學讀書」系列

小魯「我自己讀的故事書」系列

東方的「法蘭茲」系列

小天下的「內褲超人」、

「黃毛狄多福」系列

小兵的「小兵童話精選」

2003 年～2007 年

小兵的「小兵快樂讀本」

日本橋樑書

小魯文化「我自己讀的故事書」

小魯文化「我自己讀的童話書」

和融的「童心圖畫故事系列」

東方的「故事摩天輪」系列

本土創作

天下「字的童話」系列

圖 2-1-1　橋樑書在臺灣的發展現狀圖

四、有關「橋樑書」的另一種聲音

毛毛蟲兒童哲學基金會創辦人楊茂秀在 YLib Blog 發表〈黑貓白貓一文觀察篇〉中提及：

> 臺灣社會對閱讀是相當重視的。但是，對於閱讀，研究的方面卻非常缺乏。有人看到繪本最近流行起來，許多人在閱讀，就認定我們的孩子在閱讀上有了偏食的現象，偏好閱讀繪本。繪本其實是一個新興的文類，綜合了言說的語言與書面的語言，從演奏的過程中，又產生圖文互相激盪的氛圍，它其實是一個小小的、連續的紙面舞臺，是孩子與成人共讀最好的文類，也是很容易轉化為家庭劇場與學校劇場的文類。它是溝通成人文化與兒童文化最好的橋樑。
>
> 最近臺北流行橋樑書，以為孩子閱讀繪本之後，在進入少年橋樑書之後有一種簡單、由孩子自己閱讀的書，在美國稱為章節書（chapter book）。其實，我認為，所有的書籍都是橋樑。它都預設著言說語言跟書面語言與人生活之間，需要接連，產生文化連續性的橋樑。（楊茂秀，2008）

「橋樑書」是這三、四年來才在臺灣出現的一種出版概念，出版意旨是在於很關心教育的人士，憂心這十幾年來極力推動繪本教學的結果，會導致孩子們的閱讀傾向停留於圖像世界，無法進入文字閱讀的階段。於是推出這種分齡分級由圖多文少、半圖半文、圖

少文多的書籍，希望架接起圖像與文字閱讀的橋樑，讓孩子們穩定而紮實的進入抽象文字閱讀的世界。

但正如我在研究動機中所提及的，楊茂秀在講座中口頭分享他對橋樑書的出版界定的疑慮，以及他在〈黑貓白貓一文觀察篇〉文中所提及的所有的書都是橋樑書的理念，我個人也覺得周邊所有的讀物都可以是橋樑書，問題是在於帶領者及教學者如何就身邊的讀物，根據橋樑書的階段性閱讀特性去提取、規畫、設計屬於自己的橋樑書而已。

五、美國分級閱讀系統概況

（一）美國最多學校使用的 Lexile
──最具公信力的閱讀分級系統

The Lexile Framework 是美國孩童健康及人類發展部門，耗資兩百五十萬美元，超過二十年的研究時間，請美國閱讀學會、北卡羅萊納大學、社克大學以及其他多所兒童語言發展研究方面特別傑出的大學的教授群，為定位學生閱讀能力及理解力特別制定的。由於這些機構在美國本土的語言發展研究上卓越的貢獻，配合上萬個學生及老師們參與這套研究計畫的實驗，因此 The Lexile Framework 可以說是在全美各地最具公信力的閱讀分級系統。

（二）以「單字出現頻率」與「句型長度」來評估

The Lexile Framework 不像其他傳統型的閱讀分級系統只單純以書籍的字數來決定書本的分級。因為在研究這套分級系統的過程

中，專家學者發現，僅僅以字數來決定書籍的難易是不夠客觀的。因此，The Lexile Framework 評估書籍的 Lexile 級數主要是針對兩項重要的因素：單字出現的頻率以及句型長度。因為這些專家們相信，只有配合使用這兩種因素，才能夠顯示出書本的語言分級。因此，這套系統也被視為全美最客觀和公正的書籍分級系統。

（三）書目最多、最多樣化

來自全球四百五十個出版社，超過十萬本的書籍都被 The Lexile Framework 這套系統作了定位分級，因此可以說你在書店或是圖書館裡閱讀到的每本書籍，幾乎都作了 Lexile 的分級。不只是書籍，幾乎上千萬份報紙或是雜誌上的文章或報導也都被 Lexile Framework 作了分級。因此，我們可以說 The Lexile Framework 是史上包括文章最廣泛，書籍書目最多及多樣化的閱讀分級系統。

（四）Lexile 閱讀分級的自我檢定

1.閱讀段落，找到你的 Lexile 級數

從書籍內文範例選一段可以完全了解文意的文字，如果你可以很輕鬆看完那個級數的內文範例，就可以再往上看一個級數。

2.找到適合的書，往上往下延伸閱讀

由自己的 Lexile 級數對應找出適合自己閱讀的書籍。往下一級，找幾本書培養信心、練習加快閱讀速度。或往上讀更高一級的推薦書單，為自己設定適宜的目標。

3.更多書單揀選（對照學生程度與書籍難易度）

與書籍內容範例互相對照，可以輕鬆流利閱讀完範例，便具備該級數的閱讀水準，可以往更高級數尋找適合的書單。

4.你是幾年級

確定你的 Lexile 級數之後，就可以對應挑選適合自己程度的讀物。美國 The Lexile Framework for Reading 網站 http://www.lexile. com/EntrancePageHtml.aspx?1，臺灣與美國同步的閱讀能力分級系統網站──找到最適合你的英文書 http://www.books. com.tw/ activity/2007/11/Lexile/p3.html

了解這套由美國閱讀學會和各大學在兒童語言發展研究方面傑出的教授群，及上萬個學生及老師們參與研究計畫實驗而制定的分級閱讀系統（博客來網路書店──找到最適合你的英文書，2008）。大概可以初步的了解美國在兒童讀物上分級的實際依據：一、字數；二、單字出現頻率；三、句型長度。那麼所謂的橋樑書（章節書）的選編及編寫原則，在臺灣的出版社引進國外的橋樑書，及面對國內本土創作的橋樑書作品，我們就有了審視的依據。而不會盲目的跟著出版社的宣傳腳步走。在「有關『橋樑書』的另一種聲音」這方面，我們也可以有一個具體參著的依據，來提取、規畫、設計、運用屬於自己的橋樑書。

第二節　圖像閱讀與文字閱讀

一、圖像閱讀

（一）「圖像閱讀」概念的起源

　　加拿大學者曼古埃爾（Alberto Manguel）提出「圖像閱讀」的概念，在其《閱讀地圖》第七章圖像閱讀中提及「圖像閱讀」概念的由來：1967 年他在米蘭一家出版社擔任外文書編輯，某個夏日午後，辦公室收到了一個巨大的包裹，裡面是一大疊圖頁，畫著奇奇怪怪的東西，很詳盡但怪異的操作說明，每頁圖畫都加上標題，但沒有一個編輯看得懂那是什麼文字。包裹中有封信，說明這本畫冊的作者是薛拉費尼（Luigi Serafmi），他根據中世紀科學大要，創造出這本想像世界的百科全書。後來出版社決定將這些作品製作出版，名定為《薛拉費尼抄本》，平時如果我們讀的是不曾學過的文字，自然看不懂這種文字書寫的內容；但如果書中有插圖，還是可以找出意義，當然這樣的解讀未必是文中說明的意思。但薛拉費尼所依恃的就是讀者的創造力。

　　薛拉費尼有一個不是自願的前輩——聖尼勒斯（Saint Nilus），西元四世紀的最後幾年，聖尼勒斯在他的故鄉附近建立了一座修道院。主教希望在教堂飾以聖徒、狩獵場景、鳥類與動物等，聖尼勒斯贊成聖像的設計，但大力反對加上狩獵圖與動物的裝飾，並建議聘請「才華洋溢的藝術家」以《舊約》及《新約》的故事為教堂作

畫。他解釋說，將《聖經》故事畫在教堂神聖十字架的兩旁，「就像是給沒受過教育的信徒唸的書，教導他們《聖經》經文的歷史，讓他們明白上帝的慈悲。」

聖尼勒斯想像著不識字的信徒來到他的教堂，欣賞教堂上的繪畫，閱讀它們，就像是書本中的文字。想像著信徒將壁上的珍貴圖像一個個連結，自己編成故事，或者認出其中與講道有關的情節；唸過些書的信徒或可從中找出經文上有關的景象。兩個世紀之後，教宗贊同聖尼勒斯的看法。圖畫對於不識字者的效用，就像書本對於讀者一樣。不識字者可以從圖畫中看到可以學習的故事，如此一來，不識字者也可以閱讀。因此，對普通老百姓來說，圖畫等於是閱讀。

然後，在十四世紀早期，聖尼勒斯打算給信眾在牆壁上閱讀的圖像變小了，並被收集到書本中。圖案花飾繪製師傅與木雕師傅開始在羊皮紙與紙上描繪相應的圖像。他們所作的書本幾乎完全是從並列的場景中而來，配上隻字片語，有時候是當作書頁邊白處的文字說明，有時候是以旗子般的漩渦框從人物的嘴中說出，就像現在的連環漫畫中用來填寫人物對白的氣球狀圓圈。到了十五世紀，更出現了印刷版本。這些不平常的書籍後來就以 Bibliae Pauperum（《窮人聖經》）之名著稱。

本質上，這些「聖經」是大本的圖畫書，每一頁都有兩幅以上的場景。《窮人聖經》以鍊子鍊在頌經臺上，以連續的方式每日一頁，日復一日、整年地被閱讀。有人還認為《窮人聖經》的主要目的不是給目不識丁的民眾看，而是讓教士擁有一種更快捷或主題式的指南。

　　對十四世紀的識字基督徒來說，一本平常的「聖典」中的任何一頁都具有多樣的意義，讀者可以根據作者的隨文註解或讀者自己的知識來摸索，以逐步獲得更深入的領會。讀者可以用任意方式來閱讀，讀個一小時或一年，中斷或延遲，跳過一些段落或囫圇吞棗。但是閱讀《窮人聖經》書中的插圖頁幾乎是一種瞬間性的動作，因為「文本」是以圖像的方式整體呈現，沒有語意上的逐漸變化，而且圖案中的敘事時間必然與讀者自己的時間一致。

　　古老的版畫與木刻畫，就像現代報刊上的連環漫畫與漫畫書一樣，對其人事物的時空背景資料甚少明說。結果，觀眾或讀者就被迫靠其中跳躍的字句所提供的少數暗示來完成和解釋其意義。電視上的影像和木刻畫及漫畫的特性也很類似，因為提供的影像資料背景很少，就必須有觀眾的高度參與，才能領會馬賽克網點所暗示的意義全貌。

　　曼古埃爾說：隔了幾個世紀之後，這兩種閱讀在他讀晨報時匯合在一起。一方面有緩慢的瀏覽新聞過程，有時一跳就是好幾頁，連接到隱藏在不同段落的其他消息；另一方面，有無意間對廣告的匆匆一瞥，每個故事都以準確的手法在有限的框架內敘說。

　　不論這些圖像是準備給窮人或給他們的傳道士看的，我們所確定的是，一年到頭它們天天在誦經臺上攤開。對目不識丁者來說，由於無法閱讀文字的東西，看見聖籍呈現在一本以他們可以辨認或「閱讀」的圖像書上，一定能誘發出一種歸屬感，一種與智者、掌權者分享上帝的話具體呈現的感覺。（曼古埃爾，1999：149-169）

　　曼古埃爾提出「圖像閱讀」的概念，沒有繁瑣的學理性詮釋，它的主要內容在於抓住了當代文化傳播的形態，而針對性的提出了新的傳播媒介下的閱讀趨向問題。新的傳播形態改變了我們閱讀的

範疇，不再只是以文字為載體的文本式閱讀，而是很大程度上轉變成為以圖像為意義符號的「圖像閱讀」。

（二）其他研究者的闡釋敘說

侯明秀在《無字圖畫書的圖像表現力及其敘事藝術之研究》的碩士論文中提及圖像在人類文明發展上的先驅領導角色：圖騰文化是人類歷史上最古老奇特的文化現象之一，在文字尚未出現以前，史前人類就是用視覺語言互相溝通傳達語意的，以法國 Lorthece 洞窟中發現的鹿群淺雕的歷史最久遠，另外在西班牙北部洞窟內也發現用黑赤褐三色畫的野牛像，還有世界各地古老遺跡中發現的種種壁畫圖騰符號，所顯示的內容都是遠古人類生活的圖像記錄，或是帶有宗教象徵意義的圖式。圖像和人類的關係密切，從原始時代文字尚未存在時就已經開始為人類承負起文化傳遞的任務。（侯明秀，2003：1）

在兒童認知發展理論中，兒童的學習是從具體運思慢慢進入半具體，最後才具備抽象思考的能力，對稚齡的孩子而言，文字的理解和圖像相較之下仍屬於較抽象的運作。閱讀文字是需要經過學習，小孩子必須累積足夠的認字量，才能獨自在書本中獲致資訊。但尚未識字之前，他們會先利用圖像來進行閱讀的活動。尚未熟諳閱讀文字技能的稚齡孩子，伴隨大人文字的唸誦的同時，孩子則是用他的「雙眼」去閱讀「圖畫」，圖像閱讀就是他們了解世界的主要方式，就是運用其稟賦於自然的感官與知覺產生共鳴而掌握較接近直接經驗的學習。（同上，1）

李坤珊試圖將嬰幼兒發展、適齡圖畫書種類和嬰幼兒的閱讀行為發展相結合，透過實地觀察從孩子身上得到體驗，發現小嬰兒的

視覺發展尚未成熟階段時，雖然準確度和聚焦能力不足就已經會主動尋找物源觀看（如：光源、物品的邊緣等），她認為這時是提供孩子練習運用視覺的最好時機。依李坤珊的研究呈現來看，視覺在新生兒時期就開始參與孩子的學習，甚至逐漸加重其對幼兒學習的影響力；圖像在視覺上的特點的確對幼兒學習佔有某些程度的優勢。圖像在生活周遭無所不在，圖像也比文字更具備吸引小讀者的直接效果。（引自侯明秀，2003：1-2）

　　曹俊彥在〈圖畫・故事・書〉一文中也認為在文字符號產生之前，人類早就懂得閱讀圖像，除了經由聲音（語言和節奏）傳遞經驗與訊息外，還包含自然現象的閱讀和人為圖形的閱讀；從動物的外形、色彩、動作，辨識動物的種類。從果子的大小、色彩來評估果實的成熟度。甚至依據一個人的臉部表情，了解他的喜怒哀樂……等，都是自然圖形的閱讀。閱讀圖形和閱讀圖像，同樣是獲得間接經驗的方法，但圖像較能精確的表達空間關係和色彩的感覺。圖像的閱讀比較不需要經過學習，也比較接近直接接觸的感覺。而有些經驗像對動、植物的認識，也確實非經由圖像閱讀無法達成。由於印刷技術的進步，製版與分色的技術更為精確，圖像的傳達功能更強了。在加上教育工作者的發現：圖像閱讀可以讓幼兒的閱讀活動提早，幼兒由圖像閱讀可以獲得較接近直接經驗的學習，在圖像閱讀的活動中，讀者的自主性較高，是培養主動學習的良好形式。（曹俊彥，1998：20-21）

　　曹俊彥談及圖畫的可能，他說：圖畫可以透過圖像語言，傳達快樂、緊張、失望等等不同的感覺。例如：粗獷的線條配上鮮亮的色彩，表達強壯、自信與勇敢；柔和的色彩、水平的構圖表達平靜的氣氛；傾斜的造型和許多不安定的輔助線造成躍動的態勢。圖畫

中出現各事物的大小比例、線條的長短粗細和不同造形所處的不同位置，可以協助幼兒藉由圖像進行思考的整理和空間的記憶。而圖畫，在一幅與另一幅之間的關連性，能表達事件的因果關係、演示時間的進展，營造出故事行進間「過程」的美感。（曹俊彥，1995：92-94）

郝明義在《越讀者》一書中提及：

> 做了大量筆記，筆記裡喜歡圖文並茂的達文西，說了一句話：「想用文字把這顆心臟描述得清楚，除非花上整本書的篇幅，否則怎麼可能？」所以，達文西認為，要理解人體的結構，最好的方法不是閱讀文字而是圖像閱讀，因為「你把它描寫得越細緻，就會把聽者的思想搞得越糊塗」。（郝明義，2007：129-131）

郝明義還提到：今天大家都在談網路帶來的閱讀革命，許多人擔心網路挾帶著大量影像、聲音，會不會徹底破壞（尤其是以書籍來呈現的）文字的閱讀。郝明義問了另一個問題，那就是：「文字與書籍，對我們到底有什麼意義？」人類發明文字，不論中西，大約都在距今五、六千年前的事。懂得利用文字，在人類的進化史上，當然是件極為撼動人心的事。因為人類的思想，從此便可以和同輩交流，可以前後代相繼流傳。古人說倉頡發明文字後，「造化不能藏其秘，故天雨粟；靈怪不能遁其形，故鬼夜哭。」可以證實這個事件的震憾性。人類有紙張，大約是二千年前開始的事；有印刷術，中國大約一千三百年，西方大約五百年。而中文世界裡，習慣以現

在我們常見的書籍形式來閱讀的模式，則不過是一百多年的事情。（郝明義，2007：88-89）

　　總之，在人類演化的四百萬年歷史當中，從五千年前學會閱讀文字、一千年前懂得使用書籍以後，雖然讓人類的文明與文化發展，帶來空前的推展。但我們必須明白，文字與書籍的重要性再大，在人類漫長的歷史上，這頂多只是五、六千年的一個過程，只是一個短暫的過程。在這個過程裡，文字出現的好處是，我們多了一個可以極為抽象又方便地認識這個世界的方法；壞處是，我們原先綜合運用各種感官的能力，卻逐漸的退化。書籍把文字的傳播力量做到最大的擴散；但卻也讓我們容易忽視，甚至貶低書籍以外的知識來源。1920 年代的時候，教育家夏丏尊說：「書只是供給知識的一種工具，供給知識其實並不一定要靠書。太古時代沒有書，將來也可不必有書，書的需要可以說是一種過渡時代的現象。」夏丏尊沒來得及看到網路時代的來臨，但是他所歸納的，也在預言今天網路時代所發生的事情。（同上，89-90）

　　從某個角度而言，我們的確進入了一個和過去截然不同的全新時代。網路出現的本意，雖然是為了方便文字的交換與傳播，但卻意外的提供了一個文字以外的閱讀與溝通的過程。網路終將結合文字以外的聲音、影像、氣味、觸感，甚至意念，提供一種全新的認知經驗，讓人類重歸全觀的認知經驗。這樣全新的發展，可能會令我們有些不安。但是換一個角度來想，我們也可能只不過是回到過去，恢復一些被壓抑了很久的需求。我們需要擔心的，與其說是這些發展會不會破壞文字閱讀、書籍閱讀，不如說是如何讓文字閱讀與書籍閱讀，配合這些既古老又新興的多媒體閱讀形式，一起產生更新的作用。（同上，91）

二、文字閱讀

（一）閱讀的歷程

　　鄭麗玉在《認知與教學》一書中，對文字閱讀歷程有如下的說明：十九世紀初，就有學者注重閱讀的歷程，認知心理學興起，心理學者提出許多模式來加以描述，鄭麗玉根據 Perfetti 和 curtis 的閱讀認知模式略作修正，介紹閱讀的認知成分，使讀者對閱讀的歷程有所了解。純熟的閱讀（skilled reading）包括字彙觸接（lexical access）和理解的歷程（comprehension processes）。理解又包括一連串複雜重疊的過程，從對字詞的語意編碼（semantic encoding）到命題編碼（proposition encoding）、基模激發（activation of schemata）和推論（inference making），以及理解監控（comprehension monitoring）等。（鄭麗玉，1990：13-14）

　　字彙觸接，根據 Perfetti 和 Curtis 指的是一文字符號觸及儲存在長期記憶中的一個字，而產生字彙辨識的歷程。發生於當讀者認出一個字時，它可能包括該字的語意和語音訊息。字彙觸接是閱讀的最基本歷程，它自動化的概念由 LaBerge 和 Samuels 將注意力的容量理論應用於認字和閱讀的關係中。注意力的容量理論說明人的注意力是有限的心理資源，而人以這有限的資源分配處理訊息。有些工作較難，就要耗費較多的注意力；有些工作比較精熟，就不需要耗費太多的資源，可以把剩餘的資源應用在其他工作上，因此可以一心二用。例如：熟練的駕駛可以一邊開車一邊聊天。有些工作可以透過不斷的練習，達到自動化的程度，就不需耗費任何資源，

字彙觸接是其中之一。LaBerge 和 Samuels 假定我們認字——閱讀的低層次工作，倘若能自動化，不耗費任何資源，就會有更多資源去處理閱讀的較高層次活動。字彙觸接的結果是字義的激發，字義的激發就是語意編碼。閱讀文章時，語意編碼須符合上下文。一個字在讀者的心理辭典中可能包含好幾個意義，讀者需根據上下文選擇一個合適的字義編碼。語意編碼發生於讀者應用他的概念知識於文章中。（同上，14-17）

　　命題是聯結概念的最小知識單位，例如：「小明看書」，「看」連接「小明」和「書」兩個概念，是一個命題。閱讀時，讀者認出單字（字彙觸接），賦予符合上下文的字義（語意編碼），然後將兩個以上的字聚集成命題，並根據句法分析予以整合，是為命題編碼。根據基模理論（schema theory），閱讀是由下而上（由視覺符號產生意義）和由上而下（由讀者本身知識詮釋進入的視覺訊息）互動的歷程。在閱讀的歷程中，不管是哪一個層次，讀者都利用己身的知識（基模）和互動訊息。基模是每個人獨特的知識系統，所以同樣讀一篇文章，輸入相同，每個人領會的意義卻不一樣。有豐富背景知識的人理解得比較好，而且能夠回憶較多有意義的事件。閱讀時須激發適當的基模來幫助理解。因此，倘若有學生無法理解閱讀材料的情形時，可能必須先幫助他們建立必備的基模。閱讀時，當一個人意識到有不明白之處，而再重讀一次，就是在作理解監控。理解監控指的就是判斷自己理解的程度，包括建立計畫或目標、發展假設、驗證假設、評估結果，以及必要時採取恰當補救策略等的歷程。這些歷程就是所謂的「後設認知」（metacognition）——一個人對自己認知歷程的覺知和調整。理解監控開始於閱讀之初，持續到閱讀結束。開始閱讀時，我們會設立目標，然後尋找有

關的訊息。隨著閱讀的進行，我們會不斷發展假設，驗證假設。假如後續的訊息和假設不符，我們可能會重讀以重新詮釋訊息；假如不能，可能就會有不能理解和閱讀困難的狀況，於是可能需要重讀好幾次，或向外尋求支援（如查字典或有關書籍……等）。（同上，18-20）

　　前面介紹的是純熟的閱讀，也就是所謂的「經閱讀而學習」（reading to learn），閱讀的目的是要獲得特定的知識，是小學四年級及其後的教學重點。幼稚園至小學三年級的初期閱讀教學重點則是「學習閱讀」（learning to read），兒童學習將印刷文字轉換成其他形式。學習閱讀的重要工作就是將文字解碼（decoding）。解碼就是將印刷文字轉換成語言形式的歷程。它適用於字和「非字」。只要能將印刷文字讀出來就是解碼。兒童是如何將文字解碼的？兒童在開始學習閱讀之前，已經會說該語言而且有一些語言知識，所以兒童是學習將文字符號和口語中的字（或語言單位）產生連結，獲得字義。（同上，21）

　　美國學者古德曼（Ken Goodman）《談閱讀》一書中，談及閱讀也是一種語言歷程。具有書寫文字的社會使用兩種語言形式，口語和書寫。書寫語言運用的是寫在平面上的書寫符號，而讀者則利用視覺來理解這些符號，當人們須要在彼此聽得到對方講話的空間或時間範圍之外溝通時，他們發明了書面語言。會讀寫的人可以將他們的文章傳送到很遠之外，在這個文章完成後很久，或甚至作者過世後很久，其他會讀寫的人還是能讀並理解這篇文章。因此書面語言是保存並傳遞文化給後代子孫的一種方式。書面語言是一套寫在二度空間平面上的書寫符號或圖形記號系統。他們可以是表示經驗或概念的圖形，但是大部分的文字比這抽象得多。從書寫文字直

接到達意義而無須藉助口語語言，是較高效率的閱讀方法。在閱讀這段文字時，你會覺得好像「看穿」了文字直接溝通到意義。（古德曼，1998：129-131）

（二）文辭符號的運用特性

文字的陳述必須逐字的述說，文字是線性而有時序的規範，且按作者安排的順序透露訊息，讓讀者慢慢累積資訊，引發預測，而至全盤明瞭。純粹文字的文學作品有很強勢的節奏主控權，一定有一條明顯的主線為邏輯過程的主導，在必要的時候，主線會放慢節奏讓支線補敘人物或事件，並回溯說明主線之外的枝節。（侯明秀，2003：24）

文字也有透過圖像化的描述來拉近閱讀距離的企圖，但和純粹圖像的閱讀仍然不同。文字所描述的圖像有解讀的開放性，譬如你我之間所認定的「瓢蟲」象是有差距的，只是大原則上不至影響文字情節的閱讀，但提供讀者各自對圖像的「想像空間」。在圖文並置的圖畫書中，文字基於線性推移的性質，往往主導了故事敘事的主體，圖像的功能在於放大某個細節，或強調烘托某個情境。但主線是文字，每頁圖像之間是不接連的，其間的縫隙由文字串接。（同上，24-25）

三、圖像閱讀與文字閱讀

（一）圖像和文字表現形式的差異

趙雅麗在《言語世界中的流動光影──口述影像的理論建構》一書中闡述視覺符號與言辭符號的對應性差異時，有這樣的表述：

視覺符號與言辭符號的差異，可以語義與語法間的差異來進一步劃分。「語意」的差異指的是「符號的表意特性」，而「語法」就是「符號的編碼機制」。視覺符號的語意特性是「較嚴格的肖似性意指」，而言辭符號是「較寬鬆的任意性意指」。在語法上，言辭符號具有較強的結構組織性，而視覺符號其結構組織性便較弱。（趙雅麗，2002：141-142）

視覺符號和言辭符號都能對實體世界的意義進行完全的表述，因為這二者所建構的表意空間，其實都是對一個相同實體世界的反映，但二者在「語意」和「語法」的結構下卻著隱含對稱且互補的關係。且二者都可建構出等量的語言表現總和，因而都得以達成等量的語言空間（就是相同的意義體積）。（同上，142）

視覺符號的表意機制是從「點、線、面」、「色彩」等無具體意義的元素，直接形成「整個畫面」的集體意義，但是言辭符號意義的產生，卻是由一個個單獨意義的「字詞」，逐步的累積修正而成。簡單的說，人們在看東西的時候是「無固定章法」的，但卻有明確重點；言辭符號的閱讀是按部就班、逐步修正目標的。（同上，152）

言辭符號必須透過序列（一維）閱讀理解產生意義，但視覺符號的理解卻是直接以平面（二維）心像知覺產生意義的形式。當意旨不在清晰的數量，而在塑造大隊人馬遷移的動盪情境與壯觀氣勢時，視覺形式試圖透過三四輛馬車，利用視覺「瞬間」、「流動」、「混合」的機制，營造出「大隊人馬」的氣氛，但卻被言辭符號以明確告知「數量」的手法來轉換時，便出現二者意義表現上的落差。（同上，157）

　　李惠加在〈圖畫書的語言訊息傳達〉一文，認為圖像和文字是二種不同的語言訊息傳達方式：

> 圖像是在平面空間上描繪出瞬間發生的各種現象，是一種具體呈現且容易被讀者辨識畫中意義的表意形式；而文字敘述則屬直線式排列，文字文本必須逐一循序閱讀，才能知道故事敘述的始末。她還引述 Kiefer 的論點，強調文字的閱讀是直線式且向前行動的，經由字裡行間的描述隨著時間的流動進行推移。圖像則是佔據平面空間，而且在時間描繪上，是以單一瞬間、連續性畫面的組合方式，來表達時間的推移的。（李惠加，1998）

（二）圖像與文字並置的關係

　　宋珮在《觀賞圖畫書中的圖畫》一書中對圖像與文字的關係有這樣的觀察：

> 圖文間的關係有很多種，有些關係很明顯，有些則看不太出來。圖畫可能會詳盡的表達文字內容。也可能會擴充、延展或者補充文字未盡之處。圖畫還可能和文字敘述背道而馳，甚至引導致不同的方向，其中一種作法是文字和圖像並行，但是各說各話，形成兩個各自進行的故事。（宋珮，2006）

　　侯明秀在《無字圖畫書的圖像表現力及其敘事藝術之研究》的碩士論文中歸結分析，大致整理出當圖文並置時，有幾種合作類型：

各自表述、圖像擴張文本、互補型、輪替敘說型。各自表述
的圖文關係是圖像和文字各說各話,故意凸顯主題的諷刺性
和增加衝突性。圖像擴張文本是強調了文字述說故事的不足
和縫隙,由圖像加強補述。互補型和輪替敘說型是認同圖像
和文字合作的相容性,圖文相互依存各盡其職,只不過前者
是圖文同時在畫面出現,後者是圖文輪流交替演述,有時文
字的陳述暫時靜默,就讓圖像來獨力完成故事的進行。(侯
明秀,2004:20-21)

無論是哪種圖文關係都明顯地呈現了圖像的關鍵性,圖文存
在著一種強烈的平權地位;圖像不再是文字的附屬品,它以
和文字對等的姿態去談彼此的關係,而圖像具備足夠的能力
去擔當重任,和文字同樣有述說故事的本事和權力。(同上,
21)

　　純粹圖像的形象是一種具體呈現,傳達訊息是同時性的,相對
文字的線性束縛,圖像較有閱讀的主動性和取捨權,讀者自行從自
由的圖像閱讀來拼湊一完整的概念。文字屬線性且具有強烈的束縛
性,文字之間的關係是緊密的,閱讀者必須逐字讀完才能串聯故事
的敘事內容,所以文字可以隨時在主線中穿插倒敘或補敘放大焦點
說明。

　　從推展橋樑書的立意及觀點來看,由圖像閱讀銜接到文字閱
讀,是許多關心教育現狀的人士所急切關懷的問題。但是從文獻看
來,人類在尚未發明文字以前,由結繩記事、由圖騰、由自然圖像
自然而然的接觸這個世界,一直到文字興起和印刷術、紙張的發

明，文字才得以藉由書籍的傳播，間接的與各地的人架起了溝通的橋樑。而目前電子媒體及網路科技時代的來臨，讓影像時代再現，這是個有趣的問題：影像媒介與文字媒介不能並存嗎？到了國、高中只閱讀純文字的讀本，會不會失去了藉由各種感官知能獲得全觀世界的能力？

影像媒介與文字媒介不能並存嗎？肯定是能的，且是相輔相成的。最近在教學上頗被廣泛運用的心智繪圖，是一種訓練自己進行長期記憶的學習方式，它可以充分發揮左腦的思考、推理、分析、理解，又能結合右腦的色彩、圖形、創意、聯想等功能。我讓學生在社會科上分組討論，各組指派一任務，分別提取課文段落中的關鍵詞、主概念、次概念，分組合作完成心智繪圖，整課內容的各章節重點及其連貫性一目了然。

國高中的教科書是純文字的讀本，它只是一種綱要、骨幹；是維生素的補給。沒有血肉；沒有主食、蛋白質、蔬果和甜食的正常飲食，孩子會食不下嚥的。孩子會自己去尋找他要的食物的，只是孩子們自己尋找顯然太辛苦而有些危險。因此，當網路的技術發展到足夠的成熟度，網路和各種新型態的電子載體結合後，網路閱讀的內容與設計會發展出自己的生命。「失去了藉由各種感官知能獲得全觀世界的能力」暫且是不用擔憂的。我想，我們該有的一個心理準備反而是：在網路閱讀還沒完全取代書籍閱讀之前，好好善用「影音像」及「文字」不同媒體的特質，好好對待過去與新生的知識及資料。

本研究中以橋樑書的概念編寫設計的教材，由圖像閱讀銜接到文字閱讀的教學，其善用「圖像」與「文字」不同媒介的特質，給與不同階段的孩子適切的閱讀材料，不偏廢於任何一方，圖像與文

字兼而用之，適恰的搭配，此一理念正可與影像媒介與文字媒介能適時並存、相輔相成的事實相呼應。

第三節　橋樑書與閱讀教學

一、閱讀教學

美國學者艾德勒（Mortimer J. Adler）、范多倫（Charles Van Doren）在《如何閱讀一本書》中提到，美國從二十世紀七〇年代開始主張閱讀，並且提供大筆經費支持各式各樣改進基本閱讀技巧的努力，但近三十年來的推展，他認為閱讀指導在國小極力實行，但是過了這個階段（意即國中階段），卻極少能夠給予學生更高深的閱讀技巧訓練，以帶領他們進入更高層次的閱讀。他說：

> 指導閱讀的層次，仍然逗留在基本水平。我們教育體系裡的人才、金錢與努力，大多花在小學六年的閱讀指導上。超出這個範圍，可以帶引學生進入更高層次，需要不同閱讀技巧的正式訓練，則幾乎少之又少。（艾德勒、范多倫，2003：5-6）

因此，美國閱讀指導的層次似乎一直停留在基礎的閱讀。

　　艾德勒、范多倫在重寫《如何閱讀一本書》時，對於學習「如何閱讀」；對於複雜的閱讀更深的理解與更完整的分析理念；對於如何彈性運用基本規則作不同型態的閱讀等等概念，為回應社會迫切的需要，特別加以闡述並重新徹底改寫。他認為閱讀有四種不同的層次：基礎閱讀、檢視閱讀、分析閱讀、及主題閱讀。他說：

> 閱讀的層次是漸進的。第一層次的閱讀並沒有在第二層次的閱讀中消失，第二層又包含在第三層中，第三層又在第四層中。事實上，第四層是最高的閱讀層次，包括了所有的閱讀層次，也超過了所有的層次。（艾德勒、范多倫，2003：25-26）

　　第一層次的閱讀，稱為**基礎閱讀**：這一個階段是最初步的閱讀，其主要的目的是去辨認每一個文字符號的意義，每個人開始接觸閱讀時就是從這裡開始。在進入基礎閱讀前，讀者須具備一些基本的能力：在身體方面，要有良好的視力與聽力。在智力方面要有起碼的認知能力，以接收文字符號，能跟其他夥伴共同學習。接著開始讀一些簡單的讀物，像看圖識字。第一年結束時，基本上會認識三百到四百個字。會介紹一些基本的技巧，像是字句的使用、發音，詞句的含意等等，並學會利用上下文所提供的線索，建立快速累積字彙的能力。除此之外，還要學會不同目標與不同領域的閱讀法。達到這一層次的讀者，就已經擺脫文盲階段，能夠獨立閱讀了。（同上，23-31）

　　第二層次的閱讀，稱為**檢視閱讀**：特點在強調時間，要在規定的時間內完成一項閱讀的工作，要能掌握住主要段落或章節的大意。這個層次的閱讀，又涵蓋了兩個子層次：第一個子層次是在一定時間之內，利用系統性的「略讀」（系統性的「略讀」包括六個

步驟：（一）先看書名頁，然後如果有序就先看序。（二）研究目錄頁。（三）倘若是書中附有索引，也要檢閱一下。（四）讀一下出版者的介紹。（五）開始挑幾個看來跟主題息息相關的篇章來看。（六）最後一步，把書打開來，東翻翻西翻翻，唸個一兩段，有時候連續讀幾頁，但不要太多）來檢視一本書，試著推論出它的重點、架設它的粗略結構；在這個階段，讀者能夠先判斷這本書對自己的價值性與實用性如何，以決定是否繼續讀完整本書。而第二個子層次是接續第一個子層次，當讀者決定要讀這本書時，就從頭到尾快速地「粗淺」讀完一遍，遇到不懂的地方不要停下來查詢或思索，略過、繼續讀下去，只注意你能理解的部分；讀完之後，對於整本書的內容就會有概念性的了解。檢視閱讀的兩種方式都需要快速的閱讀，但並不是隨意或隨便瀏覽，它是系統化略讀的一門藝術，也是要開始作分析閱讀之前的預備動作。（同上，33-45）

　　第三層次的閱讀，稱為**分析閱讀**：分析閱讀就是全盤的閱讀、完整的閱讀，或是說優質的閱讀。這一階段是閱讀的最主要階段，從眼睛完整接收一本書的文字符號開始，首先要明確的知道自己在讀那一類的書，讀完後能使用一小段文字來敘述整本書的內容。列舉重要篇章，按照順序組成一個整體的架構，找出關鍵及主旨，並且解決閱讀時所遇到的疑問；在閱讀結束之後，對作者的論點加以分析評斷，都是屬於這個層次的閱讀。（同上，77-153）

　　第四層次的閱讀，稱為**主題閱讀**：這是最高層次的閱讀階段，由於這個階段包含了上述三個階段，所以是閱讀活動中最複雜也最系統化的閱讀。對讀者來說，要求也非常多，即使只是閱讀一本很簡單、很容易的書也一樣。也可以用另外的名稱來形容這樣的閱讀，如比較閱讀。當讀者進入主題閱讀時，他們會閱讀很多不同的

書，列舉出這些書之間的相關處，提出其共同的主題。分析不同的觀點與呈現方式，釐清書中相關性的議題與疑點，能夠客觀地與其他讀者分析討論。最後，要能架構出一個可能在哪一本書裡都沒提過的主題分析。所以主題閱讀不只是閱讀的最終階段，也是最主動、最費心力的一種閱讀。（同上，305-330）

　　所謂閱讀教學法是指在閱讀指導的過程中，教師所安排的教學程序與使用的教學方法。閱讀教學的目的在於提升學生的閱讀理解能力，讓他們成為獨立的閱讀者。根據這些理論，教師在閱讀指導時也應掌握先後次第從基礎的字面閱讀，到文意的理解與主題的探究，並進一步延伸與學生自身生活作連結，全面性地為學子設計閱讀教學的課程進度。

二、橋樑書與閱讀教學

（一）階段性與層次性

　　橋樑書所訴求的是階段性的閱讀功能，是把圖像閱讀銜接到抽象文字閱讀的過渡書籍。它和艾德勒、范多倫所提出的閱讀的四個層次的功能和目標是一樣的，是由簡單到繁複或系統化的。從國內目前所出版的橋樑書的分級，可看出它也是依照每個學習者的身心發展階段而安排的。後一個階段一樣包含、承接著前一個階段的能力和目標。再回顧一下第一章所提目前市面現有橋樑書的分級方向：

1. 第一級的圖文比例會在接近 1:1，總字數在五千字以下。搭配簡單的故事概念與思維邏輯，用有限詞彙構築成的精簡語句所

撰寫而成的故事，這是他們開始正式透過文字，親自體會文學美感的重要閱讀經驗。這和艾德勒、范多倫第一層次的**基礎閱讀**（開始讀一些簡單的讀物，像看圖識字。會介紹一些基本的技巧，像是字句的使用、發音，詞句的含意等等的學習階層）是相類似的。

2. 第二級圖文的比例大約是 1:2，此階段的孩子已擺脫識字初期的尷尬與生澀，可以理解比較複雜的邏輯與因果關係，具有更精準的感知力與表達能力。這和第二層次的**檢視閱讀**要能掌握住主要段落或章節的大意，有同樣進階的閱讀要求。

3. 第三級的文字量大約在一萬到兩萬之間，以文字為主，在故事類的書籍之外，選擇非文學類的讀物，藉著不同類型文字書寫的形式和邏輯，開闊孩子們的閱讀經驗。這和第三層次的**分析閱讀**類似首先要明確的知道自己在讀那一類的書，讀完後能使用一小段文字來敘述整本書的內容。

4. 第四級：系列。其實第三級之後，就可以銜接到以特定主角發展成的系列故事，這種系列書（series）往往能引發孩子一本接一本的往下閱讀。這和第四層次**主題閱讀**近似：當讀者進入主題閱讀時，他們會閱讀很多不同的書，列舉出這些書之間的相關處，提出其共同的主題。特定的主角發展出來的系列書，有一個主線拉出旁生開展的情節；主題閱讀是從群書中統整出其主題性，它們所要訓練讀者的都是高階的閱讀能力。

　　由以上的對照分析，橋樑書的分類級數和閱讀方法是相扣合、裡外相應的。所以身為教學者對書籍有良好的敏感度和對閱讀教學策略有良好的掌控，是可以把橋樑書的功能發揮得淋漓盡致的。

（二）橋樑書的閱讀教學

以我去年一整年，依著從研習活動中對橋樑書的初步認識與概念，嘗試自己編製設計的教學教材，利用閱讀課時間、周三晨光時間（別的班級選擇學校的圖書志工媽媽二十分鐘帶領朗讀學習，我們班的學生因為口才佳是他們天生麗質的團體強項，所以我選擇自己作童詩和童話賞析教學）、彈性時間進行我所粗略認識的架橋工程的教學。因為聽到字數少，所以先想到童詩，也因為一個環境教室布置的過程，童詩教學就成為銜接圖像和文字教學的第一個文類。雖然和我現在所了解的更為精緻的橋樑書分類，有一大段差距，但那是我「橋樑書」教學學步的開始。

1. 童詩教材設計編製及活動實施情形：當時我手邊收集了一些《國語日報》「為兒童寫詩」的詩作，因為要配合製作學生書籍文具收納櫃的遮蓋門，所以我把每一首童詩放大到 B4 大小，裁切後貼在圖畫紙上。每個學生拿到後先讀一讀，品賞一下那首童詩的趣味，接下來就他們所體會到的意象，及從文字閱讀中所捕捉到的人事物景象進行插圖繪畫工作。畫完的作品都貼在每個人的收納櫃前，全班都可一起分享欣賞。因為每個人負責一首詩，每首詩都別具特色，所以我讓小朋友稍微分享一下他手上那首詩的特色和有趣的地方。

   巡視行間時，發現每一首詩每個人只讀一遍實在可惜，二十四首詩一個人只讀一首也可惜，所以我想了一個點子，設計了一張學習單，想請學生輪流拿著大家完成的不同的詩，去唸給以前低年級的老師聽，教過他的或認識的老師、同學、大哥哥和大姐姐聽。但是第一個統統要先唸給我聽，當然在這之前

我得簡單一一介紹那二十四首詩（花了三堂課），活動的名稱就定為「我來唸首童詩給你聽」。本來是自由找聽眾的規畫，教務主任也在賓客名單上，為了顧及學生邀約老師時不要落空，所以他建議由我統一邀約，我真的一個個去邀請同仁們，很令人感到欣慰的是沒有一位老師拒絕這個活動，包含學生聽完後要煩請他們寫下簡略的聽賞分享。學生四個人一組，外加一個人去幫忙拍照，我負責記錄行程，提醒他們哪個時間點該到何處去唸詩。每個人要唸十首詩給不同的人聽，整個活動跑完是一個月，很忙、很新鮮卻也很刺激。

　　活動結束後我讓他們寫了一篇日記，普遍的反應是他們的膽子變大了，再來是他們發現了各種不同風格的詩，擬人化很強的〈春天歪了〉，圖像式的〈蟬〉，充滿實際生活點滴趣味的〈同樂會〉，唸到最後大家都可以一起暢所欲言的討論哪首詩怎樣怎樣了，甚至熱門排行榜也出來了。因為是我自己的實驗，到目前為止，沒有有關橋樑書教學的相關資料，我就依循著我捕捉到的概念去進行了。後來，學校要我們作各學年期末語文教學分享，學年老師就和我一起把拍回來的一百七十幾張照片，篩選製作成隨身簡報，加上對每一位老師的致謝邀約語錄，加上那時是聖誕時節，我選了許景淳的〈爸媽謝謝你〉這首曲子，報告的效果果然不錯，臺下的老師們看到剪報上自己的身影（有二十幾位同仁），沒有人改作業了，因為沒想到他們也要出場。

　　下學期時，學校邀請我們以童詩讀賞為主題參加閱讀有功團體，我和學年老師們一起彙整所有的資料。我的班包括畫了插圖的童詩、學習分享單、列印出來的照片，分別製作成活動

資料小書，與有捲軸的影片書；我幫大家的看板下了一個主標「閱讀童年，詩流域」。在大家認真彙整自己的資料，努力統整製作成大看板的協力合作下，這個主題活動入選得獎了，是意外的一樁。

2. 童話教材設計編製及活動實施情形：接續童詩活動後，我選了數字比較多的童話故事作橋樑教學導賞。首先，我先翻閱九歌出版的童話選，再對照班上留存的跟著我兩年多的《國語日報》資料，我從最短篇的〈飄飄傳的傳奇──死鬼〉這篇文章開始編起。它是 2005 年九歌童話選裡最短的一篇童話，約莫二百字左右，故事趣味感十足，那些死鬼是十分充滿童真稚趣的，讀來創意趣味感十足，課本裡大概不會放這樣的文章。

　　找出加了注音的故事，我要專注認真的先閱讀過文章，設計有關童話故事賞析的相關問題，包含時空背景、人物個性、情節發展、故事主旨等等。我還必須設計自己想讓學生去捕捉、感受到的文學意味與美感氛圍、甚至要藉著提問去串接他們的生活經驗、稍稍感悟一些生命哲理及心靈感受。設計童話的活動我比較費工費時，但也是我檢驗自己對文學的敏感度及性靈深度的探取，對學生和對我自己而言都可以大為提升繞在學校課本上的文字浮面淺層感受。

　　三年級下學期我一共設計了七篇，最長是到林世仁的〈流星沒有耳朵〉，篇幅是 B4 七頁，學生們讀得愛不釋手，因為林世仁運用了「同音異字」及「諧音」創作元素，所以笑果十足、創意滿門，連家長讀了都會在地板上「拍地叫絕」。先前的活動我都只設計提問書寫的題目，但是這篇童話很適合學生

仿作，所以帶領學生討論出林世仁創作的兩大元素後，學生們便興致勃勃的開始寫起他們的「流星沒有耳朵了」。

　　我很粗糙的以字數和文類形式來提取我要編寫的橋樑書教材，雖然很不細緻，但這樣初步的嘗試都得到不錯的效果。比起我每天講授的課文，語文課顯得可愛有趣多了。這一章節是文獻探討的部分，因為橋樑書是個新興文類，目前只有出版界比較了解國外有關橋樑書（章節書）的資訊，但對於教學方面出版界也還在摸索當中。因為到目前為止，只有看到去年（2007 年 10 月）國立臺北教育大學邀請林巧宜講解說明如何運用出版社的橋樑書設計教學活動，及東方出版社邀請總編輯李黨熱心幫忙寄送給我的鄭敦怜的教學設計。我想不管是出版社出版的橋樑書還是我想設計的另一種橋樑書，都可以「靜待佳音」！

第三章

橋樑書的界定及其作用場域

第一節　橋樑書新概念的建立

一、有關中華兒童叢書

　　從前兩章的論述中，可以知道「橋樑書」是西方國家閱讀分級系統中的「章節書」，它的功能設定在「由圖畫書的少字多圖」漸進至「純文字的青少年文學」、「中介的插圖書」或「篇章較短，故事結構較清晰簡易的兒童文學」，也就是由繪本過渡到文字書的銜接書籍。在臺灣，橋樑書的發展，目前都是由出版社主導，直接翻譯國外經典的橋樑書，或邀約本土作家創作的模式，但後者正在起步，量不多，書籍出版之後，再一套一套的將這些新產品介紹給讀者。我們有一個疑問：在這之前，臺灣沒有橋樑書這類的書籍嗎？中華兒童叢書裡有沒有？中華兒童叢書是在各界極力推動閱活動之前，繪本還沒有那麼普遍的進入校園圖書館之前，也就是約在十年前，校園圖書館中藏書量豐富，編輯內容扎實，讓所有的孩子都可人手一本、實施班級共讀的兒童讀物。但現在中華兒童叢書那不

怎麼起眼的平裝本，比起繪本來圖文都不是那麼絢爛多彩的讀本，早已擺於圖書館的角落處，屬於次要的選擇讀物。

中華兒童叢書是臺灣省政府教育廳為輔導學生課外活動，培養學童閱讀興趣，特別設立兒童讀物編輯小組，負責編印適合各年級學童閱讀的書籍，以供應國小學生閱讀的讀物。臺灣省政府教育廳編印的中華兒童叢書，一向內容豐富，圖文並茂，包括有文學、科學、健康、藝術四大類。內容涵括中國古代文學家小傳、美麗的童話故事、宇宙人生的真理、校園裡的植物、人體奧祕、環境保護的實例、有趣的數學、中外美術故事、臺灣前輩畫家的介紹等等，是一系列能提供給小朋友在成長過程中獲得良好滋養的課外讀物。

從以上對中華兒童叢書的簡介，及本身在小學教育現場上的接觸可以研判，中華兒童叢書中應該有橋樑書的讀本，例如：「中介的插圖書」或「篇章較短，故事結構較清晰簡易的兒童文學」。只是我們跟著繪本的興起、流行，意識到繪本的文字量少，於是又在西方讀物系統中去尋找可以解決另一個問題的讀物而已。我們是否可以根據自己學童的需求，編製屬於班級學童需求的橋樑書？它不一定是要一整套一整套的書籍，它可以是老師看到的一篇得獎精采童話；可以是作家們為兒童寫的貼心小詩；可以是一篇美麗的兒童散文、一齣充滿反動思維的兒童戲劇。根據學生的能力及需求，教學者本身敏銳的兒童文學涵養，設計出真正屬於學習者更本位的橋樑書。

二、「新橋樑書」的界定

以下將就研究者所認定的「新橋樑書」作明確而清楚的界定：
一、新橋樑書不是一般出版社所指的橋樑書，那整套整套由國外讀

物翻譯而來的讀物；也不是由本土作家所創作的橋樑書，例如：「字的童話」等。它不一定是一本本的書，沒有書的形式的限定，不一定是平面媒體。二、它是根據橋樑書的編輯概念、原理原則──階段性的閱讀功能，多種文類，圖像銜接到文字的基本概念來編寫的教學教材。三、它是活動化的：不只是靜態的閱讀一篇文章、一本書，它是以一篇篇的文學作品為主軸，旁伸擴及到其他的教學活動。例如本研究第二章「橋樑書的閱讀教學」中提到的「童詩」教學活動，它延伸擴及的範圍包括教室布置、朗誦、繪圖等；還有「幸福的樂章──精選童話賞析」，在實施教學的過程中，包含了朗讀活動、情節發展和故事旨趣等的賞析討論、小段童話創作、作品展覽等，以心智繪圖來呈現，它們有著如是的延展特性，如圖 3-1-1、3-1-2。四、它是經過教學者再三咀嚼過、與作者相應，抽取其創作精髓，引導孩子深入文學之美的心靈教學工程。每一篇一定是值得一讀再讀的好文章，在討論的時候，很自然的就能引領孩子進入彼此的生命世界，喚醒孩子內在的情感。五、它的辭彙難易、字數多寡，或許有階段性上的區分，但在內涵上它是大人、小孩都值得閱讀的篇章。六、它善用「圖像」與「文字」不同媒介的特質，給予不同階段的孩子適切的閱讀材料，不偏廢於任何一方，圖像與文字兼而用之，適恰的搭配，讓影像媒介與文字媒介能適時並存，相輔相成。重視文字是單位面積裡濃縮意象最高的媒體，也要好好迎接圖像、影像及聲音各種媒介，引導孩子藉由各種感官知能獲得全觀世界的能力。七、新橋樑書的編選原則是要和出版界翻譯的橋樑書相對應的：目前出版界出版的橋樑書大多是翻譯自國外的經典橋樑書，有它一定的品質，所以教學者本身要先去認識這些橋樑書的內涵，甚至是去善用搭配這些橋樑書，才能更佳豐富新橋樑書的內容及功

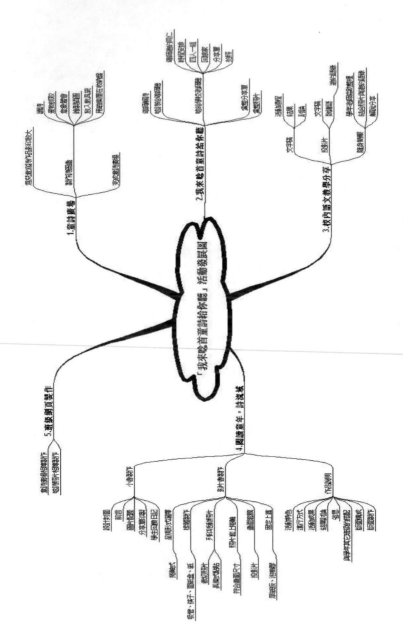

圖 3-1-1　「我來唸首童詩給你聽」活動發展圖

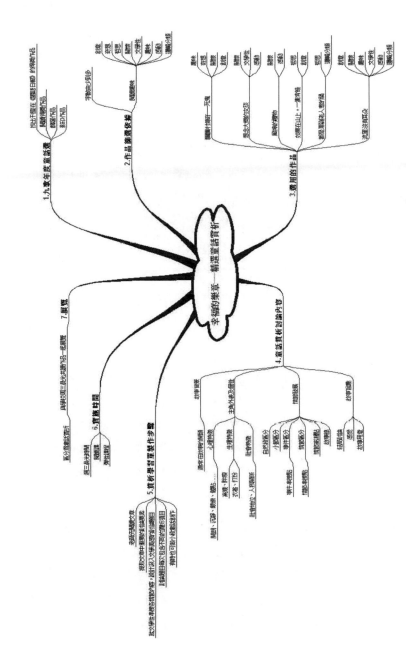

圖 3-1-2　「幸福的樂章——精選童話賞析」活動發展圖

能。一如本土橋樑書的作者要創作時，他也需要先有這方面的先備認知與掌握。八、橋樑書是主動性的、普遍性的、社會性的：橋樑書的階段性閱讀概念不限定老師對於學生所帶領的教學活動，這是老師給予的，是被動式的。我們要把這個概念轉而活化在學生身上，轉為主動性的。老師為學生選編橋樑書，實施教學後，學生有了連貫性的閱讀概念。了解階段性閱讀概念的性能後，他可以為自己的弟弟妹妹選擇設計屬於他們的橋樑書，為爺爺奶奶挑選適合閱讀的橋樑書。成人也可以為自己規畫階段性閱讀的橋樑書，所以橋樑書不單指學校課堂內的事；家庭閱讀需要橋樑書，社會成人的學習也需要橋樑書，橋樑的功能是使它接續不斷。人的成長時時刻刻都需要接續不斷，所以當你覺得自己的心靈阻滯不前時，你就需要橋樑書。

三、新橋樑書的取材資源

新橋樑書以文學作品為試驗教學體，科學類、藝術類……等非文學類便待日後再啟程開展。新橋樑書的概念架構以文類的適宜閱讀年齡而區分階段，且要達到橋樑書的概念功能，所以在選材上還要掌控圖文的各階段比例。在第六章圖像閱讀銜接到文字閱讀的教學設計中：第一級是多圖像閱讀的教學設計，與第五章兒童文學饗宴中的首部曲兒歌與童詩、二部曲童話與寓言故事相應以配合低年級學生的閱讀能力。第二級是半圖像半文字閱讀的教學設計與兒童文學饗宴中的首、二、三部曲兒歌、童詩、童話、寓言、兒童散文和生活故事承接，以帶領孩子進入中年級的閱讀階段。第三級全文字閱讀的教學設計包涵了兒童文學饗宴首、二、三、四部曲，八個

文類所有形式的作品。它的階段性是一級包涵一級，越來越深廣的。就如同艾德勒、范多倫所揭示的閱讀的層次（詳見第二章第三節）。因此，新橋樑書的設計理念，也一樣要參照符合閱讀教學的理念，才算得上是一個有效的教學設計。

　　新橋樑書的設計概念起源於一場研習會，討論「橋樑書」這個新名詞的課堂上，一個聲音是很多關心教育的人士擔心推行了十年的繪本會讓孩子的文字閱讀能力停滯不前，被圖像閱讀所阻滯。所以找來了國外的章節書，翻譯為橋樑書，由出版界開始大力的推展、籲求橋樑書現階段的重要性；另一聲音是很明白的說出所有的書籍都可以是橋樑書。我對前一個聲音衷心攝受，也對後一個聲音極力認同，所以認為從圖像閱讀銜接到文字閱讀確實是推動了十年繪本閱讀後，該注意的一個閱讀的偏移現象。但我並不認為一定需要藉由一套一套的橋樑書來進行架橋工作；我以身邊所有的書籍、讀物都可作為橋樑書的編製媒介為架橋信念，

　　從自己平日經常翻閱的《國語日報》開始尋找編製的靈感。從「為兒童寫詩」尋找童詩，從《國語日報》兒童文藝版的童話依循找到「九歌年度童話選」得獎的優質作品；從簡媜的兩次散文講座，廖玉蕙、陳義芝、阿盛、張大春、雷驤、張詠捷、劉克襄等作家的散文寫作及教學分享中，啟動了我對兒童散文作品的細密探詢。為了提升自己對散文的敏感度，我購置了所有簡媜的作品；簡媜的散文作品就像一件件如錦的編織，更清楚而確切的說更像一座壯麗的星系，文辭之優美、技巧之輾轉細膩與靈秀的生命哲思，如此的令人激賞、嘆服與被吸引。乘著成人散文的美麗驚覺開始去嗅聞兒童散文這小樹的靈巧可愛。《國語日報》林良的「夜窗隨筆」，娓娓道來，有著一種輕鬆的快樂。民生報社各作家的兒童散文集，各有千

秋，小魯文化的《兒童散文精華集：馮輝岳導讀精品 14 篇》、《寫給兒童的好散文》也是可供選編的好素材。張子樟在陽明山研習中心課程中所推介的一系列精采的少年小說，例如：少年寫實小說（含死亡敘述與問題小說）：《夏天的故事》、《手斧男孩》、《不殺豬的一天》、《通往泰瑞比西亞的橋》、《洞》、《嗑藥》。少年奇幻小說：《說不完的故事》、《永遠的狄家》、《時間的皺紋》、《湯姆的午夜花園》、《巧克力工廠的秘密》、《蠍子之家》。李潼少年小說：《再見天人菊》、《少年噶瑪蘭》、《白蓮社板仔店》、《我們的秘魔岩》。少年小說中的女性：《鯨騎士》、《一名女水手的自白》、《少女蘇菲的海上之旅》、《風中玫瑰》、《苦澀巧克力》。《聖經》與少年小說：《記憶傳授人》、《孿生姊妹》、《納尼亞傳奇》。讓我對少年小說有了廣闊的認識，在少年小說的選材上有了明確的指引；東大語教所修課期間洪文珍老師所介紹的幾位大陸作家的動物小說的作品，也增廣了選材上的觸角。玉山社星月書房 Mini & Max 系列《收藏天空的記憶》、《小國王十二月》、《夏之庭》、《外公是棵櫻桃樹》、《我的漫畫人生》、《當世界年紀還小的時候》、《當石頭還是鳥的時候》、《大家都在戀愛的夏天》是我任教學校圖書館都借得到的共讀書籍。而東大語教所周慶華老師所推介的由林文寶策畫的【兒童文學選集1988～1998】：《沖天炮 VS.彈子王──兒童文學小說選集》、《童詩萬花筒──兒童文學詩歌選集》、《夢穀子，在天空之海─兒童文學童話選集》、《粉墨人生──兒童文學戲劇選集》、《甜雨・超人・丟丟銅──兒童文學故事選集》、《有情樹──兒童文學散文選集》，更是提供了所有文類豐富多元的選擇，尤其是戲劇，這是我一向較少接觸到的文本。以上所羅列的書籍、作品都是我平常因閱讀、因

研習、因修課所接觸的各種兒童文學作品的資源，所以我認為身邊處處有好作品，也處處都是橋樑書，就看自己如何去運用變化了。

第二節　橋樑書的階段性閱讀功能

在第四、五章我將會完全呈現新橋樑書的階段性教學設計，在這一節裡我要說明的是這兩章教學設計的階段性閱讀功能。在第二章第一節我們探討了美國分級閱讀系統，閱讀分級的自我檢定方法：依次是先作閱讀段落，找到自己的 Lexile 級數（從書籍內文範例選一段可以完全了解文意的文字，如果你可以很輕鬆看完那個級數的內文範例，就可以再往上看一個級數）。再者是找到適合的書，往上往下延伸閱讀，最後是確定自己的 Lexile 級數之後，就可以開始對應挑選適合自己程度的讀物。這是美國分級閱讀系統提供的階段性閱讀自我學習途徑。當然橋樑書也在這分級閱讀的類別中。The Lexile Framework 評估書籍的 Lexile 級數主要是針對兩項重要的因素：單字出現的頻率以及句型長度。專家們相信，只有配合使用這兩種因素，才能夠顯示出書本的語言分級。

一、童詩和兒歌

至於本研究所設計的新橋樑書，它的階段性閱讀功能沒有辦法放在精確度極高的「單字出現的頻率以及句型長度」。它的參考點主要在：一、字數；二、句型和字彙的難易；三、故事類型。所以

文學饗宴四部曲的首部曲是兒歌和童詩欣賞。在兒童文學中，兒歌是最受兒童歡迎的。關於「兒歌」一詞，如果我們取「兒童歌謠」的一、三字，就是「兒歌」；取其二、四字，就是「童謠」，二者名稱不同，實質相同。古時候兒歌大多以「童謠」稱呼，現代大多稱呼為「兒歌」。兒歌可以說是每個人最早接觸的文學作品，我們在嬰兒時期雖然聽不懂他人的話語，但是聽到母親哼唱的催眠兒歌時都會有所反應。正因為它符合了兒童心理的協韻，語句淺白、唸誦的時候，抑揚頓挫的語調，好似唱歌一般。（陳正治，1996：42-44）能引發兒童的感情，調節兒童的情緒，加上兒歌的句子組織整齊、聲調和諧、自然順口、句子押韻、音節清晰、韻律生動，讓兒童可以琅琅上口。且兒歌的內容多富趣味性，適合兒童的心理，易被兒童接受。

　　黃靜萩在《童心話童年──國小低年級兒童詩歌教學歷程之研究》的碩士論文中對兒歌在啟蒙教材的重要性上有如下的論述：

> 兒童的語言學習是經由「聲音」來捕捉「意義」的，先感受的是語言的「聲音」，之後才是聲音所表之意。因此，富有押韻、節奏清楚、句子短、句數少的兒歌韻文最適合讓兒童吟唸、唱誦、練習說話，兒童能於很快的時間就熟悉語言的聲韻和節奏，建立說話閱讀的基礎。（黃靜萩，2001：8）。

不可諱言的，富有音樂性和文學性的兒歌在語文教學上的重要性，實可作為語文課程與教學的暖身操與良方。

　　「童詩」就是「兒童詩」的簡稱，屬於詩的一種，除了要符合詩質之外，還要以童心出發，以形象思維與精練、韻律的文字，生

動地來營造出感動人心的意象和感情，以及傳遞美感經驗和趣味。
（黃靜萩，2001：9）徐守濤認為童詩是屬於兒童的，是新詩的支
流，具有新詩的特質，講求美感、意境與修辭，和新詩同是文學中
最精緻、最優美、最感人的作品。（徐守濤，1996：91）比起兒歌，
內容較為深廣，思想較為含蓄，結構較複雜，篇幅更長一些。兒歌
與童詩之間的關係，兒歌彷彿是兒童詩的前奏，發展兒童詩的跳
板；是兒童詩的雛形，也是較小的兒童詩。

　　楊茂秀認為語言的意義與音樂性結合得最好的是兒童的詩
歌，形式簡單，意義的個別性及普遍性，在拘束之外完成。它以最
簡單的方式，表達意義上最抽象，情緒上最基本的內容。由於成人
的喜愛，小孩在智性成熟以前，就可以在氛圍之內，獲得理解需要
的裝備，所以它是語言學習或文化學習最容易最基本的開始點。當
它只是文字的時候，就像是放在銀行裡的鈔票，在轉換成言說語言
的時候，很自然的就會激起很多情緒和感情的表達。（楊茂秀，
1999：3-27）

二、童話和寓言

　　文學饗宴二部曲安排的是與寓言故事，其銜接一部曲的任務在
於兒童有了兒歌、童詩的啟蒙與薰陶後，可以開始接觸文字量較
多，故事性較強、奇幻想像、情節較豐富一點的童話或更深入一點
透過一個具體形象的小故事，來表達一種抽象的哲理的寓言故事，
以期達到另一階次的閱讀能力的提升。林明憲在《幻想的遊戲──
管家琪的童話研究》的碩士論文中提出童話的影響力：

> 在兒童文學中，童話是最受歡迎的一種體裁。洪文瓊在〈1991
> 年臺灣兒童讀物出版回顧〉一文中，指出兒童讀物適用對象
> 上，以童話類最多；又在一項針對 1945～1992 年外國兒童
> 讀物文學類作品中譯本調查研究報告中發現，童話類的出版
> 量是所有文學作品中最多的一類；根據行政院文化建設委員
> 會 1997 年臺灣出版市場報：臺灣童書出版以文學類居多佔
> 57.73%，而文學類中又以童話最多，佔文學類一半以上佔
> 53.59%（文建會 1998 年臺灣圖書出版市場研究報告，
> 1999）；可見童話多受出版界青睞，也廣受兒童喜愛。（林明
> 憲，2002：1-2）

童話是專為兒童編寫以趣味為主的幻想故事，兒童在閱讀童話就如
同在進行一場靜態的遊戲。

　　寓言，是群眾喜聞樂見的一種文學形式。以古希臘的《伊索寓
言》來說，至今已有二千多年的歷史，然它仍深受人們喜愛。據一
些學者統計，《伊索寓言》是世界上擁有讀者最多的著作之一。同
樣，中國先秦諸子的寓言離現在都已二千餘年，但它們仍受群眾的
喜愛。中國好多古代寓言，如：〈自相矛盾〉、〈杞人憂天〉、〈刻舟
求劍〉、〈狐假虎威〉、〈畫蛇添足〉等等，都已成為人們語言中經常
運用的成語，影響極為深遠。至今孩子們仍能從語文課本中讀到。
（蔡雅惠，2003：1）

　　寓言所要傳達的哲理，從人類生活中總結出來的有益的經驗和
教訓。這種哲理並不是直接敘述出來，而是採用了比喻、影射、象
徵的藝術方法來表現。寓言和生活緊緊結合在一起，自古至今，寓
言不斷地教育著一代又一代的人們。古羅馬寓言詩人費德魯斯

（Phaedrus）在他的〈伊索式寓言〉序詩中，曾簡潔地道出寓言的特性：「它使你發笑，又給你智慧，它是明智生活的顧問。」可見寓言是最平民化、群眾化的文學，兒童成人都能欣賞；寓言是人們的良師益友，它把邏輯思維與形象思維有效的結合在一起，以鮮明凸出的形象（故事）和犀利簡潔的說理（點明寓意），同時作用於人的情感和理智；而且它的客觀意義往往能突破時間和空間的限制，膾炙人口，歷久彌新。由於寓言故事兼具趣味性和啟發性，是所有文章中最討人喜歡的。（同上，2-4）

　　童話和寓言都採用虛構的故事、幻想的情節，也都可以採用各種生物或非生物來充當故事的角色，並透過擬人、誇張、象徵等藝術手法去表現。是不同的文學樣式，但各有自己的特點。此二文類承接起二部曲的階段性閱讀功能，要逐步的帶領孩子邁向邏輯思維與形象思維更具體的文學饗宴三部曲。

三、兒童散文和生活故事

　　文學饗宴三部曲要介紹給孩子們認識的是兒童散文和生活故事。兒童散文是兒童文學中較晚發展的一種文類，散文是大眾最日常以及最實用的文字閱讀對象，也是許多人進入文學殿堂的第一類接觸，一篇好的兒童散文作品，能使兒童領略文學中的語言之美、情境之美與意境之美。在兒童語言發展的過程中，兒童散文這種以一般日常語言為寫作基礎的文學體裁，正好提供了兒童親近文學的機會。（葉瑞霞，2004：1）

　　關於「兒童散文」，馮輝岳主編《有情樹——兒童文學散文選集》論及：

從近年臺灣地區的兒童散文作品，分析兒童散文的文體特徵，有兩個很普遍的現象凸顯出來。一是「敘事為主」；一是「從童年生活取材」。

兒童散文的文體特徵，迄今無人能清晰的捕捉。兒童散文百分百是散文，只是，在散文之上冠上兒童兩字，意義就不大相同了。斑馬在《桂文亞探論》一書中指出：「……可能只有桂文亞才會真正深切地承載有『故事性』對兒童散文的壓力。面臨到『可讀性』對兒童散文的挑戰。經歷著所謂『深度』、『文學性』、『情感宣洩』對兒童散文的打量。」

臺灣地區的兒童散文創作，數量最多的要算童年散文了。所謂童年散文，就是以自己的童年生活為素材，寫給兒童且適合兒童欣賞的散文。寫作這類散文，首先，作者要回到童年，回到七、八歲或十一、十二歲。說起來簡單，寫起來難，「回去」以後，心裡視角的調整可不容易，一不小心，又會跳回成年；其次，要懂得使用兒童的語言和思想。不過，童年往事，親切而熟悉，相較之下，算是最容易下手的題材，這也是許多作家寫散文給兒童看，大多選擇從童年寫起的原因。
（馮輝岳，2000：17-19）

從馮輝岳的兒童散文觀中，透露出一個重要的訊息，那就是：只要用「心」去看，就能體會人與物之間的深情。每一篇作品，都讓讀者的心情沉穩，細細回味文中的情意氛圍，心靈得到供養，珍

視自己擁有的愛與關懷，打開塵封已久的心和眼，自發去關心別人、尊重萬物。（葉瑞霞，2004：29）

　　生活故事是指擷取一般現實生活中饒富人情味，能反映各種生活情態，足以感動兒童、激勵兒童的意志情操的題材，加以演述而成的。生活故事絕大多數是以描述兒童的生活情狀為主，也有少部分是描述成人的。它的內容容易使兒童感到親切和興趣，油然產生同情和共鳴，因而獲得生活上、知識上、情意上的陶冶和影響。（蔡尚志，1996：168）而就「兒童故事」在讀書治療的運用上，也以「生活故事」最足以感動兒童與激勵兒童，因生活故事與兒童的日常生活事件息息相關，最易引起兒童的共鳴。所以在選擇故事方面，要重視兒童的年齡和經驗，使兒童文學作品與兒童間產生良好的互動，其故事題材不管是過去的或現代的，都要以「適合兒童」為前提，才能滿足他們的閱讀興趣和需要，達到提升情感志趣的教育價值。

　　王淑芬的校園系列生活故事書，一共有六本，從國小一年級到國小六年級分別是《新生鮮事多》、《二年仔孫悟空》、《男生女生配》、《小四的煩惱》、《十一歲意見多》、《十二歲的風暴》，探討分析現今國小的校園文化現況。王淑芬由於保有一顆「年少時的心靈」使兒童的生活和生命形態都得到了原生態式的表現，將自己的生命根基與兒童的生命根基，融合在同一個原點上。她以與兒童的精神需求並行不悖的立場，為自己創作的出發點，持著以兒童為本位的價值觀，讓作品的藝術表現形式和藝術情趣，與兒童讀者的審美需求達到了緊密的契合。王淑芬的校園系列生活故事書，是全省許多國小老師都指定推薦給小朋友讀的暢銷書，不只是老師們對她的書

推崇放心，連好動的小朋友都看得津津有味，讓人一改校園教育書籍枯燥無趣的刻板印象。（謝雲珠，2002：7-12）

　　兒童散文與生活故事這兩類以一般日常語言為寫作基礎的文學體裁，提供了兒童親近文學的機會；不管是從童年生活取材或是以敘事為主的兒童散文，或是以現實生活中各種生活情態為題材的生活故事，此階段的閱讀都大大的提升兒童在心靈層次上和人我情事上更大的啟發與觸動，對於銜接到第四階段的生命的地圖──少年小說與兒童戲劇賞析，無疑的提供了一個培育芽苗的豐壤沃土。

四、少年小說和兒童戲劇

　　文學饗宴的第四部曲是少年小說與兒童戲劇賞析。郭雅玲在《少年小說鑑賞之研究──以李潼得獎中長篇少年小說為例》的碩士論文中分析：

> 少年小說作為一特定文體，不同於成人小說，首先我們要考慮的是少年對文本的接受能力。接受能力包含讀者群的閱讀理解能力、生活經驗、抽象思考以進入小說世界的能力。少年小說所指的少年，以發展心理學的觀點，雖然分期的名稱不同，但以各期所具特性析論。研究者認為所謂「少年」應為兒童後期至青少年前期，起始年齡應為十一至十五歲，相當於國小高年級至國中階段。但張子樟認為少年小說與兒童小說不盡相同，兒童小說適合國小中、高年級學生閱讀，少年小說的適讀對象應該為國、高中生。因為年齡的差異，對適讀作品觀照的範疇自然不同。關於張子樟的論見自然有他

周延性及細膩的思考，但此一說法迄今未獲學界普遍回響；再則按發展心理學的觀點，成長本是連續性的、難以斷然劃分，且充滿著各階段的不同身心特性及個體間的個別差異，越是細密的劃分，越是違反人類發展的自然原理，兒童小說及少年小說二者的訴求對象之間必有重疊難以畫分之處。兒童文學工作者林政華也將少年期界定為十一至十五歲，他指出這一階段少年的特性：詞彙及文學藝術技巧大幅增加，語言及思維具自覺、獨立及連貫性，開始對人的內心世界發生興趣，世界觀形成。小說篇幅較長，需要抽象思考，這時期的少年已具備相當的閱讀理解能力；且小說是人學，描寫真實生活圖像及情感，可滿足少年對自我的探索和好奇冒險的閱讀心理。因此，適讀的文學作品，小說無疑的並列其中。（郭雅玲，2004：11-15）

　　兒童戲劇是專為兒童設計製作及演出的戲劇，也就是兒童自己的戲劇。在陳信茂《兒童戲劇概論》一書中，界定兒童戲劇的意義為：

> 所謂兒童戲劇：應用兒童的思想、兒童的想像、兒童的語言、兒童的情感、兒童的經驗，透過戲劇的手法，表現大宇宙間動植物的生活、人和物的關係、社會的現象、人生的意義。用以增進兒童的知識、陶冶兒童的美感、堅定兒童的意志、充實兒童的生活、誘導兒童的向上的藝術活動。凡合乎上述要求，不管內容是古代或近代；事件是發生在國內或國外；表現方式是舞臺、電視、電影、或卡通，甚或皮影、木偶、

> 或歌仔戲；扮演人不論成人或小孩，只要根據兒童身心發展
> 理論，內容切合兒童發展需要都可稱為兒童戲劇。（陳信茂，
> 1983：10）

而在徐守濤等合著《兒童文學》則界定兒童戲劇的意義為：

> 兒童戲劇是戲劇中的一個分支，其功能與成人戲劇一樣是表
> 現人生、指導人生、美化人生的一種綜合藝術，只是它的對
> 象是兒童，是專門為娛樂兒童、指導兒童而創作的。因此它
> 在表現上必須以適合兒童心理、配合兒童經驗、切合兒童需
> 要為目的，俾能使兒童在愉快、趣味的包裝下，達到潛移默
> 化的教育功能。（徐守濤，1996：392）

戲劇是一門綜合的藝術，包括了詩歌、小說、音樂、繪畫、建
築、雕塑、舞蹈……等的藝術特質，「兒童戲劇」就像是「戲劇」
這棵枝繁葉茂的大樹中的一個分枝。戲劇通常又被人們稱為「第七
藝術」，就是指戲劇兼具有詩歌和音樂的時間性、聽覺性，以及繪
畫、雕塑、建築的空間性、視覺性，同時也有舞蹈的人體姿態作媒
介的特質。也就是說，戲劇是包括了以上六種藝術的一種綜合文藝
樣式。所謂「第七藝術」，並不是有了詩歌等六項藝術之後，才有
戲劇，而是指戲劇的包容性。從性質上來講，詩歌、音樂等六項藝
術，或屬時間藝術，或屬空間藝術。戲劇，則是兼備時間和空間兩
項藝術性質的。（莊惠雅，2001：10-19）

由以上對兒童戲劇的介紹和陳述中，我們可以看到戲劇是集其
他藝術的精華，所以當然是兒童文學饗宴中的壓軸戲，也是國小學

童接觸兒童文學作品中的最高階閱讀欣賞文類。對於少年小說的閱讀適當性那更是無庸置疑。不過少年小說橫跨國小高年級到國、高中，所以老師們選材上要留意其內容的難易度及題材是否適宜。對於張子樟在《少年小說大家讀——啟蒙與成長的探索》中提到兒童小說適合國小中、高年級閱讀，少年小說適合國、高中生，迄今雖未獲學界普遍回響，但就這一點我有這樣的經驗和看法，我教學的年級是中年級，玉山社星月書房 Mini & Max 系列所出版的一系列很棒的小書，每本書的故事都清新可人又富含韻味，很值得推薦給學生閱讀，當時我帶領學生閱讀過的有《當世界年紀還小的時候》、《收藏天空的記憶》、《當石頭還是鳥的時候》、《大家都在戀愛的夏天》，小朋友都很喜歡書中的故事，當然我自己更喜歡。我不知道這套書該算少年小說還是兒童小說，但是覺得出版社能出版這一系列的書，不厚不薄中年級可看、高年級可看、國高中生可看、大人也可看，這是最棒的了，溫馨動人的故事還能老少咸宜才夠經典可貴。

第三節
橋樑書在閱讀教學上運用的可能性

　　橋樑書在閱讀教學上運用的可能性，那是肯定的。以下將就我已實施三年多的經驗，舉出已實施的實例，將其實施歷程及方法說明如下，期能提供給所有在教學現場辛苦耕耘的老師們一點參考的資源。

一、融入學科教學中

以社會科介紹原住民文化的單元為例，當初為了讓學生能更深入的了解原住民文化，我選擇曾在公共電視播放，由甲馬創意股份有限公司製作，魚夫監製的《原知‧原味》3D 動畫卡通節目。《原知‧原味》為臺灣第一支原住民族神話故事的 3D 動畫卡通，精選十集臺灣原住民族具有代表性的題材為故事：（一）阿美族──女人國；（二）泰雅族──射日；（三）布農族──變成鳥的孩子；（四）鄒族──白鰻與螃蟹；（五）賽夏族──矮人傳奇；（六）卑南族──蛇郎君；（七）排灣族──太陽的孩子；（八）魯凱族──雲豹傳奇；（九）達悟族──摔角的石頭；（十）邵族──追族白鹿。系列蒐集自原住民各族流傳的民間故事，內容生動活潑且具鮮明的傳奇色彩，利於學童親近部族的生活思想及文化。本片將原住民和大自然關係密切，僅口耳相傳且無文字記載的傳說，加以系統性整理與紀錄，極富傳承及思源意涵。《原知‧原味》系列動畫中的「泰雅族神話──射日」，獲邀參加第九屆韓國首爾國際動畫影展 SICAF2005。在實施教學時，我利用每個星期三早上四十分鐘的晨光時間，前十五分鐘讓學生觀賞動畫，剩下的二十五分鐘開始《原知‧原味》影片書的製作。首先說明動畫的導賞，已實施觀賞過此動畫的學生都十分喜歡此系列動畫，因為內容生動活潑且具鮮明的傳奇色彩，還有幽默逗趣的對話口白，學生都會要求再看第二次，他們不需要老師的說明，他們只想再回味沉醉一次。我通常會答應他們的要求，找零碎時間再播放一次。其次說明重點工作：《原知‧原味》影片書的製作，發給學生一人一張四開的圖畫紙，先指導學

生摺製成八開小書，指導封面製作，標題要明顯，封面圖案要能顯示此動畫的主題特色。接下來是每看一集動畫，要將動畫內容以四格漫畫的方式精簡的將內容描繪出來，並加上對白；圖畫與對白文字一定要能明顯的傳達出這個傳說故事的精要處，才能讓翻閱此小書的人，一看就知道畫的是什麼樣的一個故事。

　　因為有十個故事，一本八開小書只能畫出六個故事，所以必須用到兩本小書，於是又發展成了第一集、第二集影片書。以上我所描述的教學過程都是我真實帶領過的經驗，它沒有影響我的正課，反而補強了課文的貧乏與單調。我們都知道教科書只是骨幹、綱要，一定要利用這些有血有肉的課外教學輔助媒介來豐富教學活動的內容。在新橋樑書的界定第一義中（詳見本章第一節），我談及了新橋樑書不一定是一本本的書，沒有書的形式的限定，不一定是平面媒體，所指的運用範圍也就是指包括 3D 動畫這樣的教學媒介。此教學媒介有沒有擔任起架橋的功能？有。它以影像閱讀和文字閱讀同時呈現的方式，讓孩子深入了解每一個原住民文化的真髓及深刻意涵，讓孩子彷彿穿越時空走入原住民的原鄉一般的接觸和了解他們的文化。新橋樑書界定的第三義中（詳見本章第一節），它是活動化的，這個教學活動包含了影片欣賞、討論、繪圖、小書製作等活動。新橋樑書界定的第六義中（詳見本章第一節），它善用「圖像」與「文字」不同媒介的特質，不偏廢於任何一方，圖像與文字兼而用之，適恰的搭配，讓影像媒介與文字媒介能適時並存，相輔相成。不只教學媒材是如此，連孩子製作出來的影片書也是圖像與文字兼具，所以它是活活潑潑確實可以實施的一個教學設計。

二、在閱讀課中實施

在這裡我要舉三個閱讀課教學的例子，第一個例子是：《隨身聽小孩》是小魯出版的兒童成長小說，二百四十頁，在我任教的學校它是共讀書籍之一，一個班級的學生可以人手一本。實施閱讀教學的對象是四年級的學生，當時我接手的學生當中有一位是中度聽障的孩子，有一邊耳朵幾乎聽不見，學習活動都要靠另一邊耳朵。他的座位必須固定在我的講桌前側邊四十五度角的地方，這樣他才能清楚聽到我的聲音。聽到聲音的前提是他必須戴助聽器，老師必須戴發射器，他才能接收到我上課時單純的教學聲或全班一起討論的聲音。以前我未教導過聽障生，這是第一次的經驗，偶然有那樣的一次機會，我們全班一起閱讀《隨身聽小孩》，一堂課是看不完的，所以我讓孩子帶回家閱讀，閱讀課時「接龍說故事」。這本書大部分的孩子都看完了，所以玩接龍時，隨時都有人舉手接棒，而且內容清楚明確，還沒看完故事的我都是聽他們說故事聽完的。有人情節接錯了，會有人舉手更正，學習非常主動、內化；班上的那位聽障學生是個活潑樂觀的孩子，他自己也會舉手接棒個幾小段。一邊「接龍說故事」，當然我們也一邊討論人物情節等內容。這位聽障生媽媽是位樸實的工廠女工，但對孩子的照顧很積極，她也跟著把這本書看完，我記得還書時她告訴我：謝謝老師借這樣的一本書給孩子看，平常她自己無法接觸到，因為看了這本書，她的心中少了幾分擔憂。

這不是標示著橋樑書的兒童讀物，但它有橋樑書的功能，四下的學生可以把一本成長小說看完，並且人人都能琅琅上口的接龍說

故事，可見他們已經把故事讀到心坎裡了。這本書已讓四下的孩子有完全閱讀純文字書籍的功能，所以教學者對於教學對象的了解、對於教學程度的適宜度，對於施教的情境如能有純熟的掌控，身邊的每種閱讀媒介都可以是橋樑書。這本書架起的橋樑不只是閱讀功能上的橋樑，它架起了全班學生對聽障孩子的體認與了解，架起了聽障者本身對自己進一步的認知與了解，它更意外的架起了一位聽障生媽媽所需要外界的了解與支援。

　　要補充說明的是我在三年級剛接手這位聽障學生時，同學年別班也有一位輕度聽障的學生，當初為了讓全學年的學生都能正確認識聽障的孩子，並學習如何與他們相處和協助他們，所以全學年借了三十本《我的妹妹聽不見》。這是一本圖畫書，較適合剛升上三年級的學生閱讀，我們設計了學習單，利用綜合課時閱讀討論並完成學習單。這也是一種新橋樑書閱讀教學，因為當時的閱讀能力，當時的學習需求，不只是知識上的，還包含人際互動上的，我們設計了這樣一個學年共讀的機會。到了四下是我班上的學生已能完全閱讀《隨身聽小孩》，這就是一種階段性閱讀方式，它用的就是身邊可以取得的閱讀材料。在這樣的一個閱讀活動中，它的新橋樑書界定的第五義（詳見本章第一節）已明顯呈現出來了，它的辭彙難易、字數多寡，或許有階段性上的區分，但在內涵上它是大人、小孩都值得閱讀的篇章。第八義（詳見本章第一節）新橋樑書是主動性、普遍性、社會性的：聽障生的媽媽也閱讀了《隨身聽小孩》，這是主動性的、社會性的。

　　第二個例子是閱讀玉山社星月書房 Mini & Max 系列《大家都在戀愛的夏天》，一百五十六頁，字數量四下的孩子是可以閱讀了，一樣是共讀書籍。這次我們要一邊閱讀一邊畫出情節線，每個人分

配一小段落情節，寫出時間、背景、人物、發生的事件；然後我們把每個人書寫的內容依序貼在情節線上，結合起來以後，每個人影印一份情節發展表。我提問了幾個問題，讓孩子寫在閱讀心得單上。這個活動為什麼值得一提，因為讓每個學生自己找出分配到的那一個小段落的時間、背景、人物、發生的重要事件，是這群孩子們第一次的嘗試，每個人都閱讀了，同時完成自己的工作，再全班集結起來，情節區間下都有每一個人的名字，完成一個陌生的工程的成就感，是令人印象深刻的。而且這一次的閱讀教學，是一個完全獨立閱讀的學習與訓練，如何蒐集線索、找出關鍵句、分析整理出綱要，完成學習單的提問問題時，要能覺察出情節與情節之間的關係。這個活動是在《隨身聽小孩》「接龍說故事」教學之後不久做的，所以我嘗試要將孩子從學習閱讀中漸漸帶進獨立閱讀中。我的閱讀教學目的是有階段性的，選擇閱讀的書籍當然也是有階段性的。《大家都在戀愛的夏天》是我嘗試讓學生獨立閱讀難度最高的一次，到目前為止，這一個新班級還沒安排這樣的規畫，因為要看一切條件的適宜度。

　　第三個例子是：先閱讀《巧克力工廠的秘密》，再欣賞《巧克力冒險工廠》DVD。這個教學活動先做文字閱讀再作影像閱讀，那是因為要誘導學生先閱讀文字文本，《巧克力冒險工廠》這部影片小朋友人人都知曉，也想看。所以我用一個月的時間，四次閱讀課帶領學生閱讀，包含回家閱讀。在一個月的零碎時間下，他們終於把這本書看完了，是這一屆的三年級的小朋友看的，很不簡單！看完了，大人當然要信守諾言，我帶著他們到視聽教室看了兩個鐘頭的電影，努力閱讀過後的悠閒觀賞讓他們終於心滿意足了。看完後再就文字文本與影像媒介所呈現出來的不同情節或感受，作些簡

單的分享和討論。這大概是他們最期待也最輕鬆愉悅的一次，自願性完全獨立閱讀完整本文字書的經驗。

從以上三個閱讀教學的例子中，可以了解我每一次都運用不同的閱讀策略，搭配不同的延伸學習模式，還有它是很明顯的自然活動化，因為只有開展這樣的多元性閱讀方法，及連結延伸到不同的學習活動，才能增加閱讀教學的靈活性與活潑度。不斷地創新與變化閱讀活動進行的方式，閱讀興趣才能常保新鮮的樂趣。在這三個例子中，加上《原知‧原味》的融入教學，我有時先用文字文本，有時先用影像媒介，那是因為文字與圖像之間各有自己的魅力與內涵，要由誰先來主導再召喚誰來壓軸，這都端看教學者的設計功力，有心人應該去衡量怎樣操作能產生最豐富、美好而成功的效果。以上我提及的這些原則或理念，每一項都和我在本章第一節中對新橋樑書的界定中談及的一些特性相符的。

三、兒童文學饗宴

這是我真正正式規畫，按步驟有階段性的實施由圖像閱讀銜接到文字閱讀的一個兩年期的教學活動。我利用的時間是晨光時間，別班小朋友是由學校故事媽媽帶領朗讀故事二十分鐘。而我衡量過我的班級學生的特質，所以我選擇做對他們更有成長力的晨光活動。這怎麼說？在三年級上學期的國語文競賽中，字音字形、硬筆字比賽、樹下寫童詩比賽他們都槓龜。但是不管國語、臺語、英語、客語的演說、朗讀、歌唱比賽，第一、二名都被他們包下來，我看了比賽結果嚇一跳，別班老師更是好奇了。平日我所知道的是他們每天就像金頂電池一樣，電力無窮的一直講話，上個課，有七、八

個人搶著要和我說話，我當時相當羨慕別班學生上課時的穩重、安靜。一直到他們拿到國語文競賽的團體組第一名時，我才知道原來說話是他們的強項。於是我把周三、周五的晨光時間、閱讀課、彈性課程全拿來作兒童文學饗宴的教學，是駕著新橋樑書理念的閱讀教學。首部曲是童詩教學；二部曲是童話賞析。整個閱讀教學活動的實施情形，我在第二章文獻探討第三節的「橋樑書的閱讀教學」有約兩千字的說明，在此不再贅述。還有第三章第一節「橋樑書新概念的建立」所附兩個活動的心智圖（圖 3-1-1、圖 3-1-2），都可以讓大家一目了然活動是怎麼進行的。

四、繪本教學

因為研究主題是圖像閱讀銜接到文字閱讀的教學研究，稍一滑溜很容易把焦點放在目標上──文字閱讀，所以在最後我要把焦點移回圖像閱讀教學的部分。在第六章我會談到多圖像閱讀及半圖像半文字閱讀的教學設計，所以我把曾經實施過有關這二者的閱讀教學實例提出來。第一本書是《Mr. Gumpy's outing》適讀年齡 4-8 歲，這本書的中譯名是《和甘伯伯去遊河》，伯寧罕（John Burningham）的作品，林良翻譯。本書是描述住在河邊的甘伯伯有天心血來潮想要划船遊河，陸續有兩位小朋友和一群動物們請求上船。甘伯伯都說好，但他有一個小小的要求。

孩子們問：May we come with you?

好的，如果你們不吵架的話。

兔子問：Can I come along?

　　　　好的，如果你不亂跳的話。

小貓說：I'd like a ride.

　　　　很好，但你不可以追逐兔子喲。

小狗問：Will you take me with you?

　　　　好的，但別欺負小貓啊。

小豬問：May I come, please, Mr. Gumpy?

　　　　很好，但別把這兒弄髒喔。

綿羊問：Have you a place for me?

　　　　好的，但不要咩咩叫個不停。

兩隻雞問：Can we come too?

　　　　　好的，但不要拍動翅膀喔。

小牛問：Can you make room for me?

　　　　好的，如果你不到處踐踏的話。

山羊問：May I join you, Mr. Gumpy?

　　　　很好，但是別亂踢喲。

　　這一段不但有韻文的效果，且針對請求上船就用了九種語法，可以讓小朋友在趣味中學習正確的句子。當時我除了讓孩子翻閱這本原文書，欣賞圖畫享受圖像閱讀的無限想像空間及感官閱讀的愉悅之外。我將這九個問句放大字型，用 B4 紙黏成一長條，貼在班級閱讀角的區域，小朋友遠遠的就可以清楚的看到這九個句型，我讓學生去欣賞這九種語法。我用的是原文書，因為這本書有一個值得引導的特色在這裡，如果是中文翻譯可能就沒有那麼強烈的意味了。

　　我會想舉這個例子是因為當初我在查閱美國分級閱讀系統，瀏覽英文網站時，常因幾個陌生的英文辭彙卡住了，請求翻譯網頁後，我更看不懂。所以我有一個小領悟，我們會去買暢銷的中文書籍來看，小說也好、故事也好，但是大部分的人沒有中英文書同時閱讀的習慣。當《我們叫它粉靈豆──Frindle》、《不要講話》、《成績單》這三本書由克萊門斯（Andrew Clements）所寫的校園小說經遠流翻譯正在暢銷時，我改買原文版的，養成閱讀原文書籍的習慣，這樣才有機會訓練英文閱讀的流暢度。《Frindle》的辭彙難度並不高，大人們可以改變一下閱讀習慣。所以以這一本繪本教學來說，它的新橋樑書功能在哪裡？九種語法的原文學習，想提升他英文閱讀的能力，欣賞英文文句的韻律美感，忠於原味更能感受作者伯寧罕創作這一本書時，那簡單可愛的故事風格。以上所舉的這些新橋樑書概念的閱讀教學實例，應該可以讓大家感受到這些教學活動的活潑性及多元性，和交叉彈性運用教學策略的豐富性，有興趣的伙伴，無妨一起上路。

第四章

現有語文教育的缺失與改善途徑

第一節
制式教材過於簡化
有礙閱讀能力及文學美感的提升

李玉貴在〈從臺灣 PIRLS2006 評估結果談小學語文閱讀教學的現況與現象〉一文的前言，語重心長的對臺灣國際閱讀評比表現不如各方預期，有這樣的評述：

> 導致臺灣國際閱讀評估水準平平，筆者認為其中牽涉諸多因素，如：語文教學時數、課文篇章長短、課文的真實性與功能性、教學指引的閱讀教學觀、課內閱讀教學方法、教師是否具備課內閱讀策略的教學能力、教師課外閱讀教學是否落實指導學生閱讀策略等各項因素。（李玉貴，2008：4）

針對課本篇章與課文閱讀教學問題，李玉貴有近一步的比較分析：

（一）課文篇章內容淺顯、篇幅短：課本是學生手邊的法定
　　　學習教材，教師語文教學材料的首選。臺灣小學語文

課本與中國相較內容淺顯、篇幅短，與 PIRLS2006
評比篇數每篇都在千字以上，更是存在不小的篇幅差
距。輕薄短小的臺灣小學語文課文，如何培養學生閱
讀力？

（二）課文說明性文類較少，類型單一，真實性與功能性不
足：PIRLS 評比篇章僅有兩類文本，一類為故事體
（literal text），一類為說明文（informational text）。
從 PIRLS2006 可看出說明性文本非常的真實
（authentic）與實用（pragmatic）。相較之下，課文
可能為了跟單元概念配合、肩負教育兒童人格使命，
許多說明性文本侷限於讓學生讀來抽象、有距離的議
論文與說明文，使得課文中說明性文本之真實性與實
用性不足。

（三）教學指引之課文閱讀教學觀與 PIRLS 所定義的閱讀
歷程內含有所差距：教科書開放多年後的今天，教學
指引之「內容深究教法」仍存在諸多問題。如：「任
何文類均採固定之「老師問學生答」閱讀教學流程，
語文教材雖以單元編輯，但各課閱讀教學採單課獨立
的「內容深究」設計」模式等。「內容深究」的閱讀
觀點，與 PIRLS 重視閱讀歷程、強調閱讀是為了欣
賞文學與蒐集資訊之真實性閱讀（authentic reading）
有所差距。（李玉貴，2008：15）

PIRLS2006 評比篇章中，故事體的文章有〈海豚救難記〉、〈倒
立的老鼠〉、〈小陶土〉、〈一個不可思議的夜晚〉四篇；說明文分別

有〈南極洲〉、〈尋找食物〉、〈太空漫步〉、〈小海鸚鵡之夜〉四篇。八篇評比篇章約 1000～1600 字，評比篇章觀念多元、文學性與知識性兼具。與輕薄短小的臺灣小學語文課文

　　相較，值得我們省思，我們的教材編製參酌的原則是什麼？如何與國際接軌？再者說明性文本少，類型單一，真實性與功能性不足，這是我們的法定教材中嚴重缺漏的一角，也是我們沒有活化生活教材的一塊。教學指引的課文閱讀教學觀缺乏文學欣賞與蒐集資訊的真實性閱讀價值，我們的教學指引確實存在極大問題！我個人很少照著指引的項目教，但是同樣有一個技術上的問題尚未克服：如何整單元教學，而非單課教學，這是要將課文內容教出文學美感來一定要打破的格局。否則，課文閱讀教學與課外閱讀教學分離的現象，無從有整合改善之道，閱讀教學策略也難以落實。因為我們推動大量課外閱讀，但是教學時數不足如何大量閱讀？所以在語文課堂上的老師只能匆匆趕課，趕快把「正餐」（教科書課文）消化完，在學生尚未掌握篇章大意、段落尚未精熟之前，匆匆趕學新的一課。能抓住多少剩餘的時間就用多少時間來進用「點心」（課外閱讀教學）。不過對於大量閱讀，本來是希望孩子能夠享受閱讀，喜愛閱讀，欣賞他在閱讀歷程中所接觸到的每一類文本內容的趣味。但以目前學校量化的閱讀成效評估方式來說，真的不知道孩子真正享受到閱讀的樂趣了嗎？

　　國際閱讀評比由「國際教育成就評估協會」（The International Association for the Evaluation of Educational Achievement，IEA）主辦，「國際教育成就評估協會」成立於 1967 年，它最早的國際學生學業成就調查開始於 1962 年，是世界上最早和最有影響的國際教育成就評價組織。我國參加 TIMSS 可以知道國中學生在數學和科

學領域的表現。閱讀能力是一國國民水準很重要的指標，也是終身學習的能力。同樣是 IEA 下的一個研究計畫，Progress in International Reading and Literacy Study（PIRLS）是五年一次對兒童讀寫能力的評量以及對讀寫政策及實作的評鑑。參加 PIRLS 讓我們有機會考察國小學生的讀寫能力。更重要的，因為是在小學階段作評量，我們就更清楚讀寫教育政策上是不是有修改或是改弦更張的需要。國際教育成就評鑑協會（IEA）主導的四年級學生閱讀素養（PIRLS）跨國研究，2006 年臺灣與 44 個國家／地區一起參加，希望藉由此評比結果，作為改善閱讀教學及促進學童閱讀能力的參考。

　　PIRLS 為什麼選定小學四年級為受試對象，因為 PIRLS 秉持「閱讀能力發展三階段論」，強調閱讀的關鍵序階。學齡前到九歲，學童透過閱讀與教師的教導，學習各種閱讀的方法，也就是「學習閱讀」（learning to read）。從十歲到十三歲，學童熟習各種閱讀方法後，透過閱讀學習學科領域內容，我們稱為「閱讀學習」（reading to learn）。十三歲以上的青少年，則根據閱讀目的與閱讀文本特性，調節閱讀策略與方法，稱為「功能性閱讀」（functional reading）。PIRLS 指出第一個關鍵分水嶺就在小學四年級，PIRLS 評比鎖定小四學童，是要檢核是否在此之前已學習好、鍛鍊好、經熟了閱讀的方法與策略。（李玉貴，2008：6）

　　PIRLS2006 我國學生表現部分摘要如下：

一、整體表現

（一）學生閱讀成績整體平均 535 分，表現在國際平均值 500 分以上，在參與的 45 個國家/地區中，排名 22。

（二）依國際四級指標分數來看，我們有 7%的學生位於最高指標（成績 625 分），36%達高指標（550 分），41%位於中指標（475 分），有 13%的學生位於低指標（400 分），有 3%的學生未達低指標。

（三）學生直接理解歷程的表現（541 分）顯著優於解釋理解歷程（530 分）的表現。

二、學校（教學）閱讀環境

（一）根據 PIRLS2006 問卷得知，臺灣小四學生每週學習時數 24 小時，國際評比的 45 國總平均 23 小時，高於國際平均一小時。但臺灣的國語科教學時數占總學習時數的 22%，國際平均為 30%；閱讀教學時數臺灣占總學習時數的 9%，國際平均為 20%。簡單的說，國語學習時數為國際的十分之七，閱讀學習時數不及國際一半（45%）。

（二）課堂上教師以全班為主進行國語科教學，且較偏重字詞教學，生字詞教學時間為理解教學時間的兩倍。

（三）國際與臺灣都有學生作業（包括寫的閱讀作業）多，與成績不成正比的趨勢。也就是說，閱讀作業多，閱讀成績不見得會比較好。（柯華葳等，2008：7-8）

　　根據 PIRLS 2006 的定義，閱讀素養是指學生能理解並運用書寫語言的能力，而這些書寫語言的形式是社會所規範出來的。學生能夠閱讀各式各樣的文章，從中建構出意義，從中學習，參與學校及生活中閱讀社群的活動，並由閱讀中獲得樂趣。具體而言，閱讀

素養包括學生能夠理解並運用書寫語言的能力，能從各式各樣的文章中建構出意義，能從閱讀中學習，參與學校及生活閱讀社群的活動，由閱讀獲得樂趣。（柯華葳等，2008：13）

　　PIRLS 的研究包括有閱讀理解測驗及問卷兩部分。閱讀理解測驗主要是藉由兩種文體──故事體與說明文──的閱讀材料來檢視閱讀理解歷程。閱讀歷程包括「直接理解歷程」和「解釋理解歷程」兩部分。「直接理解歷程」又分為直接提取以及直接推論；「解釋理解歷程」則分別為詮釋、整合觀點和訊息以及檢驗、評估內容、語言和文章的元素。PIRLS 定義的閱讀理解能力內涵，由簡易到困難分為四個層面：（一）「直接提取」（focus on and retrieve explicitly stated information）：能找出文中清楚寫出的訊息，包含與閱讀目標有關的訊息、特定觀點、搜尋字詞或句子的定義、指出故事的場景、找到主題句或主旨。（二）「直接推論」（make　straightforward inferences）：讀者需要連結文中兩項以上訊息，其中包括推論出某事件所導致的另一事件、在一串的論點後歸納出重點、找出代名詞與主詞的關係、歸納文章的主旨、描述人物間的關係。（三）「詮釋、整合觀點和訊息」（interpret and integrate ideas and information）：讀者需要提取自己的知識以便連結文中未明顯表達的訊息，包括清楚分辨出文章整體訊息或主題、考慮文中人物可選擇的其他行動、比較及對照文章訊息、推測故事中的情緒或氣氛、詮釋文中訊息在真實世界的適用性。（四）「檢驗、評估內容、語言和文章的元素」（examine and evaluate content, language, and textual elements）：讀者需批判性考量文章中的訊息，包括評估文章所描述事件實際發生的可能性、揣測作者如何想出讓人出乎意料的結局、評斷文章中訊息的完整性、找出作者的觀點。（柯華葳等，2008：13-15）以上四

個閱讀理解歷程，都明顯的指明了更具體的能力細項，相較於我們的語文閱讀能力指標，PIRLS 以閱讀學習歷程陳述閱讀能力的內涵與層面，更具清晰度與層次感，對於教學教師比較具有教學的建設性與指向性。

　　整體而言，臺灣四年級學生的閱讀表現在國際間算中等，與過去我們學生參加 IEA 數學和自然科學研究的成果比較起來，是有相當需要加強的空間。這樣的成績可能跟我國沒有獨立的閱讀課程，且教學上較不重視閱讀策略教學有關。當「閱讀力」是國家競爭力，甚至是國力指標，我們需要在既有的閱讀推廣上再思考下一步推動閱讀的策略與方法。（一）培養學生閱讀興趣為首要。臺灣不少學生不以閱讀為興趣，使閱讀變得被動。這對閱讀推展是不利的。過去以量為考慮的閱讀活動未提升學生閱讀興趣，學校策畫第二階段的閱讀推動工作，需要以培養學生閱讀興趣為首要目標。（二）閱讀的面向需要更寬廣。既然四年級學生要開始透過閱讀學習，需要學習如何閱讀不同文體、不同內容的文本，例如傳記、小說、科普、旅遊、說明書、時事新聞、小說等。（三）學校需要加強解釋歷程的教學。參考 PIRLS 公布的閱讀理解歷程與教學策略，老師們需要練習如何提示學生進行較高層次的思考。（柯華葳等，2008：94）

　　郝明義在《越讀者》一書中，將閱讀比喻成一種飲食。飲食分成四類：第一種是主食，像白飯、炒飯、炒麵等等，讓我們吃飽。第二種是美食，像魚、蝦、牛排等等，給我們補充蛋白質的高營養食物。第三種是蔬菜水果，幫助我們消化，吸收纖維質。第四種是甜食，像飯後的蛋糕、冰淇淋，或日常的糖果、零食等等。閱讀，這種給大腦的飲食，也可以分成四種。第一種閱讀是

為了「生存需求的閱讀」，為了尋求人生一些現實問題的解決之
道，是主食閱讀。第二種閱讀是在幫助我們體會生命深處的共
鳴，思想深處的結晶，像是飲食分類裡的「美食」。美食閱讀，
又可以稱為「思想需求的閱讀」。第三種閱讀稱為「工具需求的
閱讀」，是為了幫助我們查證閱讀過程中不了解的字義、語義、
典故與出處而進行的閱讀，很像是飲食裡的蔬菜、水果。第四種
閱讀是為了娛樂、消遣，是一種休閒活動，像飲食裡的甜食，或
零食，追求的就是口感。又可以稱為「休閒需求的閱讀」。跟實
體飲食不同的是閱讀飲食的四種分類，沒有那麼客觀和截然。學
生讀教科書是一種主食的閱讀，主食閱讀有飽足感，讓他們獲得
體力去繼續工作。但它帶來的飽足感，一不小心，會讓人誤以為
這就很營養了，這就是飲食的全部。這是主食閱讀，或是生存需
求的閱讀的陷阱。吃澱粉質會飽，但很快會餓；只吃主食，一來
容易營養不良，二來離發展美食家的品味遙遙無期。（郝明義，
2007：50-56）

　　郝明義在〈中學教科書與參考書是什麼飲食〉一文中，有這樣
的譬喻：

　　　　教科書是維生素。補習班是轟趴。考試參考書是興奮劑。國
　　　　民教育經過一些在國家層次所決定的課程綱要，再由某些特
　　　　定的人來編寫內容，如此精密加工而製造出來的中學教科
　　　　書，其實是一些維生素。考試題型是類固醇與興奮劑。（同
　　　　上，2007：74-75）

　　二十世紀初的教育家夏丏尊說：「教科書專為學習而編，所記載的只是各種學習的大綱，原並不是什麼了不得的著作，但對於學習還是有價值的工具。」意思是說教科書這種維生素，只是我們可以有的選項之一，沒有需要重視到那個程度的必要。今天，明明不論是網路還是書籍，都提供了那麼多豐富而多元的閱讀選擇，主食、美食、蔬果、甜食，無所不有，但我們卻完全沒有機會享用。每天被要求的就是維生素，以及高單位維生素。很多父母師長感嘆現在的學生不讀教科書的時候，只會看一些漫畫或小說，或上網去一些他們不該去的地方。他們如果想想教科書，以及那些因教科書而生的考試參考書是什麼本質，其實是不必意外於子女為什麼要從這個極端擺盪到另一個極端去。（同上，2007：76-77）

　　周祝瑛在〈從紐西蘭反思臺灣的語文教育〉一文跟我們分享「紐西蘭的語文思維術」：紐西蘭的英語教學不僅僅在教語文而已，並且透過語文的學習來提升孩子的高層次思考及問題解決能力。通常學校會安排一段全校性的高層次思考訓練時間或融入在平常課程中。例如，各校經常會採用「六頂思考帽子」及「5W1H」為架構，將各學習領域納入其中，進行高層次思考學習活動。如某校透過全校性的集會，教導孩子大腦的結構，鼓勵學生多動腦筋，靈活運用大腦的神經元，讓知識的連結更緊密。另外，請專人教導全校師生「心智繪圖」（mind-mapping）的能力，更重視教師在相關知識與能力的在職進修，以便讓教師能靈活運用上述能力，將這一套思維術結合語文，貫串在個人教學過程中。（周祝瑛，2006：96）這就提供了我們不少改進語文教育可用的資源。

第二節
橋樑書可以集結生活題材
和多元文體培養學童的閱讀興趣

　　續接李玉貴在〈從臺灣 PIRLS2006 評估結果談小學語文閱讀教學的現況與現象〉一文中曾提到：PIRLS2006 國際閱讀評比文本具多元性與實用性。這和新橋樑書的設計理念是相同的，從周遭的兒童讀物、作品中取材，就是希望它更貼近孩子當下的生活，以兒童文學饗宴的八個文類來介紹賞析，也是因為希望孩子能夠接觸多元的文體。但李玉貴提到課內課文說明性文本類型趨向單一，因為本研究設定的範圍是在文學饗宴，所以有關說明性文本的教學設計與研究，看到臺灣 PIRLS2006 評估結果以後，它將會是我未來要努力耕耘的一塊。

一、集結多面向生活題材

（一）童詩取材面向總說

　　以可以集結更多生活題材這個方向來談新橋樑書教學設計，就我目前已經實施過的童詩教學來說：有〈哇！好軟的花床〉、〈月詩的天空——三月〉、〈月詩的天空——四月〉、〈月詩的天空——五月〉、〈月詩的天空——六月〉、〈阿媽的手〉、〈夏天的溫度計〉、〈田野裡的螢火蟲〉、〈上樓和下樓〉、〈藍天天天藍〉、〈放鞭炮〉、〈同樂會〉、〈說早安〉、〈運動的晚風〉、〈想念的距離〉、〈好朋友原諒我〉、

〈和春天玩捉迷藏〉、〈小衣架與牽牛〉、〈畫家〉、〈房子的眼睛〉、〈遲到了〉、〈生氣〉、〈無線麥克風〉、〈春天歪了〉、〈春天偷偷咬我的腳趾頭〉、〈小螞蟻叮叮流浪記〉、〈睡著的蜜蜂〉，共計二十七篇。其中有四篇〈月詩的天空〉，以擬人化的手法、輕鬆活潑的筆調來描述各個月份的代表景像。〈和春天玩捉迷藏〉、〈春天歪了〉、〈春天偷偷咬我的腳趾頭〉、〈放鞭炮〉這四篇都是描繪春天的詩，有的俏皮活潑，充滿歡樂諧趣。〈夏天的溫度計〉、〈田野裡的螢火蟲〉，前者用些微圖像詩的方式比喻蟬的出現及叫聲是「夏天的溫度計」；後者緩緩的訴說著螢火蟲即將登場的訊息。〈生氣〉、〈好朋友原諒我〉是描寫情緒的詩，情感濃厚，讀來令人有深刻的觸動。〈同樂會〉的輕快韻律感洋溢著同學之間互動的快樂情誼。〈無線麥克風〉、〈畫家〉、〈運動的晚風〉、〈想念的距離〉、〈哇！好軟的花床〉、〈說早安〉描寫著大自然變幻的各種景象以及人和大自然的互動。〈阿媽的手〉、〈上樓和下樓〉、〈藍天天天藍〉描寫人與人之間靜態的與動態的互動。〈小衣架與牽牛〉、〈小螞蟻叮叮流浪記〉、〈睡著的蜜蜂〉是故事詩，雖然文句有點長，但是充滿童趣的自述，帶領孩子進入與這些昆蟲、自然景物對話的世界，溫馨可人。

　　我是在自己隨手收集的《國語日報》「為兒童寫詩」專欄的作品中，隨機選取比較適合學生程度，貼近學生生活情境，學生能領會意境、喜歡，而讓學生閱讀、朗誦、繪圖的。以上二十七首詩，依其較相近的特質，約略分成八個面向，是希望孩子在閱讀的時候，能有機會接觸描寫各種不同的事物、情境、意境的童詩。

（二）兩首故事詩比較賞析

　　舉例來說：〈小螞蟻叮叮流浪記〉、〈睡著的蜜蜂〉這兩首故事詩，是小朋友們在課內課文未曾接觸過的，〈小螞蟻叮叮流浪記〉述說著小螞蟻想離開家人、螞蟻團隊，響往蜜蜂的自由，蒲公英的自在，獨自脫離了團隊⋯⋯〈睡著的蜜蜂〉整首詩充滿了無限的想像，寫作技巧變化巧妙的林世仁，用一隻睡著的蜜蜂，藉由夢中的期望、嚮往：

　　　　一隻睡著的蜜蜂想：我睡著了，我在作夢。

　　　　我可以不必「嗡嗡嗡」的唱

　　　　⋯⋯

　　　　一隻睡著的蜜蜂想：我睡著了，我在作夢。

　　　　我可以不必「嗡嗡嗡」的飛

　　　　我可以像鹿一樣奔跑

　　　　他就像鹿一樣奔跑

　　　　還像魚一樣搖擺身體

　　　　像毛毛蟲一樣踮起腳散步

　　　　一隻睡著的蜜蜂想：我睡著了，我在作夢。

　　　　我可以不必「嗡嗡嗡」的採蜜

　　　　⋯⋯

展開了比〈小螞蟻叮叮流浪記〉更為廣闊無邊的想像空間，讓睡著的蜜蜂有了更多自由的想望。這樣的輕鬆、自由的想望，不只是小朋友看了會喜歡，我想大人看了也會有同樣的渴望，渴望擺脫生活中一成不變的規律、枯燥與無趣。作者在蜜蜂醒了之後又作了一個大反比，山坡海浪的變幻讓牠宛如在夢境中一般，此時此刻，牠必然發現其它大自然的萬物有著跟牠同樣的想望，希望有一個更為美好的世界。這兩首故事詩同樣是描寫自由，由淺近而廣遠；除了以詩的手法帶領孩子走入故事的世界，同時也是比較文學的好材料。

（三）〈月詩的天空〉系列比較賞析

　　〈月詩的天空——三月〉、〈月詩的天空——四月〉、〈月詩的天空——五月〉、〈月詩的天空——六月〉四首詩用擬人化的手法，將每個季節的景物變化描寫得活靈活現，簡短的四、五個句子交代了鮮明的季節特徵，意象清楚易領會，不管在字數或詞彙難易度、句子的長短上，都作了精簡而優美的安排，是很適合作橋樑書閱讀的童詩作品。

　　　〈月詩的天空——三月〉

　　不曉得它是什麼時候衝進來的
　　…………喘著氣
　　喘著氣花鳥樹木天空大地
　　都被三月的剎車聲驚醒

〈月詩的天空──四月〉

柳樹柳條兒長長的垂到水面
垂釣著風和日麗的四月
……

〈月詩的天空──五月〉

南方有一位非常熱情的男孩
背包裡裝著五月往北旅行
沿途
風鈴木……
油桐花……

〈月詩的天空──六月〉

許多鳳蝶……
停在鳳凰樹上化成一朵又一朵
鳳凰花
六月剛剛點燃一季的夏

(四)〈春天歪了〉節次比較賞析

　　〈春天歪了〉這首詩有六個段落：第一段寫春天歪（倒、忘、偏、掉、紅、綠、不見）了，以一個字的動詞形態，諧趣的寫作手法把春天歡喜迷糊的帶出來，這春天像小孩一樣不是完美絕頂，而是討人喜愛的。第二段寫春天跳起來（彎下腰、抓抓癢、扭扭腰、

摳鼻子、摔一跤、不洗澡、抓跳蚤），由三個字構成所描繪的所有動作，一樣都是小孩子常會做的事，管他是不是不雅，反正春天就是個孩子，這些都是正常舉動。第三段春天光溜溜（軟趴趴、胖嘟嘟、皺巴巴、叮叮噹、哇哇叫、羞羞臉、好好笑），以疊字詞來描繪形容春天像小孩一樣真摯可愛的舉止體態，其所形成的節奏與韻律感，會讓孩子自然又順口的反覆讀誦。第四段春天吹牛皮（拍馬屁、背黑鍋、開夜車、打秋風、殺時間、走後門、嚇死人），這是春天做了哪些事，都是些詼諧討趣的事，讓孩子在詩中想像曲折變幻的故事情節，簡短幾個詞，不輸童話故事的生動描繪。第五段春天用頭走路（用腳寫字、用耳朵唱歌、用舌頭跳舞、數它的腳趾頭、數不清它的腳趾頭、不會數它的腳趾頭），前四句把身體感官功能錯置，產生的荒謬製造了創意，開啟小讀者更廣闊的想像空間；後三句又回歸到那童稚懵懂的小小孩，數數數不出來，可見這年齡層更低了，看得懂詞意的孩子一定會想哈哈一笑。第六段春天哭（笑、胖、涼、慘、醉、塌、慌、糗）了，又回到第一段的寫作手法，首尾相呼應；以　個字來描述春天的狀態，都是搞笑的字眼，引出最後的結局：喔喔！我不能再撐了，春天來了。這首詩是小朋友們非常喜歡朗誦的熱門榜首，我們班的小朋友讀完後，換別班也開始讀了。除了本具童詩的豐富詩趣之外，其實它是修辭教學非常好的教材，形容詞、動詞、疊字詞、事件的描寫，變化面向之多，可以引導學生在寫作上有更大膽開闊的嘗試，是老師們在教學時可兼收朗誦與寫作兩大功能的最佳教材。

　　以上我先總說取用了哪些生活題材上的童詩作品，把它略分成八個面向類別，以了解它的廣度。再以〈月詩的天空〉系列、兩首故事詩、〈春天歪了〉三項細說它們在教學運用及文學內涵、美感

上的深度，希望藉由這樣詳細的舉例說明，能夠充分的表達橋樑書可以集結生活題材的切確性；更強烈的是它彰顯著本章的大主軸「現有語文教育的缺失與改善途徑」，也緊扣著本章第一節「制式教材過於簡化有礙閱讀能力及文學美感的提升」這個重要課題。回首再看李玉貴對閱讀評比的長嘆，我們的課內教材如果能有這樣寬廣的編制視野，孩子的閱讀興趣會不高嗎？他們其實極度渴盼這樣愉悅、自在的閱讀。

二、集結多元文題

在文體的選擇上，在第五章兒童文學饗宴四部曲所規畫的教學設計中，包含了兒歌、童詩、童話、寓言、兒童散文、生活故事、兒童戲劇、少年小說八個文類，如此的規畫簡單的一句話是希望孩子能夠接觸、閱讀到更多元的文體，對語文的認識與體會不僅止於教科書上的淺薄內容，而能對兒童文學有更深更廣的體認，培養其長期獨立的閱讀興趣。以下將就各文類對閱讀者心性及閱讀樂趣上的影響加以說明，以彰顯橋樑書集結多元文體可以培養學童的閱讀興趣此一主題。在兒歌方面，朱介凡認為兒歌是孩子們的詩，從孩子們的心性、生活、童話世界意象、遊戲情趣，以及兒童語言的感受出發，聲韻活潑，情趣深厚；蔡尚志認為兒歌平淺易懂，音韻自然流利，語句短俏生動，充滿遊戲的情趣（引自陳正治，2007：2），這都可看出兒歌「直接切近」兒童心情的特性。在童詩方面，詹冰認為兒童詩不但要音樂的、生活的、故事的，還要繪畫的、幽默的、心理的、鄉土的、社會的……等，同時要被兒童們欣賞的詩。（同上，2）陳正治認為童詩是兒童生活、感情、經驗的寫照；強調文

詞優美、形式多變、想像經驗和意象分明，讀之令人回味。（陳正治，2007：92）這也都可看出童詩「宛轉切近」兒童心情的特性。在童話方面，林守為於《童話研究》一書中對童話的特性提出以下觀念：小孩子的生活是遊戲的生活；他們視閱讀為一種遊戲。童話是為小孩子寫的，作者設計有趣的情節乃是為滿足兒童遊戲的樂趣。童話中，時間、空間、人物都不限定。童話的世界非常寬廣，包含了一切。童話有一種基本精神——博愛；基本德性——和善；基本旋律——優美；基本情調——天真；基本型式——完整；基本效果——喜悅。童話具有單純的特性，所以能受兒童歡迎，（引自陳正治，2007：320）這在相當程度上可以作為童話認知的基礎。在寓言方面，寓言是作者將嚴肅認真的哲理、諷刺、勸戒或教訓，融化進巧妙貼切的比喻中，然後再以樸實簡潔而風趣的語言、溫滑含蓄而深刻的表達，不露痕跡的透過一個人物妙肖、場面逼真、情節有趣的虛構小故事，娓娓敘述出來，使聽或讀的人在不知不覺中，默默神往而領悟出其中深含的教訓或道理。寓言的故事通常出於虛構，並不惜以誇張渲染的手法來凸顯人物事件的特殊性、矛盾性及荒謬性，往往極盡嬉笑怒罵的本領。寓言作者對負面人物的描寫，總是既詼諧又犀利。當兒童看到那些驕傲、狂妄、自私、狡猾、邪惡、霸道、懶惰、虛榮、貪婪、愚昧、意氣用事、賣友求榮、居——心不良、狼狽為奸的反派人物，終於被揭穿或失敗，並且得到應有的懲罰或制裁時，他們會感到無比的安慰和興奮；看到那些謙虛、勤奮、正義、沉穩、仁慈、和藹、樂善好施、老實而被欺負、默默耕耘而不計較收穫的人物，最後得到勝利成功，他們會感到莫大的溫馨和快樂。而且寓言中那些誇張的作風、囂張的行為、譏諷的言談、可笑的嘴臉，透過作者巧妙而生動的描繪，更是精采絕倫、

深富戲劇效果。兒童閱讀或欣賞寓言，全心沉浸在濃郁的戲劇氣氛中，可以享受娛樂的興味。（蔡尚志，2007：267-274）在兒童散文方面，散文是一種結構簡單、語言自然、取材隨意、體例靈活的文學樣式，它通常以真實的人、事、物、景為創作對象，從中發覺或注入情、理、趣、韻，構築意境；它注重表現性靈、意氣、智慧、情感之美；而兒童散文是狹義的散文，指的是為兒童寫作的「文學的散文」。這種散文是向兒童傳達自己的「動人的人生經驗」，但是作者必須運用兒童能體會的題材，運用能激起兒童心理反應的語言。（馮輝岳，2000：14-15）桂文亞於《阿灰，我知道了》一書的〈編者的話〉中提到：「『兒童散文』當然也應該具備這樣的特質——是真實、自然而且動人的。只不過，在取材和表現上，特別考慮了小朋友的領會程度和了解的範圍。而更重要的是，好的兒童散文，更有一種積極的力量，提升我們的性靈，引導我們在人生的途中向上、向善。」（同上，15-16）好的兒童散文，寫的雖是平凡日子裡的悲喜與哀樂，卻彷彿曾經發生在你我的周遭，真實、親切而溫馨。閱讀兒童散文，是一種美麗的兒童情趣。在生活故事方面，生活故事是擷取一般現實生活中饒富人情味，能反映兒童各種生活情態，足以感動兒童、激勵兒童的意志情操的題材，加以演述而成的故事。為了適應兒童的閱讀需求，故事的篇幅必須短潔，兒童在還沒有閱讀「小說」的能力之前，「故事」的質量也必須相對地受到必要的制約。依據兒童閱讀心理專家們的研究，兒童要到九歲左右，對故事的前端、中間、尾部的大體結構，才有比較清楚的觀念；到了十歲左右，才能充分了解故事中繁複情節的因果關係。（蔡尚志，2007：185）故事的主題應明朗易懂，兒童故事的理想，在於以生動有趣的文字，展現美感，藉以娛悅薰陶兒童的情意，使兒童

從中得到啟示，獲得自發性的教育效果。故事的情節單純、講究趣味，兒童故事的「趣味」，不只是能「引發兒童爆笑」而已，它更能帶領兒童進入一個「有人情味的有趣世界」，使兒童悠遊其中，進入樂觀爽朗的情境，培養富有深度的真感情。這樣的兒童故事才有價值，才是「真趣味」。兒童故事敘述的特色是「口語化」。「口語化」敘述所使用的語言，就是現代一般通行的「國語」，林良稱為「淺語」：

> 兒童跟成人所使用的是同一種語言，就是只使用國語來說的。不過兒童對國語的使用，跟成人有程度上的差異。兒童所使用的，是國語裡跟兒童生活有關的部分，用成人的眼光來看，也就是國語裡比較淺易的部分。換一句話說，兒童所使用的是「淺語」。（林良，2002：23）

每一篇優秀的兒童故事，尤其明顯的是「形象美」和「情意美」的展現。文學的基本任務，就是要以形象化的敘述來反映生活、傳達思想、展現情意，以實現薰陶感化的目的。兒童故事的作者，善於運用典型化的手法來創造有感情、有特徵、鮮明動人的「圖景」；這些圖景，因為具體鮮明，真實動人，無不展現著多采多姿的「形象美」。（蔡尚志，2007：184-192）在兒童戲劇方面，兒童戲劇對兒童而言就是一種遊戲；這種遊戲是經過設計、安排而與教學活動合而為一的。戲劇表演除了啞劇和舞劇外，其他各種戲劇均需以語言表演。在舞臺上說話，是需要講求膽識、條理、音量、態度、表情和肢體語言等表達方式的。這些戲劇表演活動，都可以訓練兒童的膽識和說話。劇本中的對白，都是經過設計、安排的，無論在修

辭、用字、造句上，均較精簡，兒童可以從中學習對話的方式、態度、語氣、和感情的表達。戲劇表演的成功，在於分工合作。因此從教育觀點而言，戲劇活動是最能發揮群性的活動，只有靠大家分工合作，才能完成這項工程。兒童戲劇活動是讓兒童親身經歷、接受藝術薰陶，藉此活動訓練兒童對音樂、美術、勞作作深一層的認識與運用。（徐守濤，2007：396-398）在少年小說方面，少年小說設定適讀年齡為十至十八歲，這段年齡的孩子正處於快速成長的轉變期，面臨許多困惑與期待。（張子樟，1999：7）心理學家指出，正常的少年人格成長必須具備下面這些品德：勇氣、正義、愛心、道德、倫理、友誼、自律、奮鬥、責任、合作等。這些良好品德的養成，須經兒童時期與青少年階段的陶冶。但兒童與少年的性格或情緒特徵不盡相同。一般說來，兒童性格趨向開朗、活潑、好動；渴望結交同性密友、嚮往經歷新鮮的處境、期望別人的尊重。少年則情緒不穩定、對生理變化極端好奇；喜愛冒險、個性叛逆、尋求自我肯定、有強烈的同情心。就小說內容來說，少年小說與兒童小說不盡相同。「適讀年齡」只是這二者的一種粗略畫分法。有人認為，兒童小說適合於國小中、高年級學生閱讀，少年小說的適讀對象應該是國、高中生。「適讀年齡」這種分法當然有它的道理，因為年齡的差異，適讀作品觀照的範疇自然不同。三年級以上的國小學生，對於周遭的環境才剛剛有粗淺的認識與體驗，閱讀的作品最好是上進的、快樂的，強調人生中的光明面。風趣幽默的對白、樂觀進取的情節與冒險犯難的精神，是兒童小說不可或缺的基調。如果作者在生動有趣的故事進展中，融入一些淺易的做人處世道理，這類小說的目的也就達到了。少年小說不僅在展現人性中的光明面，陰暗面也得呈示出來。作家應真實精確地呈現這些矛盾、問題

與陰暗面對青少年心靈的影響和觸動，以及它們造成的困惑、痛苦、不安、壓力等等。這樣的少年小說才能與青少年的現實生活貼近。（張子樟，2000：13-14）林文寶在《兒童文學故事體寫作論》中說：「小說的特質在於真實感。而這種真實感就兒童小說而言，則在於容量簡單和敘述真實。就容量簡單來說，兒童小說出現的人物不會太多。情節敘述的方式以正敘和插敘為主。就寫實性來說，無論是人物、背景和情節，兒童小說趨向現實。我們可以這樣說，兒童小說在童話世界與成人世界之間搭起一座橋樑，它驅使兒童由幻想走向現實，進而窺取實際人生的真義。（引自陳正治，2007：356）

　　以上將八個文體約略的閱讀功能與影響加以敘說，希望藉此能將不同文體對孩子各方面不同的影響點出來，讓大家明了多元閱讀的廣大助益，以為後續所要楬櫫兒童文學饗宴四部曲的新橋樑書教學設計在教學上可發揮的教學效益張目。

第三節
橋樑書的成形有助於學校自我激化
變成一座活的圖書館

一、把學校變成一座活的圖書館

　　「把學校變成一座活的圖書館」，是我在臺北市陽明山研習中心參加「繪本與創意教師專業成長研習班」大家討論到目前學校使

用教科書教學的缺失時，楊茂秀跟我們分享的一個教學願景。當時我們每週六到陽明山研習中心報到，共上了十二週，也就是扎扎實實的十二天的課程。那是我從自然科回任級任導師，為了趕上九年一貫推動閱讀教學的列車，而去參加的第一個長期的語文領域研習課程。在那十二週的課程我受益良多，先前教自然科時我研究生物多樣性、受訓當蝴蝶保育學會的解說員、寒暑假常泡在科教館研習；一下子變成級任導師要教國語、數學、社會，科學與文學是兩個大對比。因此，我必須找時間研究、學習，盡力熟悉語文教學的實務工作。在這十二週的課程中有楊茂秀、曹俊彥、雷驤、陳儒修、張世宗幾位教授為我們授課。楊茂秀教我們如何問問題、說故事、利用文學圈的聊書小組分享形式，帶領我們討論一些有關閱讀、教學、人生的事，希望我們能夠培養隨筆書寫日記的習慣，每天記錄一點點；有天回頭一看，會看到自己像在花蓮鳳林國中教書的林翠華一樣，完成《我埋在土裡的種子》那樣一本美麗粲然的教學記錄傳記。雷驤教大家如何把教室變成劇場，先講繪本與電影的關係、介紹影戲，教大家完成影子戲的道具、劇本、對白，最後上場錄影了，完成了充滿合作情誼、美麗回憶的各式主題各種創意的影子戲。曹俊彥教我們認識圖畫書的結構、組成、創作元素，當然他和楊茂秀都會在每堂課介紹幾本令人驚喜的圖畫書，一飽我們像孩子一樣喜愛繪本故事的口福。陳儒修講授的是影像與圖像的對話：從電影看繪本兒童文化與教學，介紹記錄片、影像解讀的重點，最後他播映了一個溫暖的故事──記錄片《山村猶有讀書聲》，帶給我們這些教育工作者許多心靈的迴響。張世宗講授教學時空與創意設計：童書、圖畫書、遊戲書的分析與創作，我們在玩中學，學習如何製作教學道具、玩具。老師說他時間不夠教不完，我們也喊著時

間不夠學不完；我們都很珍惜這樣的學習機會，也知道每一位授課老師身上都是寶。

這樣多元教學的一個研習課程，讓我深刻的感受到我們在學校的教學現場，各方面教學條件上的不足，也深刻的感受到平常課室裡的教學並沒有辦法帶給孩子如此豐富多采的學習活動。我們的綜合課有許多的議題學習單要寫，學校每天都有不同的調查表和通知單要發，要說明要提醒；按表操課聽各種行事課程的演講，運動會時更是各學年如火如荼的練習。能握在我們手上的時間所剩不多了，要應付期中、期末考，要趕課，所以我們教不出如此有著文學、藝術人文、科學趣味等多樣豐富多采的理想課程。但我們還是要期盼，有一顆種子落地，有適時的陽光和雨露的照護，它必定會發芽生根成長，有一天會開出一朵美麗粲然的花朵；有一朵就會有兩朵，有一顆種子落地就會有兩顆，漸漸的就會開出一片令人乍然驚喜的花海，我們這樣的期盼。因為有這樣的期盼，加上我後來參加的「少年小說進學校」研習、「名家散文講座」研習，促成了我編製新橋樑書教學教材的動機，我想把文學的美，循序漸進、有層次的帶領孩子一起來品賞。楊茂秀當時提出「把學校變成一座活的圖書館」的願景時，他是希望我們在教學上能擺脫許多教學上的框框，無形中的制式的思考，以問題型態學來說：常常故事中沒有說出來的是最精采的；要留給人家說，而不是說光光；對待人家給你的問題的態度很重要；最好的問題不會一次被回答掉；經驗經過你的述說就是故事；批判是為了後面更好的創造；說故事一定要「說得不完整」；把小孩當成懂的；要讓孩子說很多，說到非寫不可，然後發表；了解是一種程度值，包含可預測性，所以孩子對故事的理解不一定要點破；說故事給孩子聽，要像泡菜一樣，泡在水裡，

泡在生活的經驗裡；框框是一種態度（如何看待這個世界），用智慧轉移框框；不要因為專業而僵化；把繪本當作教育的夥伴；把不好的刪掉很容易，把自己認為好的刪掉需要智慧；教書人最大的失敗，就是把小孩教得和自己一樣。以上這些簡單的概念紀錄，是楊茂秀開放性的教學思考、極有彈性的教學態度，活性的創意教學的理路。因為這樣的理路運作，教學者本身才可能有創意教學的高度哲思展現，充分的發揮其功能，運用各種教學資源，擺脫制式教學的框框，將學校變成一座活的圖書館，而讓學生悠遊其中、享受在其中。

二、學校團隊的合作

新橋樑書的教學不是以一般出版社出版明定為橋樑書的書籍，一本一本的帶領孩子閱讀。而是根據圖像閱讀銜接到文字閱讀的目的，根據其階段性閱讀的理念，由教學者本身拿捏孩子的需求，利用身邊隨手可得的教學資源，自行編選設計的。藉由這樣的運作，由個人擴及學年，由自己的學年再連結其他學年，最後會回歸到行政支援，無形中就會激發、改變學校的教學風格，制式的教學會逐漸退場，有創意的教學思考無形的循環，會將學校自然激發為一座活的圖書館。當然這不是一下子可以全然改變的，但我們是可以看得出它所發出的微妙改變的。以我編選設計帶領孩子閱讀兒童散文的這一事來說，當時我拿著馮輝岳主編的《有情樹──兒童文學散文選集 1988～1998》在閱讀挑選文章時，學年老師好奇的跟我借去看，她們一翻發現文章內容質度非常優良，我便把《兒童文學選集 1988～1998》系列的其他書順便介紹給她們。她們都是

教學很認真的一群年輕人，馬上上網要訂購書籍。後來我提了一個建議：如果大家有興趣共同來帶領孩子閱讀的話，我已經將比較適合這年級孩子的文章挑選出來了，大家可以請學校油印，這樣每班都可省下各自的影印費。其他的篇章如果有人感興趣，再各自連書一起購買。於是大家用一個學年會議討論後的周三下午時間，一起影印出挑選好的文章，重新裁切排版，並加以編碼。因為大家希望這些得獎的好作品，在孩子閱讀完後，能教孩子將它整理成一本簡單的文學典藏手工書。重新排版成手工書的樣式後，學校的油印機無法付印 A3 大小的資料，學年主任跟教務處商請用影印機付印，行政答應我們的請求，支援我們有心要共同推動的閱讀教學。這是一件令我感到欣喜的事，我常不知自己這樣做是否會讓同事們覺得很累，但猶如童詩教學活動的實施一樣，同事們總在我開口的時候說：「YES！」。兒童散文是這十幾年來才正式確定的兒童文學文體，後來中年級另一學年的學年主任（她在閱讀教學上已累積了十幾年的功力，是我任教學校語文教學的佼佼者），她聽到我們要帶讀兒童散文也跟我借閱《有情樹》這本書。從一個不經意的邀約或分享過程，兒童文學饗宴四部曲的首部曲：美感的啟蒙──童詩教學有二十三位同事參與，包含校長、處室主任、科任和級任；三部曲：如錦的編織──兒童散文閱讀教學有學年老師的參與和行政資源的協助。因此，我想要把學校變成一座活的圖書館，不會只是一個願景和理想。因為只要有一顆種子落地，有適時的陽光和雨露，讓它生根發芽成長了，有一天它自然會開出美麗璀璨的花；有一顆種子落地就會有兩顆落地，漸漸的種子就會四處落滿地，然後開出一片令人乍然驚喜的花海，這是可以期待的。

三、結語

　　上面舉的例子只是橋樑書成形過程中飄逸的一朵小花。如何讓橋樑書的成形理念清楚確實、取材設計簡易方便、人人可按圖索驥，是讓它是否能真正讓學校自我激化為一座活的圖書館的關鍵。這需要設計者有很清楚的橋樑書概念，了解教育夥伴的教學現場實際運作狀況，明白自己的教學設計不是要增加教學者的過度負擔，而是改變一種方式，運用多元的教學資源，讓學生的學習效果加倍，讓學生的閱讀興趣倍數增加，這樣的教學設計才是真正能幫助教學者帶領學生進入自我學習、獨立閱讀的進階成長模式。先驅者當然是比較辛苦的，因為他要創發一項教學，他自己要先有確切而清楚的理念，而且是可執行的理念。理念再轉化為實際的教學設計、教學活動，如果要提供為人參考分享的教學資源，那更要考慮到普遍的適用性；再進一層，倘若想影響到學校行政的共同認同與支援，那更要相當明顯的能夠提升學生的學習效果和閱讀興趣。那也就是說，學生可能是你的活廣告，學生自然而然內化的、活躍的、深透的閱讀興趣展現，才可能吸引別人的目光，注意到你的教學引人之處，進而認同、支持、一起改變。

第五章
從橋樑書中開啟圖像閱讀銜接到
文字閱讀的文學饗宴四部曲

第一節
首部曲：美感的啟蒙／
兒歌與童詩精選

　　從前面的章節中已詳細的介紹了橋樑書的編製理念和原則，本章則開始呈現我運用此理念和原則，運用身邊隨手可取得的教學資源所編製的教材，它的目的是希望帶領孩子逐漸由圖像閱讀邁向文字閱讀。很顯然的這四部曲是以文體來選編，如此選編的理念粗略的分：一是文字的多寡；二是辭彙的難易。首部曲以童詩和兒歌為教學主體，最主要的根據是字數，再者是句型和字彙難易度。兒歌和童詩本來是一家合稱為詩歌，後來才分家；詩因為意象較具深意，與歌謠可以琅琅上口、蘊含豐富的節奏感與音樂性、詞意簡單明易、貼近生活有許多的不同，逐漸的區別開來了。

一、首部曲：美感的啟蒙──兒歌教學

（一）兒歌選材工作

這首部曲必須先教兒歌，在學生剛從幼稚園升上小學時，藉由兒歌的銜接教學更能將學生由兒歌帶入童詩的世界中。兒歌有許多重複的句型，有押韻，在兼具韻律和音樂性上，學生較易接觸與閱讀文字。在天下雜誌出版社所出版的「字的童話」（廣受各界好評，由林良、張子樟推薦，柯華葳導讀。）系列書中的第一本書──《英雄小野狼》，第一篇文章就是利用同韻的方法寫出來的一篇內容活潑的童話，仔細拆解會發現，它就像由一小段一小段的兒歌組成的童話。林世仁很是用心，且別出心裁的創作了這題材新穎的〈英雄小野狼〉。

> 小野狼，少年郎，本領一等強。扛長槍，走四方，要把世界量一量。
>
> 大路邊，小池塘，一隻水鴨淚汪汪；「山大王，沒心腸，搶走我的花衣裳！」
>
> 大樹下，樹影長，一隻小象淚汪汪；「山大王，壞心腸，搶走我的好夢床！」
>
> 小野狼，少年郎，聽了火氣冒胸膛：「不要哭，不要慌，我幫你們去找山大王！」
>
> 山坡上，風輕涼，野花香，綠草像海浪。
>
> 小野狼，……

小魯出版社「我自己讀的故事書」系列的《小保學畫畫》，作者馮輝岳同樣也用兒歌押韻的韻律感和節奏性，來創作這一本橋樑書：

　　小保學畫畫，畫一個娃娃，光著腳丫丫。

　　小娃娃，地上爬，要去哪兒呀？

　　要去找媽媽。

　　找媽媽做什麼啊？

　　吃奶ㄋㄟ呀！

　　你怎麼沒穿鞋？

　　小狗咬去啦！

　　小保學畫畫，畫一間房屋，主人是蟾蜍。

　　蟾蜍的家小小小，

　　屋前有花屋後長青草，

　　它呀白天愛睡覺，

　　晚上才出來跳一跳，

　　……

　　上面所節錄的「字的童話」系列書的第一本書《英雄小野狼》的第一篇文章的段落，而小魯出版的《小保學畫畫》這本橋樑書，整本是一篇篇的兒歌故事；顯見兒歌的韻律感和音樂性，是帶領孩子進入文字閱讀的一把開門鎖。回到我自己規畫的兒歌閱讀中，我翻閱了臺灣研究兒歌的第一把交椅陳正治的著作中所介紹的兒歌，從中擷取我覺得適合班級學生性質和程度的兒歌，也參酌其他珍貴的資料。例如：《童詩萬花筒》一書的前言中提及兒歌注入詩

的生命的轉化歷程：兒童詩發展的早期，兒歌還是一個不被重視的孤兒，除了當作幼兒教材、輔助幼兒記憶的韻文之外，兒童文學圈關注的眼光不多。當時的認知，普遍性的認為童詩在乎文學的美感價值、強調情感的抒發，兒歌在乎教育功效、強調工具價值。相形之下，兒歌較不在乎幼兒心性的抒發、情感的表達、美感經驗的培養，以及創意的經營。後來由於教材編輯者和出版社注意到詩意對兒歌的功效，邀請有創意的兒童詩工作者轉向兒歌寫作。因此兒歌開始在押韻、節奏感、口語化的淺白中，追求詩的味道，讓幼兒讀者在享受聲音的美感經驗時，也能體會那種餘韻猶存、繞樑三日不絕於耳的心靈享受。它仍然維持著兒歌的形式，卻捕獲了詩的生命，因此有非常「不俗」的表現。讓兒歌在工具價值上，增添了文學的美感，走向「詩化」的道路，可以稱它為有音樂性的「小詩」。看到兒歌詩化的改變是我非常興奮的一件事，因為之前我所找到的資料大部分是傳統的兒歌，我也覺得缺乏文學的美感，看到童詩的創作者所寫的這些作品之後，真覺得如獲至寶，在教材選編上有較具新意的作品可以介紹給學生，覺得這才達到自己所想文學饗宴的標準。（洪志明，2000：17-19）

　　以上所提兒歌在開啟文字閱讀先端的重要性，和兒歌詩化後的文學價值，接下來我將呈現的是個人規畫的兒歌教學。和童詩教學的模式約略相同，只是在人和時間條件的異動上會作某些調整。首先我在書籍和網路上蒐集兒歌的資料，選出不同類型具有代表性及適合學生程度的兒歌。大陸的兒歌我大致上不採用，因為覺得我這樣的教學是每個文類的小酌，目的在達到漸進式的文字閱讀興趣。大陸流傳的地方兒歌有許多地方特色和語言上的特殊用語，帶給學生恐生更多詞意解釋上的困擾，徒增學生的學習阻擾。兒歌詩化的

作品我儘量採用，因為傳統兒歌在學生讀幼稚園時已大部分都能琅琅上口，為避免學習上重複枯燥的無聊感，這方面我會仔細把關。另外因應學校鄉土語言教學的實施，我也選用某部分的臺語兒歌，像王金選的作品其實早已在臺語課程上和孩子們欣喜會面過，只是那時學生把它當琅琅上口的課文而已。

（二）兒歌教學實施的方法

　　選材工作完成之後，其次是教學實施的方法：一、先將每首兒歌放大影印，原本有圖案的儘量照原圖案影印。貼在方形的圖畫紙上，有原圖案的照原圖案著色，只有文字部分的就要進行依兒歌內容繪製插圖的工作，這也是學生的一種創作。陳正治在《兒歌理論與賞析》一書第九章〈兒歌的教學〉中也提到兒歌教學應配合其他活動。例如：跟畫圖配合，要他們把兒歌的內容畫出來；跟說話配合，要他們說出兒歌的內容。（陳正治，2007：201）有一些出版社的橋樑書設計特色是標榜畫上空白底圖，讓閱讀者自行著色，當我後來看到出版社的設計和自己因教學情境而衍生的教學方式竟然有異曲同工之妙時，也感到自己的教學信念和創意理念有種自我肯定的感覺。這是要配合製作班上收納櫃的門，所作的情境布置統整教學，其他的教學者可以利用 A4 紙來代替圖畫紙，設計成學習單的形式。二、完成插圖繪製的工作後，老師邀請學生拿出他們個別繪製的兒歌圖畫，老師先範讀。範讀前，要先簡單介紹兒歌的內容，使學生明白兒歌的意思，然後再欣賞老師示範。因為兒歌都押韻，所以務必要口齒清晰，字音正確，聲調抑揚頓挫分明，節奏注意長短快慢，聲音要和悅而帶自然的情感。三、兒歌中，有的詞語是兒童不了解的，老師要跟學生討論。討論時可以用動作示意、實務示

意、口頭說明、問答法、情景示意、類推、舉例、對比、換句話說。詞意了解後，用問答法跟兒童討論歌詞的涵義。四、接下來是指導朗讀的部分，要反覆指導兒童朗誦；注意隨時指正學生朗誦上可能犯的錯誤。以發音來說，有些學生的ㄓ、ㄔ、ㄕ，常跟ㄗ、ㄘ、ㄙ不分；ㄋ和ㄌ，ㄢ和ㄤ，ㄣ和ㄥ也常常容易混淆。教學的方式要多變化，以引起兒童朗讀的興趣。先使用師生對念法，老師一句，學生一句；再來是學生個別讀誦，個別讀誦之後是讀給別人聽，每個人找幾首兒歌讀給同學聽，並和同學互相討論。喜歡這首兒歌嗎？如果不喜歡又是為什麼？有的學生喜歡是因為它的韻律感，有的是因為兒歌本身要表達的意境很幽默，有的學生害怕繞口的兒歌，有的是因為兒歌的簡短故事性很逗趣。要能將兒歌在就讀小學的學生身上再產生醱酵的作用，挑選有些創意和巧思的作品，學生才會再度為之著迷。連教學者本身也一樣，既然是文學饗宴，自己倘若不能著迷，那就跟打開教科書照本宣科一樣的平淡無味。繪製、朗誦、討論、分享完的作品，最後就掛在每個人的置物櫃前，隨時隨地可以去欣賞讀誦。我們在所有作品的中間位置，設計擺放了三張「讀」「謠」「樂」的圖卡，完成了整個兒歌學習區。其他的教學者可以安排適合的地方，將作品張貼出來，我們有同事在窗戶牆壁上釘上釘子，牽拉了兩條鉛線，用木頭的衣夾子，將每張學習單夾在窗邊，透明而敞開的窗邊，飄掛著每個學生的作品，琳瑯滿目，整個教室看起來別有一番學習情趣和風味。

　　以下將我所選擇的教學材料節錄些段落，首先介紹的是選自洪志明所編《童詩萬花筒》一書的兒歌：

花開的聲音／馮輝岳

鳥兒唱歌真好聽，
樹葉說話細又輕，
蝴蝶姑娘請問您：
花開怎麼沒聲音？

蝴蝶姑娘微微笑，
她說道：
……

瓶瓶和罐罐／林芳萍

瓶瓶和罐罐，
喝喝冰水排排站。
小竹桿兒
敲敲看──
瓶瓶和罐罐，
……

一起游泳／張清榮

小鯽魚，重友情，
浮上水面來邀請：
下來吧！天上的小星星，
下來吧！空中的小蜻蜓，

下來吧！樹上的小黃鶯；

荷花池水清又清，

不要只是照著身影，

……

煙火／方素珍

砰——

小小種子衝上天，

種子開花花滿天，

花兒都在說，

我的最鮮艷。

影子／馮輝岳

屋子裡，黑漆漆，

我的影子在哪裡？

到屋外，去找它，

哈哈！

影子就在太陽下。

水蛙厚話／王金選

水蛙水蛙，

見面厚話，

講阮大姊，

講恁小妹，
講東講西，
……

露螺／王金選

露螺露螺，
無腳會爬，
無手會琳茶，
有眠牀，
無棉被，
……

火金星／洪志明

細一下，
細一下，
火金星。

細一下，
細一下，
金細細。

細一下，
草仔邊，
……

節錄自陳正治《兒歌理論與賞析》一書中的兒歌：

鳳梨／馮輝岳

鳳梨鳳梨怪東西，
尖尖的葉子，粗粗的皮。
長得醜，沒關係，
大家都很喜歡你。
鳳梨鳳梨我問你：
荔枝是不是你阿姨？
……

長頸鹿／李德脩

這是什麼怪物，
脖子像棵大樹，
書梢只有兩根樹枝，
沒有葉子光禿禿。
不，不，不，
……

蛇瓜／馮輝岳

你的身體長長的，
真教我心裡害怕；

你的身體彎彎的，
到底是蛇還是瓜？

小青蛙，不要怕，
瓜棚下，是我家，
……

我們總共閱讀了二十幾首兒歌，以上節錄了十一首，大致可以看出
我所規畫兒歌教學的內容與取材風格。另外，在我閱讀過《英雄小
野狼》和《小保學畫畫》這兩本橋樑書之後，因為它們的創作元素
有著兒歌的押韻、節奏感、音樂性，前者以兒歌為本創作為童話，
後者創作為一篇一篇的小故事（作者馮輝岳在本書的後面介紹了這
本書創作的構思，其中他談及自己是用兒歌的句法，把這些故事一
個一個寫出來的）。因此，我也拿來作為兒歌教學的素材。在前面
的章節我曾談及新橋樑書的教學取材以身邊的所有讀物為範疇，包
括出版社設定為橋樑書的讀物也包含在內。這兩本書一個將兒歌變
身為童話，一個變身為故事，當然不能錯過，且要善巧的運用教學
方法介紹給孩子。《英雄小野狼》一書中的〈英雄小野狼〉（本節開
頭有節錄一小段內文）我將全文影印給學生閱讀，一小節一小節做
完兒歌的賞析、朗誦、討論、分享教學後，我們分配童話的角色，
由一組學生在一旁讀誦，另一組的學生來演戲，拓展了兒歌教學的
學習範疇。陳正治在《兒歌理論與賞析》一書第九章〈兒歌的教學〉
曾提及兒歌教學後，應該安排表演的活動，它的效用有：由自我活
動，發展到群體活動；發展兒童社交行為；滿足兒童表演、模仿的
慾望；練習運用語言；培養藝術的愛好與欣賞。（陳正治，2007：

203）《小保學畫畫》這本書我則在朗讀介紹完之後讓學生傳閱，這本書有十三個故事，我讓學生一個一個閱讀過後是要利用，故事開頭的反覆性，讓學生熟稔兒歌的句法，以做下一個活動，兒歌小仿作的熱身操。以下節錄本書的十四個故事：

　　小保學畫畫，
　　畫一個娃娃，
　　光著腳丫丫。
　　小娃娃，地上爬，
　　……

　　小保學畫畫，
　　畫一間房屋，
　　主人是蟾蜍。
　　蟾蜍的家小小小，
　　屋前有花屋後長青草，
　　……

　　小保學畫畫，
　　畫一隻花貓，
　　廚房裡，炒炒炒。
　　花貓媽媽要請客，
　　炒了一盤老鼠肉，
　　……

小保學畫畫，
畫一座戲臺，
搭在圍牆外。
……

小保學畫畫，
畫一隻小豬，
短尾巴，黑屁股。
小豬小豬胖嘟嘟，
……

小保學畫畫，
畫一條鯉魚，
留著長鬍鬚。
鯉魚住在池塘裡，
每天游來游去，
……

小保學畫畫，
畫一頭怪獸，
五條腿三雙手。
一條腿往南，
一條腿往北，
……

小保學畫畫，
畫一棵矮樹，
長西瓜，結蓮霧。
是啊是啊！
西瓜娶蓮霧，
……

小保學畫畫，
畫一隻蟋蟀，
打著紅領帶。
小蟋蟀，真可愛，
……

小保學畫畫，
畫一朵紅花，
開在太陽下。
紅紅的花兒張開嘴，
露出了黃黃的花蕊。
……

小保學畫畫，
畫一隻老虎，
在園裡散步。
……

小保學畫畫，

畫一隻蟑螂，

在廚房乘涼。

我喜歡黑黑的晚上，

我喜歡你們的廚房，

……

小保學畫畫，

畫一個鬼臉，

嘴巴歪一邊。

……

小保學畫畫，

畫一條小船，

駛出了港灣。

大海藍又藍，

……

　　作者馮輝岳說他把小保的畫和畫裡的故事，用兒歌的句法，一個一個寫出來，有滑稽的、有溫馨的、有好笑的……所以要用這本由兒歌的句法創作出來的書，當兒歌仿寫的熱身操，就是因為它以一個人物作同一件事的多元發展性，讓學生因著作者豐富想像力的帶領，也能自由的乘著幻想的翅膀，仿作出精采有趣、想像遼闊的兒歌。兒歌教材的圖文關係不管是學生自己繪畫，或者是一般的兒

歌教材，都是圖多文少，所以適合低年級的孩子來閱讀的，它是由圖像閱讀銜接的文字閱讀的第一站。

二、首部曲：美感的啟蒙──童詩教學

（一）童詩選材工作

　　首部曲的第二個教學文體是童詩，在兒歌編選時討論到由於學校教材編輯者和出版社注意到詩意對兒歌的功效，邀請有創意的兒童詩工作者轉向兒歌寫作。因此兒歌開始在押韻、節奏感、口語化的淺白中，追求詩的味道。它仍然維持著兒歌的形式，卻捕獲了詩的生命，因此有非常「不俗」的表現。讓兒歌在工具價值上，增添了文學的美感，走向「詩化」的道路，可以稱它為有音樂性的「小詩」。此兩者的關連性如此綿密，所以在接下來是要介紹架橋工作的另一腳色──童詩教學，要先談一談兒歌如何輔助童詩。1995年國小教科書全面開放審訂本之後，許多兒童文學工作者在教科書出版社的邀約下，紛紛投入語文教材的編寫工作。由於國語科的教學目標，明定國小各年級課本必須有相當比例的課文為詩歌體，低年級的學生在聲音閱讀上，比文字的形象閱讀有經驗的多。因此，作者在編寫詩歌教材時，除了注重意象的呈現，以及意義的傳達以外，還特別注重聲音的美感效果。為了追求音韻，兒童詩的作者反過來向兒歌學習，小心控制每一行的字數以便製造兒童詩的節奏感；注意詩的韻腳，以便讓兒童詩產生反覆回繞的音樂效果；同時也注重對仗、並列的效果，希望小讀者在閱讀童詩時，能享受餘音繞樑三月不絕於耳的音樂感受。明顯的，兒童詩的發展找到了一個

新入境，讓兒童詩可以兼顧音樂之美和意義之美。（洪志明，2000：20-24）兒歌與童詩的綿密性，使得童詩更為自然的接續起文字的形象閱讀的銜接工作。

（二）童詩教學實施的方法

童詩的教學與兒歌的教學模式相同，老師先選擇好適合的童詩，放大字體貼在圖畫紙上，請學生繪圖、朗誦，童詩朗誦活動第一次實施時，邀請了許多學校老師和學生來參與，是大家一起來共襄盛舉的起跑活動。在本研究圖 3-1-1 的「我來唸首童詩給你聽」的活動發展圖，有整個活動的進行流程和其他處理細節，活動發展圖中呈現的還有教學模式。有關教學活動進行過程的文字詳述則在本研究第二章第三節的橋樑書的閱讀教學有詳細的介紹。

（三）童詩分析的新觀點介紹

在介紹童詩的第二次教學之前，將先就夏婉雲所著《童詩的時空設計》一書中，有關童詩分析的新觀點作一介紹。林文寶在本書序中提及二十世紀七〇年代是童詩的蓬勃期，然而有關童詩的理論或批評，都不離自身的教與學之經驗，夏婉雲在本書中執意要站在制高點來看時空，用天文、物理、哲學等宏觀角度來作文學研究，內容厚實龐大、立論新穎，頗能一新耳目。夏婉雲也在本書中檢視大人寫童詩的問題，真正的童詩，能夠引起兒童共鳴的是獨特的視覺觀點大於寫詩人的自省。如果教學者不看理論部分，只看分析詩的設計，也是很好的詩教本。（夏婉雲，2007：2-5）

1.哲學時空在童詩中的綻放

在《童詩的時空設計》一書第三章談到哲學時空在童詩中的綻放時，作者認為哲思寫作分「明顯的哲思」和「暗隱的哲思」兩種，許多童詩都有隱藏的深意、哲理，有名的童詩表現哲思頗佳者為七星潭，以七星潭的〈一點點〉舉例：

一點點種子

一點點泥土

一點點整理

一點點願望

一點點這個那個

一點點陽光

一點點雨水

一點點等待

然後

一朵小花

此詩要說的是貼近人身邊的生命變化過程，不直指明說，卻含豐富的哲學思想。作者先以「種子」、「泥土」、「雨水」、「陽光」等自然界的合作，再加上「願望」、「等待」人為的心思，讓結果「如願」而出，但不只是結果令人驚艷，過程同樣令人驚訝。末尾最精當的一句「然後／一朵小花」，彷彿拔地而起似的。在詩中透過「泥土」、「陽光」、「雨水」、「等待」，許多的「一點點」而合成一個「整體」，由此整體而「意向」到「小花」的開放，如此而完成人與物的「整全感」。（同上，67-69）

2.物理時空在童詩中的開拓

就物理時空在童詩中的開拓來說，童詩想像猶如萬馬奔騰的林世仁，在臺灣兒童文學界以奇想、幻想著稱，他喜歡寫雄渾、壯美的題材。以雄渾、宏大這方面來說他表現傑出，以他〈鯨魚河〉一詩為例：

> 如果我在月亮上畫一隻鯨魚
>
> 所有月亮照著的小河
>
> 會不會都有鯨魚唱歌？

此詩的關鍵是「畫」的行為，繪畫是兒童對外的語言。以月亮、鯨魚、小河三個角色來說，鯨魚是令人最好奇、最感神祕的。文學需要強力的聯想和想像，對兒童而言其最在行的本領是身體知覺和想像力。詩中表現的是兒童說到鯨魚，它就會想到鯨魚的歌聲，即使是畫上去的鯨魚也要想到歌聲；而月光照下，鯨魚也跟著投影在河上，因此也帶著聲音。跟著他聯想的結果是讀者看到不可思議的「東西」，這個「震驚」是你的想像被他打開了，你的視域因此站出去，你與月的時空、月與魚與河的時空，形成一整體，彼此間有了互動、交融。（同上，78-81）

3.心理時空在童詩中的纏繞

就心理時空在童詩中的纏繞來說，童詩是心靈童言。其中童詩表現的「壞意念」、「怪點子」也是兒童「心理時空」的一部分，是他們的「真實心聲」。以林美娥的〈賭氣〉詩為例：

127

別叫我，
請你們別叫我，
叫得我心裡直發火。

別問我，
請你們別問我，
問來問去還不是我的錯。

別碰我，
請你們別碰我，
一碰我的眼淚就會落。

別理我，
請你們別理我，
讓我靜靜的躲一躲。

別管我，
請你們別管我，
一會兒我的脾氣就會過。

此詩的「意向性」建立在形式的相似上（三句一段、「別」、「請」的跳段排比由首至尾），韻腳「ㄛ」音的一韻到底。作者對「心理時空」只經營了「時間」而未對「空間」適當的安排，無空間就無形象的意向性；無圖像，使詩的餘味不足。但就感覺的節奏性而言則有一定的共鳴。（同上，90-91）

4.文學時空在童詩中的遊戲

就文學時空在童詩中的遊戲來說，兒童文學應該以「兒童性」作支點，確認「遊戲是兒童本能」，不再把兒童視為「教育的對象」；遊戲就是兒童的生命，童詩是載體。以陳清枝的〈捉魚〉詩為例：

> 到河裡捉魚
> 河裡沒有魚
> 我們都變成魚
> 在河裡
> 捉來捉去

一群孩子到河裡捉魚，前兩句敘述一個過程，畫面是冷的。第三句詩句開始變化，畫面開始動態的熱起來；孩子們捉不到魚，乾脆在河裡玩起來。「我們都變成魚」句中的「魚」就是「我」也是「他者」，畫面有「他者」別人進來，時空的畫面在流動，孩子變成「魚」既天真又有自我調適的韌性，暗示頑皮天性自然生成，這動態的過程含蓄的只用「動來動去」來完成，真是渾然天成。(同上，91-95)

5.大人寫童詩的檢視

夏婉雲也在本書中檢視大人寫童詩的問題，真正的童詩，能夠引起兒童共鳴的是獨特的視覺觀點大於寫詩人的自省。作者引林鍾隆在一篇《童詩 30》序中所說的童詩界的一個錯誤現象，他說：有些人寫童詩，先把自己降為兒童，希望寫出兒童的感受。但他心

中的兒童與現實的兒童，因了解不夠透徹想像也不夠高明，使作品中的兒童，在真正的「兒童」眼中，變成了另一種可笑的兒童。林鍾隆認為：成人該堂堂的以成人的感受去寫童詩，無須顧慮兒童怎麼感、怎麼想，只要把作者自己的感受寫出來，兒童也會有同樣的感受。(同上，129)

6.未來童詩的多元化

就未來童詩的多元化，夏婉雲也提出了精闢的見解。現代及後現代空間的擴張、時間的斷裂：現代化造就了現代的進步，現代主義的空間還算和諧、美感，到了後現代時期則反撲成表現人類和個人心靈的吶喊。而破壞和諧韻律，尤能表現個人心靈的吶喊；在文學上也表現了「去中心化」，站在女性、兒童、原住民的邊緣角度，顛覆主流價值的批判力量。捨去和諧與統一，追求斷裂與衝突、變調與歧義的空間。表現在現代詩與童詩上，也可看到夢想與夢魘、幻想和顛覆。以蔡英芳〈作文簿〉為例：

作文簿裡的爸爸

有強壯的身材

每天　陪我打球鍛鍊身體

而　真實生活裡的爸爸

只有一幅忙碌模糊的身影……

作文簿裡的媽媽

有慈愛的笑容

每天為我們辛苦的準備三餐

而　真實生活裡的媽媽
只是一張下班後疲憊的臉……

作文簿裡我的家
……

作文簿裡
老師改了九十五分
而　真實生活裡
我　能得幾分

　　後現代是經過矛盾的、是經過辯證的，談兒童對大人產生批判的力量，而這往往也是文化能夠反省、創新的力量。從東西方比較文學的角度來看，相異的文化能豐富主流意識的空間。所有被得勢文化邊緣化的不同族群的文學都應該重新納入這個文學大會裡。因此，童詩時空的未來會是多元的，或者會走向更尊重生命，有地球、宇宙、世界的宏觀。（同上，134-139）

　　在我們要做童詩教學之前，有令人耳目一新的立論產生，當然要一窺其究竟。以上對夏婉雲《童詩的時空設計》一書中，有關哲學時空、天文時空、心理學時空、文學時空對童詩的、參與、互動，作者舉了許多優秀的作品來分析，不看本書中理論的部分，只看分析詩的內容，確實是很好的詩教本，教學者會受益良多。

(四) 圖像詩教學

在第二次的童詩教學，我加入了圖像詩，還有朗誦的對象是給家人聽。七星潭有一首詩〈詩的樣子〉：

```
有          曲曲        子
   的    彎  沒    樣
      詩彎        有個


有詩肥壯行兩的
的肥壯一有行大


有的詩細細瘦瘦長長的一直垂到底到底到底


我的詩都不是這個樣
我的詩沒有樣子
你的呢？
```

選擇圖像詩是希望孩子對童詩的接觸範圍更廣泛，但原則仍然是要適合他們的程度。像這種程度的圖像詩以低年級的學童來說，應該是可以理解體會的。尤其是末三句，充分展現七星潭這愛說故事的老頑童，存在內心底層的那份赤子之心，與童稚的孩子們分享人生的那份真誠。第二次的童詩教學，以 A4 紙取代圖畫紙，還有我們是全學年一起實施，設計成學習單的形式，編製成寒假作業的一部分。在學校我們先練習一兩張，因為每張學習單要操作的部分

不盡相同，所以要稍作說明。每首詩都有朗誦的部分，朗誦給家人聽，請家人寫下分享，記錄在學習單上。有的是給一首詩，請小朋友設計成圖像詩，沒有嚴格的規定小朋友要完成到什麼程度，只要他有感覺，覺得創作的過程有欣喜愉悅的感受就好。

在這次的教學中，我以作家的身分為選材的參考，因為在和兒童閱讀許多作品後，我也對每一個作家的風格，有一些大致的認識。因此，想讓學生增加對某一作家作品欣賞的深度，以致採取了這樣的選擇風格。其中有七星潭的〈一點點〉、〈沒有別人〉、〈我爸爸打鼾〉、〈早安〉、〈詩的樣子〉，林世仁的〈星星牧童〉、〈鯨魚河〉、〈世界大掃除〉、〈不睡覺的世界〉、〈邀請〉、〈仙人掌〉、〈王小小減肥記〉、〈毛毛蟲〉、〈實話〉、〈認錯〉、〈生氣的與不生氣的〉，詹冰的〈時鐘〉、〈金字塔──埃及開羅〉、〈插秧〉、〈遊戲〉，陳木城的〈烘乾機〉、〈影印機〉、〈日記〉、〈老師〉、〈不快樂的想法〉。這些童詩作品分別摘錄自《童詩萬花筒》、《文‧字‧森‧林‧海》、《臺灣兒童文學精華集》、《童詩的時空設計》等書。林世仁的《文‧字‧森‧林‧海》一書，是一本圖像詩集。雙封面，向左翻，封面是「向右踩進詩海」，讀的是橫排詩；向右翻，封面是「左邊有座文字森林」，讀的是直排詩。詩行的字，有大有小，有粗有細，有濃有淡，有中空字，有實心字，有的字還有色彩，有的字拉長又壓扁，有的字拆成偏旁和筆畫，有的字縮小，有的字放大。有的詩，只有一行，排成弧形，要轉換角度才能讀，有的詩句要倒著讀，有的要像轉陀螺似的轉幾圈才能讀。有的詩句排成井字，有的排成英文單字，排成迷宮，排成八腳怪，排成螺旋狀，真是花樣百出。在圖象、趣味的經營以外，在音樂性方面，作者利用尾韻、行中韻、字詞句的重

疊、反覆來增加音樂性，也有不錯的表現。以上這些選材來源都可作為同好者的選擇參考。

（五）童詩教學的暖身活動推薦

最後要提的一個童詩教學的暖身活動，這是我到陽明山研習中心參加李玉貴的閱讀指導研習時，她帶的一個活動，我也拿來作為教學的暖身活動。李玉貴選擇了七星潭翻譯自日本原著水村一美的作品，作品名稱為〈如果我是一隻蟋蟀〉，共十一個小段，舉一段來操作：

> 如果我是一隻蟋蟀，
> 秋天的晚上，整個秋天
> 的晚上，我會唱歌給
> 你聽，銀鈴的
> 歌聲，你永遠忘不了。

首先，將每段詩裁成四份，分給不同的人。在活動之前，發下每一首詩的完整稿，全班一起朗誦。讀到哪一個詩句，那位拿到的同學就要站起來，那一段詩的成員都起立後，馬上離開原座位組成新的小組。所有的小組都到齊後，老師發下半張 A4 紙，請同組同學剪成象徵那段詩的圖像，每個人各字抄下自己手中拿到的詩句，畫上插圖，最後貼到黑板上。以這個活動當例子，你也可以選擇你適用的詩，以此操作，是很好的童詩教學暖身操。

（六）結語

我的文學饗宴首部曲童詩與兒歌教學，它的教學模式與重點工作都很簡單，朗誦加上畫上插圖是最主要的部分；童詩因為意象較深，所以多加了一個讀給師長、同學、家人聽，並請受邀的聽者和朗誦者一起品味、討論、分享感受的活動。

在本研究圖 3-1-1 的「我來唸首童詩給你聽」的活動發展圖中延伸出來的許多活動，是因為當時的教學效果自然而然衍生的，教學者可以自由的視自己的狀況選擇要簡單的小酌，或熱鬧的的暢飲。只要檢視自己所作的教學是否帶領孩子更靠近文字閱讀，是否有更高的閱讀興趣，是否更能獨立閱讀，這樣才能達到橋樑書的架橋功能。橋樑書真正的功能是希望孩子能自己讀完一本書，所以當他能拿著一首一首的兒歌、童詩，讀給師長、同學、家人聽，並能與人討論和分享時，架橋的功能已達成了。

第二節
二部曲：幸福的樂章／童話與寓言故事精選

一、二部曲：幸福的樂章——童話教學

二部曲要作的架橋教學是童話與寓言故事精選，在兒歌與童詩教學之後，以字數量、詞彙的難易度及句子的類型來考量的話，接

下來讓兒童接觸故事類的閱讀文本是個可以讓兒童漸次進入文字閱讀的好材料。林文寶在《認識童話》〈釋童話〉一文中，明白的界定童話為「荒誕的超現實兒童故事」，並說明它的內涵包括四個方面：兒童、故事、趣味、想像──其中的「故事」是指童話的體裁屬散文故事體。而圖畫故事也在故事的範疇之內，但是這個橋樑書的自編教材沒有把圖畫書列入其中，是因為臺灣這十幾年來，臺灣的圖畫書已蓬勃的發展與推廣閱讀，因要強調將孩子的閱讀興趣引導到獨立閱讀文字文本，所以圖畫故事書的閱讀討論便不特別列入橋樑書自編教材的討論範疇，但平時的閱讀教學，不管是圖畫書閱讀或是橋樑書自編教材的閱讀，都是同時並行的。二部曲首先以童話故事多變的情節性及奇幻的想像來吸引兒童對閱讀的興趣，再者以故事內容簡單，但啟發性很強、充滿機智的寓言故事來引導孩童閱讀。

（一）童話選材工作

　　童話故事的選材，一開始我先找的是九歌出版的童話選，從童話選中再依據篇幅的長短，由短篇到長篇取材，同時考量故事的趣味性、文學美感、創意、啟發性；同時兼顧原始發表園地的就近方便性，因為自編橋樑書的意義就在於可以從身邊的讀物中開始。《國語日報》的兒童文藝版，是童話作家們發表作品的大苗圃，也是目前全國推廣讀報教育，很多學校的班級內幾乎都可見到《國語日報》的閱讀環境。所以我在取材上，會先選用童話選中在《國語日報》刊出的作品，而且是找到刊載在《國語日報》上有注音、有插圖的發表原作。有注音是要方便低中年級孩童的閱讀，有插圖可以輔助孩童閱讀，強調《國語日報》上的發表原著，是希望吸引學生主動、

經常的去翻閱《國語日報》，以達到身邊各種讀物都可能是橋樑書的目標。好的作品就值得欣賞、教學，非《國語日報》出版的好童話就從書中原稿印出。後來，在九歌年度童話選之外，又發現《夢穀子，在天空之海》1988～1998 兒童文學童話選集，在選集之中又可以發現各個作家出版的童話集，那選材範圍又更大了。所以童話作品的城堡就像天空那麼大，不怕找不到好作品來讓兒童閱讀。只怕沒有時間讓他們讀，二部曲的名稱「幸福的樂章」的定名，是因為這樣的感受而來的。

（二）童話教學實施的方法

在每一篇童話故事的文本開頭，我打上「二部曲——幸福的樂章，童話精選」小標題。引導文辭是「想念大樹的女孩、飄飄村傳奇——死鬼、流星沒有耳朵、打瞌睡的燈、風神的禮物、魔神樹與好運花……這些充滿奇幻想像、歡樂與幸福的童話，將陪伴你翱翔天際，享受快樂的童年時光。活動方法：先個別默讀整篇童話，再分段輪流朗讀，最後分組討論『主角外表及個性』、『故事背景』、『情節發展』、『故事旨趣』等。

1. 王宏珍的〈飄飄村傳奇——死鬼〉：王宏珍的〈飄飄村傳奇——死鬼〉，約五百五十字，在天下雜誌《教出寫作力》〈一百七十本橋樑書推薦與導讀〉一文中，第一級導讀的字數是五千字以下；所以，這五百多字的閱讀，在字數、詞彙和句子類型的考量上，應該算是夠根基的開始了。這篇文章沒有主要角色，因此討論的重點就放在「故事背景」、「情節發展」和「故事旨趣」上。故事背景直接引導學生們依著故事內容來尋找，情節發展在我仔細閱讀後發現第四、六、九段有著隱藏的關聯性，

所以我設計了題目請學生找出這三段之間有何關聯性？故事旨趣探討是「讀完這篇故事後，你覺得鬼可怕嗎？『快要死的鬼成天被其他羨慕的鬼追著……』，死亡可怕嗎？死後的世界又怎樣？」這樣的故事旨趣探討引導著學生發現這篇童話故事的趣味性，也一改兒童對鬼及死亡舊有既成的恐怖害怕觀念。是很有意義及創意的一篇故事，也難怪會入選九歌童話選。

2. 王蔚的〈想念女孩的大樹〉：這篇童話也是五百多字，但是意境較深。這篇童話故事出現的角色較多，所以我讓學生找出每一個角色，及各個角色的任務，承擔任務的結果。最需要仔細玩味的是「故事旨趣」，所以我設計了這樣的一個題目：最後一段「現在，三片紅葉住在女孩的書裡，那是一本故事書；所以說，紅葉們幸福的住在一個故事裡。」暗示著這是一篇怎樣的故事？紅葉幸福的住在一個故事裡，那大樹？我覺得讓學生去探究文本背後隱藏的生命意涵，才是讓學生們閱讀了一篇故事之後，真正有意義和價值的地方。

3. 雷度門的〈風神的禮物〉：〈風神的禮物〉還是五百多字，故事架構清楚而完整。在主角和故事背景的討論上，學生都可以很明顯的從文本中找到。在情節發展討論上，我設計了「先說→再說→後說」的簡單模式，請學生將情節發展整理出來。在故事旨趣探討上，這也是一篇很有內涵價值的故事，所以我設計了這樣的討論：隔了三年風神真的依約造訪鷦鴣鳥，這是朋友之間何種真摯情誼的表現？如果你有這樣的朋友你的心裡會有什麼感受？風神到底帶來什麼禮物？希望學生們能體會閱讀是一種心靈相授的體驗，作者藉由一個故事將人與人之間，

大地萬物之間可以擁有的真摯美善情誼烘托出來，帶領著我們去珍藏和豢養這樣的情感，活在美好情味當中。

4. 山鷹的〈都是耶誕老人惹的禍〉：這篇故事比較長了，約一千五百多字，但也還是在第一級的範圍內。寫南極仙翁和耶誕老人的故事，暗隱著東西方文化的不同，及西方文明大量移植東方，東方文化所受到的衝擊及影響。但是以兒童為訴說對象，所以故事內容提到的都是兒童熟悉的人、事、物，例如：西方的故事《大野狼與小紅帽》、《人魚公主》、《賣火柴的小女孩》、《愛麗絲》、《魔戒》、《哈利波特》，西方的故事角色「小兔彼得」、「彼得潘」、「小熊維尼」、「派丁頓熊」；東方的故事有《西遊記》、《封神榜》，東方的物品有「如意桃花劍」、「崑崙金葫蘆」、「烽火芭蕉扇」，東方的用語「丈二金剛摸不著頭腦」。這篇童話一開始就連用了五個問句，所以我設計了一題有關修辭的題目「什麼稀奇古怪的事沒看過？什麼路沒走過？什麼橋沒過過？什麼米沒吃過？什麼『丈二金剛摸不著頭腦』的事沒遇過？這一段文字連續出現了五個問句，為什麼？」讓學生說一說作者的書寫用意。再者以南極仙翁和耶誕老人這兩位主角，進行故事背景、主角個性及其代表文化特色的探討：就掌管區域、代表的文化系統的故事書、代表的禮物或寶貝三方面，設計了一個比較表，進行共同討論後，請學生寫出來。最後當然是要讓這篇童話發生效用，所以我請學生回家查資料再來發表完成最後一道題——「除了南極仙翁、王母娘娘、玉皇大帝，你還知道東方的傳說或古老故事中，還有哪些有趣的人物和故事？查一查資料貼上，並準備換你講古，讓東方文化也好好上國際舞臺亮相了！」

〈飄飄村傳奇──死鬼〉、〈風神的禮物〉和〈都是耶誕老人惹的禍〉這三篇童話用一種極為寫實的細節放大,穿梭在神靈界與現實生活,呈現一種幾乎近在身邊、具體感受得到呼吸聲息的「日常幻術」。

5. 〈如果在山上,一隻青蛙〉:這篇童話故事,大概有二千多字,充滿了哲思,例如:青蛙說:「事實上每個人都是一隻青蛙。」、「當公主和當青蛙沒什麼差別?」情節討論則更有趣了──「親錯青蛙是要付出代價的。到底發生了什麼令人意外的事?」親錯青蛙,非但那隻青蛙沒有變成王子,自己卻由公主變成了青蛙。是多令人失望的一件事,但它影射的是人們對自己的不滿足、無法與自己和平相處的問題。這篇「生物童話」建立了一個「新鮮的眼」,重新檢視諸事萬物。

6. 林世仁的〈流星沒有耳朵〉:〈流星沒有耳朵〉有六、七千字,已經到了第二級了,此篇童話獲得 95 年九歌「年度童話獎」,長篇的心理刻劃,內容相當精采。這是林世仁延續天下出版的橋樑書《字的童話》系列,表現出熟練的語音聯想的作品。就像夏婉雲在《童詩的時空設計》一書中所說的一樣,林世仁的寫作風格天馬行空、雄渾遼闊,閱讀〈流星沒有耳朵〉時,全班學生一起讀,笑聲朗朗,愉悅暢快之音滿天飛,那兩堂課孩子們滿足的笑、開心的笑、驚奇的笑,多麼幸福的一件事啊!故事從「天空是什麼顏色?」開始,向流星許願,「藍藍」的天變「懶懶」的天,一整天裡所有的人、事、物都變得懶懶的。希望流星「天天」來,結果變成「舔舔」來,各種名堂的流星都來舔文中的小主角。希望能再看一次「媽媽」,流星卻聽成了再看一次「馬馬」,一出門,馬路真的變成了「馬」路,到

處都是馬。還有送錯地方的願望，家門口來了隻令人害怕的東方蜘蛛，東方蜘蛛只會向東走，但是學校在家門口的西邊，東方蜘蛛只能照著自己的功能走。盪進了太平洋，盪過一座座小島盪到了美洲，看到了舊金山大橋、大峽谷、紐約的自由女神像。盪到了大西洋，看到了起霧的倫敦、像一枚跳棋的巴黎鐵塔、像一隻長筒靴的義大利、像盤子上的蛋糕的埃及金字塔、印度的街上有好多牛。看到了中國的萬里長城、黃河的水好黃、長江的水好長、西湖的湖水閃閃發光……咻——東方蜘蛛降低高度，看到了澎湖的跨海大橋。盪過了臺灣海峽，臺灣出現在眼前，沙沙的海岸過去了，綠綠的稻田過去了，高高低低的樓房出現了，公園出現了，學校出現了。學校的鐘聲剛剛響，環遊了世界一圈，剛好趕上第一節課。學生迷死了這一段的高空環遊再上學的故事安排，閱讀起來像坐雲霄飛車一樣的暢快。我「問問」你、我「吻吻」你等同音聯想的有趣情節。故事的結尾，是整篇故事的真正情意內蘊的所在，那顆老是聽錯願望的流星，正是小主角的媽媽，因為大氣層太髒了，所以好多流星父母都聽不清楚孩子的話。〈流星沒有耳朵〉是這樣來的，也因為〈流星沒有耳朵〉，所以發生了許多詼諧有趣、上天下地任人自由翱翔想像的事。〈想念女孩的大樹〉和〈流星沒有耳朵〉這些故事讓孩子們有機會，合理地在「生活童話」裡，建構幻想地界；而這些從現實中竄想出來的異質奇想，也讓生活變得更有情、更有趣，當然也更有意思。在閱讀完故事之後，我讓學生討論發表自己最喜歡哪一個流星願的故事；並請學生找出「流星老是聽錯安安許的願，都是怎麼聽錯的。」最後我做了一個創作的安排：「如果你可以像安安一樣對著流

141

星許願，你要許什麼願？邀請一位同學當流星，和你一起編寫一個充滿想像而有趣的流星願。」

（三）其它優質童話作品介紹

以上所舉的五篇童話閱讀賞析的教學設計，是我實際上做的橋樑書自編教材教學，從第一篇到第五篇字數慢慢增多，詞彙量慢慢增加，字數量也逐漸增加，

這符合了培養孩童獨立閱讀與靠近文字閱讀的原則。在教學討論上，也以「主角外表及個性」、「故事背景」、「情節發展」、「故事旨趣」這四個定向，根據故事內容設計討論的題目，討論的題目不是公式化的提問，而是教師本身深入閱讀了童話之後，根據教師本身對文本內容所感受到的文學美感價值或深度的生命意涵而提取的思索提問，這樣做的目的不單純只是希望培養學生的閱讀興趣，還希望作品能夠對學生發揮最大的生命成長影響效果。這是比較精緻化的教學活動設計，當然有它費工的地方，但是也自有它所展現出來深度學習的效果。這五篇是選自九歌 95 年童話選刊載的作品，也都是在《國語日報》上有注音有插圖的原發表園地的作品。另外有許多的好作品也都值得一提，像林世仁的〈再見小童〉、〈高樓上的小捕手〉和〈十四個窗口〉經營出來的生命情韻，以一種哲學情味，讓童話多出一些無從捉摸的延伸厚度，餘情悠悠。（黃秋芳，2007：12-16）《九十六年童話選》中獲得「年度童話獎」的廖雅蘋的〈雪藏三明治〉、林世仁的〈天空遙控器〉、雷度門的〈命運筆〉、王蔚的〈巫婆的院門〉、山鷹〈破窗的回憶〉等作品（黃秋芳編，2008），也同樣可觀。

在《夢穀子，在天空之海》一書中，將編選的童話分為「特色童話」、「主題童話」、「類型童話」及「另類童話」。在「特色童話」部分共選錄了十篇童話，希望能點出優秀童話的幾個重要特質，分別是：幻想性、遊戲性、空間藝術性、故事性、角色刻劃、語言風格、現代感、文化傳承、地域性和國際觀。在「主題童話」部分，儘可能涵蓋各種可見的童話主題，例如：探討人與自然、親情、友誼、兩性關係、希望與夢想、權威、人與自我、反映社會問題等。在「類型童話」部分，以創作篇幅來看有小品童話（不到三百字，或可稱「微型童話」、「小巴掌」童話）、中篇的小說童話；以寫作情調來說，有熱鬧派童話、抒情童話、哲理童話。最後，在「另類童話」部分，有後設書寫，十分具前瞻性的；有情節採多線敘述（非線性敘述），具有電子媒體「超文本」（Hyper text）的閱讀特色；有多重時空情節敘述的童話；有極散文化、無情節的異類童話類詩歌童話；有少年童話和成人童話對話的雙聲帶童話。（周惠玲，2000：22-24）藉著這些優質的、不同類型童話的介紹，希望能讓有志一同的教學者有更多的取材參考。

二、二部曲：幸福的樂章——寓言教學

「寓言」是以諷諭的故事，說明道理，啟發思考；這種哲理並不是直接敘述出來，而是採用了比喻、影射等方法來表現。它和我們的生活緊緊結合在一起，自古至今，不斷地教育著一代又一代的人們；它可以使你發笑，又可以給你智慧。它把邏輯思維與形象思維有效的結合在一起，以鮮明凸出的形象和犀利簡潔的說理，同時作用於人的情感和理智。而且它的客觀意義往往能突破時間和空間

的限制，歷久彌新。且由於寓言故事兼具趣味性和啟發性，是所有
文章中非常討人喜歡，讀起來非常有活潑性的。

（一）寓言選材工作

寓言故事的字數不會比童話故事多，但是以古典寓言故事來說
詞彙卻比童話艱難多了，所以文學饗宴二部曲在作為橋樑書的自編
教材，且期望由圖像閱讀銜接到文字閱讀的架橋功能上，先帶領孩
子閱讀童話，接續以寓言故事來切入，孩童較能領會寓言故事的寓
意，在閱讀能力上也比較能適任。在我所實施的寓言故事自編橋樑
書教材，取材來自於《甜雨・超人・丟丟銅》兒童文學故事選集
1988～1998 和《一分鐘寓言》。在《甜雨・超人・丟丟銅》一書中
選錄的八篇寓言，都拿來作為教材。其中有古典寓言，也有現代寓
言。古典寓言是自《莊子》、《列子》、《晏子春秋》等古籍中取材的；
或以古諷今，或旨在點出自古至今都必須面對的人性或值得思考的
人生道理。現代寓言則是當代的創作，相對於古典寓言是汲取古人
的智慧，現代寓言則是自當代生活中尋找題材，並與時代、社會現
狀相呼應。謝武彰的兩則寓言〈酒店裡的猛狗〉、〈蝜蝂〉，出自《智
慧魔術袋》系列寓言故事集，篇幅精短，直指核心，寓意明白。〈酒
店裡的猛狗〉選自《晏子春秋・內篇・問上》大約二百字左右，說
宋國有一個賣酒的人，酒器擦得很乾淨，招牌也掛得很大，但酒卻
沒人買，放到發酸。鄰居告訴他，他家的惡犬迎人就咬，誰敢來買
酒。影射國家中的猛狗就是那些滿腹心機的奸臣，有道德有學問的
人，想晉見國君的時候，這些奸臣就像猛狗一般。〈蝜蝂〉選自《柳
河東集》，蝜蝂是一種很會背東西的黑色小蟲。走路時，只要遇到
東西，就會立刻把它背在背上，背上的東西愈背愈多，雖然非常疲

憊了，卻不肯停下來。東西太重了，跌倒了就爬不起來，有人幫牠把東西移開；但只要還能走路，牠又不停得把東西往身上背。還喜歡往高處爬，直到力氣用盡了，然後掉下來摔得粉身碎骨。有一些貪得無厭的人，就像蝜蝂一樣，擔任官職時不停的撈取錢財，終於被貶，如果有一天恢復官職，立刻變回老樣子。官位愈爬愈高，直到瀕臨危險。謝鵬雄的兩則寓言〈大力士〉、〈不說謊的大臣〉，一則是點出「力氣」、「蠻力」、「武力」均不可恃；另一則是凸顯「以光明、坦蕩的態度待人、謀國，而不憑權謀、詐術取巧」，也能成事功，主題在故事情節中迂迴漸出。〈大力士〉取材自《列子‧仲尼》篇，公伯儀是大家公認很有力氣的人，周宣王是一個很有力氣的君主，很喜歡有力氣的壯士。宣王命使者邀請公伯儀到王宮，宣王問伯儀的力氣大到什麼程度？伯儀答能折斷春天螽斯的細腿，能舉起秋蟬的翅膀。宣王認為自己的力氣能撕裂犀牛的皮，拉動九牛的尾，都不敢說自己是有力氣的人，為何大家會說公伯儀力氣大？伯儀告訴宣王：空有一身力量，很少有場合使用這種力量究竟有什麼用處？臣的師父力大無窮，但連他的親人都不知道，因為他不曾使用過。臣拜他為師的時候，他告訴臣，人的力氣以剛剛用得著為最好，一個人天天用得上力氣，叫做有力氣，一生都不用力氣，叫做無力氣……〈不說謊的大臣〉取材自《公羊傳‧宋人及楚人平》，戰國時代，宋是小國，楚是大國。有一次宋與楚打仗，楚軍把宋團團圍住，宋雖小但將士用心守城，兩軍日夜勞苦已很疲倦。楚軍只剩七天的糧草，如果七天內無法攻下宋城，就得退兵。楚莊王於是派司馬子反到土山上窺探宋城的情形，這時宋大夫華元也來到土山上窺探楚軍的情形。華元告訴子反宋軍糧食已盡，很多人都交換自己的子女去當肉吃，拾死人的骨骸當柴燒。小人看到別人危難就高

興，君子看到別人有難就同情，公子是君子……子反覺得，宋雖是小國，居然有一個臨危不肯說謊的大臣，於是他也告訴華元楚國只剩七天糧草。楚莊王知道後，本來很生氣，但也慢慢冷靜下來唸著：「大國、大國，楚國是大國……」隔天，楚國就班師回國了。曹若梅的〈惠施的大葫蘆〉，說明思考簡單的人會吃虧，籲人凡事要從多角度思考。故事裡又有故事，正是莊子的風格，也展現莊子的人生智慧。梁惠王送給惠施一顆種子，囑咐他要好好栽培，種子發芽成長了，長出一個個可愛的小葫蘆。有一天，樹上所有的小葫蘆都不見了，只剩下一個翠綠色的大葫蘆。葫蘆一直長、一直長，長成一個比惠施還要高大的大葫蘆。惠施怒氣沖沖跟莊子說：「這葫蘆將來不能裝水、不能裝酒，屋子裡也擺不下，簡直氣死我了。」莊子於是說了一個故事：有一個商人，以十兩黃金買了漂洗苧麻人家的祖傳秘方藥單，卻沒買苧麻，被父親大罵一頓。但這位商人卻利用此秘方賣給吳國國君，換取了比十兩黃金更豐富的賞賜。以此來鼓勵惠施凡事要從不同的層面去思考，那才是聰明。以上五篇，屬於古典寓言。紫嵐和洪志明所寫的，則是現代寓言。〈是誰偷了果子？〉是一篇現代寓言，藉動物寫人性中的「猜疑」。紫嵐以童話手法來寫寓言，另有一種風貌。洪志明的〈變小了嗎？〉、〈用頭髮思考的國家〉，選自他的《一分鐘寓言》。前者以錢幣面積變小、價值卻沒有變小的故事，說明價值高低並不一定取決於事物的表象。後者諷刺性極強，說明自欺不足以欺人，只落得荒謬可笑。這兩則現代寓言十分精闢、有趣。

（二）寓言故事教學實施的方法

因為洪志明的《一分鐘寓言》故事簡短、精闢、有趣，所以我把這本書中的故事影印給每一個學生，作寓言故事分組教學。以《甜

雨‧超人‧丟丟銅》中的八篇加上《一分鐘寓言》中的十三篇，總共讀了二十一篇。〈酒店裡的猛狗〉、〈蝜蝂〉、〈大力士〉、〈不說謊的大臣〉、〈惠施的大葫蘆〉、〈是誰偷了果子？〉這六篇由老師帶讀、討論，前五篇有些時代、人物名稱、詞彙須要加以解說，再請學生發表討論。〈是誰偷了果子？〉是以童話手法來寫的寓言，所以學生共讀後直接進入討論就可以了。洪志明的《一分鐘寓言》這本書裡的寓言故事在每一篇故事的編寫設計上，除了寓言故事的內容之外，另有「一分鐘思考」、和「一分鐘智慧」的活動，所以我讓學生分組上臺說故事，說完後針對寓言故事的內容或「一分鐘思考」和「一分鐘智慧」的活動作提問。在這本書給小朋友的序〈一分鐘不短〉中說：短短的一分鐘，可以做什麼？看一本書？不能！畫一張圖？不能！寫一篇文章？好像也不能！一分鐘真的什麼事也不能做嗎？那就讀一讀寓言吧！那就想一想是什麼意思藏在寓言裡！那就從寓言裡，學一點聰明人的智慧吧！最後，聰明的你一定會發現──一分鐘不短，一分鐘很長，它，也可以做很多事！《一分鐘寓言》中的每一篇寓言就是像序中所說的，篇幅並不長，所需要花費的時間並不多，但是卻可以讓小朋友學到藏在故事中的人生大智慧。(洪志明，2008）

　　《一分鐘寓言》所選錄下來的故事共有十五篇，班上學生分五組，一組約四到五個人，每組認領三篇，每一組共同分配負責的工作。大家先在臺下一起閱讀內容後，共同討論出故事的綱要和大意，同時充分熟悉故事。上了講臺後由某兩位同學合力將故事講完，其他同學這時會注意臺下同學的反應，聽得懂嗎？有沒有仔細在聽？因為老師會請全班同學共同獎評，給予獎勵卡，所以臺上臺下都很認真，因為大家都想爭取榮譽。臺下聽不懂的同學會主動提

出要求,重講一遍或則該將聲音放大;臺上的同學人人都在準備接手麥克風,當同組同學需要幫助時,他們會適時幫忙補充,或者兩人共讀故事內容協助膽量較小的同學。主持活動時,臺上同學會針對故事和「一分鐘思考」的內容,對臺下同學提出問題,以「一分鐘智慧」的內容為主軸作總結。臺下的同學如果回應效果不佳,他們會主動將該組同學貼在講臺上的獎卡扣除。臺下同學也會針對主講者的看法提出評判,獨立學習、主動發表、相互提出辯證的效果很好。這時我的角色,只是坐在臺下聽著他們的故事是否說得順暢,觀察他們如何闡釋這個寓言故事比喻或影射的道理,看他們如何抓出問題向同學提問,同學又如何回應。在這種寓言故事的學習、發表、討論模式中,每一個上臺的學生都能拿麥克風,其他的組員也隨時能接手麥克風,我很欣賞他們這麼有自信,靈活而有彈性的分配了每個人不同的工作,而又能互相支援,當時如果將過程錄影下來,一定是非常精采的教學觀摩。看孩子們如何自行規畫每個人的負責範圍,又如何自在從容的上臺報告,感到欣喜。我想過,可能是寓言故事的活潑性牽動了他們的細胞也活起來了;可能是洪志明的《一分鐘寓言》故事內容簡短有趣,貼近孩子們的心靈,孩子們愛上這些機智有趣的故事,愛上那些讓人頭腦轉轉彎的思考活動,所以自然而然的就自己動起來了。不需要老師催促、帶領,它們自己就一組組、一個個的發展出自己的學習風格,這是給教學者最大的回饋。

洪志明的十五篇《一分鐘寓言》,分別是〈變小了嗎?〉、〈用頭髮思考的國家〉、〈跨海大橋〉、〈大輪船和小礁石〉、〈驢子的教訓〉、〈井底之蛙〉、〈最後的一餐〉、〈差一點點而已〉、〈漂亮的蛾〉、〈存不存在〉、〈講理的狼〉、〈富翁和狼〉、〈山貓的兒子〉、〈請狼保

護〉、〈有肉同吃〉。〈跨海大橋〉以沙和石頭來比喻「團結力量大」，同樣是那群人，合起來可以建造跨海大橋，分開來卻什麼事也做不成。難怪石頭會對沙說：「雖然我們的成分相同，但是我不是你，你也不是我；因為我把力量集中起來，你卻把力量分散開來。」

〈大輪船和小礁石〉影射著這樣的道理：沒仔細觀察，單憑外表，就判斷一個人的好壞，常常使人們誤把好人當壞人，把壞人當好人。所以在一旁觀看的海鷗會感嘆地說：「外表瘦小的，未必沒本事；裝笑臉的，不一定是好人。」〈驢子的教訓〉告訴我們如果害怕面對陌生的世界，整天都閉著眼睛，在同一個地方繞圈圈，最後會像驢子原地拉石磨一樣，走一萬步，不如一步。只好失望的對狗說：「閉上眼睛，我走一萬步，不如你走一步。」〈井底之蛙〉中，從井裡看天，天有多大？看地，地有多大？原來「世界不只是井口大」。〈最後的一餐〉中蛇為了貪圖眼前的利益，沒看清隱藏在背後的危機，被困在深井裡，再也出不來了。所以蛇臨死前，說了一句值得深思的格言：「行動前，請看清楚你的下一步。」

〈差一點點而已〉中火箭在地球上，雖然只偏一點點，但是地球到火星有幾千萬英里遠，偏到那裡不知道偏了多遠，當然就無法降落了。比喻只是差一點點而已，可能一個人已經上了大學念書，另一個人卻還要苦苦地再準備一年；只是差一點點而已，可能一個人以搭上火車，從臺北到淡水，沿途看到了很美麗的風景，另一個人卻什麼也看不到。〈漂亮的蛾〉中自卑感很重的蛾，就是只看到迷人的假面具，沒看到面具後面那張可怕的臉孔，結果落入了壁虎設下的陰謀。所以蛾與蛾之間流傳著這句話，牠們說：「注意！謊言的外衣，非常美麗。」〈存不存在〉中的森林法官老鷹，堅持只相信自己看到的。直到他一頭撞在「牠沒看見」的玻璃上，牠才相

信,「沒有看到」並不一定真的不存在。因此,聰明的老鷹在得到教訓之後,立刻改口說:「不要相信你的眼睛。」從〈講理的狼〉到〈有肉同吃〉這五篇可以當成同一系列來處理。〈講理的狼〉中的狼是不會講道理的,牠要的只是想獲得最大的利益,羊如果不只想到自己的利益,動點腦筋將狼引到獵人打獵的地方,「羊也可以殺狼」。〈富翁和狼〉中富翁的慾望不停的長大,才會遇到可怕的狼;而狼才會取笑富翁「你也是一頭狼,無法填滿自己的慾望。」〈山貓的兒子〉中提醒山貓森林裡的狐狸也一樣,會幫你把孩子藏起來,免得被狼吃掉。等孩子藏好後,牠就變成了那頭狼,偷偷的把孩子抓走;有經驗的動物會說:「絕對不能相信狐狸,當然也不能讓牠知道你的秘密。」〈請狼保護〉告訴雞,狐狸吃雞,狼也吃雞,請狼當守護神,只不過是邀請一位惡魔,來趕走另一位惡魔而已,對雞根本沒什麼好處。所以雞對雞說:「千萬別請惡魔當守護神。」〈有肉同吃〉說明在這個世界上,強者知道弱者不敢說「不」,所以便假借「朋友」的名義,來要求分享弱者的好處。為了討好強者,希望因此獲得強者的「友誼」,或是維持和平的假象,弱者常常會委屈的奉獻出「禮物」。然而強者的記憶力十分不好,他們轉身立刻就忘記曾經施予「恩惠」的弱者。所以森林裡聰明的狐狸,有一套生存的哲學。牠們說:「不要在狼經過的路上吃肉。」這五篇可以成一系列,是因為討論的主題跟狼都有關,狼影射的是社會上心機重而狡猾的人。提醒孩子要認識社會現實的一面,如何在善惡並存的現實社會中了解黑暗的一面,運用智慧保護自己避免陷於災難之中,如何讓自己懂得尋找正確的管道協助自己,與和善正直的人為伍,才能平安快樂的享受生命的喜悅。(洪志明,2008:14-132)

第三節
三部曲：如錦的編織／散文與生活故事精選

一、三部曲：如錦的編織──兒童散文教學

　　接續童話和寓言之後，要擔任起銜接架橋的閱讀任務的是兒童散文與生活故事。兒童散文是近十多年來才被定名的，是一個晚成的文類。我自己會把兒童散文歸入橋樑書銜接教學的教材，有一部分是因為本身很喜歡散文。從國中開始迷上了琦君的散文，常常到書局看看有沒有新的作品出現；讀師專時常在圖書館的語文類鑽來鑽去，想把沒看過的琦君作品翻出來看。後來，張曉風、席慕蓉的散文也看，工作後有一段時間迷著張曼娟的文字魅力。最後是一頭熱在簡媜的散文作品中，簡媜自稱是「不可救藥的散文愛好者」，她的作品也發揮著如此的魔力，令閱讀者深深受吸引。《只緣身在此山中》的〈漁父〉中，女兒對已逝父親的孺慕之情。《紅嬰仔：一個女人與她的育嬰史》一書，作者以優美、慧黠的文字，配合雙線結構，一方面忠實紀錄新生兒成長過程、傳遞頗具實用性的育嬰心得；另一部分「密語」系列則潛入私密的內心世界，追溯生命源起、見證女性角色的鍛鍊歷程。《老師的十二樣見面禮》一書中，媽媽給妳九樣禮的深情叮嚀。《天涯海角──福爾摩沙抒情誌》是作者描寫臺灣的抒情誌，也是深情書。翻開書本第一頁，就看到簡媜手寫著「天涯海角　盡情謳歌之後　願　這土地　得庇祐」。從為 1999 年九二一震災而作的〈秋殤〉，可看見簡媜的確是臺灣散文

的翹楚。不論是描寫族史、災難還是個人，她的感情始終充沛，文字密度相當高，幾乎沒有未加思索隨手寫下的句子，也因此她筆下的歷史像史詩，文中的感情如情歌。因為對這些散文作品的感動與喜愛，所以我安排了「如錦的編織──兒童散文賞析」這樣的教學活動。

（一）兒童散文選材工作

兒童散文有別於成人散文，所以取材也要符合兒童的心理發展程度、成長經驗和語文能力。馮輝岳的《有情樹──兒童文學散文選集 1988～1998》、《兒童散文精華集》，謝武彰《寫給兒童的好散文》是主要參考和取材的來源。在《有情樹──兒童文學散文選集 1988～1998》中我選擇了陳木城的〈春之歌〉、洪志明的〈廚房裡的眼鏡蛇〉、潘人木的〈有情樹〉、林良的〈旗手〉和〈露天餐廳〉、林仙龍的〈超齡〉、桂文亞的〈菜市街〉、方素珍的〈那天下午‧今天晚上〉、林玫伶的〈戲院是我的大教室〉和〈從電視跑出來的人〉、林芳萍的〈毛絨絨的冬天〉、林加春的〈阿爸的烏魚子〉、張嘉樺的〈由你決定的冒險記〉。

（二）兒童散文教學實施的方法

1.〈春天的小雨滴滴滴〉

第一篇帶領孩子們閱讀的是《寫給兒童的好散文》中陳木城的作品〈春天的小雨滴滴滴〉，後來發現這篇文章也收錄在《有情樹》陳木城的〈春之歌〉之一。〈春天的小雨滴滴滴〉這篇散文作品篇幅不長，閱讀時我先範念一次，其實是我自己很喜歡這篇文章的節

奏感和音樂性，很想把這種很美麗的韻律感介紹給學生，自己很想再享受一次文章的美感，所以有了範讀的念頭。老師讀完了換學生讀，學生讀完之後我們一起討論讀完之後的感覺，這篇文章裡頭有很多的聽覺摹寫，請大家一起來找，並且把句子唸出來。包括文句的安排，那也是另一種語言及情緒的形式。

> 雨，
> 已經，
> 下了很久了。
> ……
> ……
> ……
> 雨，
> 不大。

還有，都是形容雨聲，有時候是「叮叮咚咚」，有時候是「滴滴答答」，有時候是「叮叮噹噹」，雨打在不同的地方，就發出來不同的聲音。作者運用了敏銳的感覺，把這些不同的聲音聽出來了。接續在後面的還有「嘩啦嘩啦」、「淅瀝淅瀝」、「啪啦啪啦」、「嘩啦啦」，整座森林熱鬧的就像一座音樂廳一樣。最後是像打小鼓似的！

> 「啪」
> 「通通通！」
> 「咚──咚咚咚──」

如果要指導學生寫作，這是很好的範例，有很多的狀聲詞、有很多被雨滴打到的物體。作者在文句的描寫和鋪排又是如此的優美、活潑，學生看了文章會覺得除了美感的享受之外，還有著跳躍的快樂。以這樣的直覺感受來仿寫一篇散文，應該也是一種很快樂的嘗試。

2.洪志明的〈廚房裡的眼鏡蛇〉

閱讀這篇作品時，我沒有範讀，因為這篇文章有著一份衝突的趣味性。我想讓學生自己投入那份驚訝和奇異，所以一發下文章就讓學生個別默讀。當學生們讀到作者看到掛在水龍頭上的眼鏡蛇，兩腳發軟匆匆忙忙的跑去找回父親，及最後父親竟把眼鏡蛇烤成一塊塊的蛇肉要給作者吃，作者傻了眼的情緒，是整篇文章最精采之處。學生讀到這裡會呼叫、驚奇，這時候來討論，那就會很熱鬧了。

3.潘人木的〈有情樹〉

閱讀潘人木的〈有情樹〉之前，我並沒有詳細的閱讀這篇文章，只想說這篇文章與書名有關，必定是篇佳作，就選印給學生。和學生一讀才發現這篇散文極有深度，四年級的學生可能還看不太懂。例如文章中的某些古典詩句：「窗寒西嶺千秋雪」、「日出東南隅，照我鼠氏樓……」某些短語：「氤氤氳氳的綠黃」、「內在生命的放射」、「紅堂堂」。還好當作者描寫 V 形樹椏上日出的景象時「一個紅堂堂的原點，像沉落在藍色大酒杯中的一粒櫻桃」、「紅櫻桃輕輕一跳，變成一個光華閃閃的橘子冰淇淋甜筒」、「不一會兒又變成透著紅光的扇形脆餅」、「突然一個難以察覺的震動，樹椏裡跳出一個……的金色太陽」。作者善用譬喻修辭拉近了孩子和作者之間的

距離，孩子們看懂了。對「紅櫻桃、橘子冰淇淋甜筒、扇形脆餅」這三個東西，看得喜孜孜、樂陶陶的。當然這篇文章最重要的生命意涵「有情樹」是落在描寫松鼠在 V 形樹椏築巢，擋住作者欣賞日出的事情，作者由不悅轉而體諒一個母者為新生兒出生的用心，松鼠媽媽千挑萬選想給新生兒的幸福，作者感受到了，所以欣喜於和一窩松鼠共享日出。所以到最後讀完通篇文章之後，孩子們是能欣賞得出它的味道的，是沒有錯選了。

4.林良的〈旗手〉和〈露天餐廳〉

林良的散文娓娓道來，語調總是那麼親切自然，所以孩子們閱讀林良的散文沒有字彙艱澀的困擾。〈旗手〉讓孩子們從事件中自然而然體會了誠實是一件心靈上的珍寶，而且是對自己誠實，影響和受益最大的是自己。本想將店員同學找錯的「一毛錢又五個銅板」據為私有的林良，想起被眾人知道後會造成自己和父親的各種傷害，於是林良誠實的把錢還給店員同學，也因為這麼做受到表揚，由可能成為「小偷」變成「旗手」。

5.方素珍的〈那天下午‧今天晚上〉

這篇散文的主題本身就有特別的意味，在孩子們閱讀的時候，我特別要他們注意一下，作者是如何下標題的。這篇文章描寫方素珍和好友几桂芳「那天下午」一起去繳比賽的作品——一本圖畫故事書的原稿，兩人小心翼翼的呵護著這個「小寶貝」交給服務臺小姐，她們「又期待又怕受傷害」，服務臺小姐對作品沒有感到「驚艷」，只是禮貌性的淺淺一笑。「那天下午」就這樣過去三個月了，「這天晚上」頒獎典禮結束後，彼此在電話中互相安慰，要接受這

次的挫敗。閱讀這篇文章時，班級圖書架上正展示著方素珍的《祝你生日快樂》，我便拿起了這本書，唸起這本圖畫書，問孩子們喜不喜歡這個故事，是不是對這本書的圖也很喜歡。方素珍和几桂芳很努力認真的完成另一件像這樣的作品，但卻沒有得獎。如果我們看到《祝你生日快樂》是如此令人「驚豔」，就能體會作者從「那天下午」到「今天晚上」的心情了。

6.林仙龍的〈超齡〉

描寫國小聯合運動會大隊接力賽熱鬧賽事的景況，超齡跑手擔任莒光隊最後一棒，漂亮的完成一直領先的任務，贏得了第一名。但主辦單位發現這位跑手超齡，取消了莒光隊的冠軍資格。莒光隊依然將這位跑手拋向天空，抱在一起再度歡呼。因為這位跑手的繼父不讓他讀書，第三年經校方會同警方的拜訪，他才得以入學。但也是三天兩天必須請假幫忙搬汽水，這位同學沒有怨言，反而感恩繼父的照顧。所以校方和其他選手也不在乎林同學超齡犯規的問題，一心希望成績好人緣好的體育健將林同學第一個回到終點線。這篇文章的一開始就是一連串熱鬧非凡的排比描述，這和學生們自己寫的學校「運動會」，可以讓他們做很好的比較學習，文字敘述隨著情緒的起伏轉折不斷的擴張舒放，文章本身和運動會實景一樣精采。我讓學生朗讀，要隨著氣勢表達出語言的力量；讓學生觀察作者的修辭技巧；最後的重點要落在情感的動人處──超齡選手的背景故事，當然也就是這篇文章真正的旨趣所在。桂文亞的〈菜市街〉筆調輕鬆，日常有趣，但文字描述功力並不隨便，一樣是用心耕耘的。逛菜市街可能是每個孩子都有的經驗，或者跟媽媽去，或

者跟奶奶去，大家都有新鮮熱鬧的經驗。這閱讀起來鮮活許多，這種日常小品可以鼓勵學生在寫日記時好好發揮。

7. 林玫伶的〈戲院是我的大教室〉和〈從電視跑出來的人〉

先談〈戲院是我的大教室〉，或許是因為擔任小學教職工作的關係，作者寫了一篇很切合學生課程經驗的文章，一個戲院的種種瑣碎事物都可以和所學的課程相結合：「打掃和槓桿原理」、「外找和針孔原理」、「賣票與先乘除後加減」、「賣了多少票和植樹問題」、「換劇照和幾何數學」。作者很真實的把她實用所學的經驗和閱讀者分享，會激起學生們更多學習的信心與興趣。作者的靈巧處還在於她如何利用零碎時間，什麼情況下讀什麼書，讓現在要上五花八門的才藝課的學生們，也能學習抓住零碎時間做些自己喜歡的事。〈從電視跑出來的人〉描寫著電視上光鮮亮麗的大明星們，卸下明星面具後雜亂生活習慣的一面，但觀眾們總迷戀於螢光幕前，而很難去想像舞臺背後的事。這就誠如作者最後一段所說的：「是啊！如果沒看到這些大明星，我一定會『終身遺憾』；只是看到以後，倒真有點『遺憾終身』！」

從〈春天的小雨滴滴滴〉到〈從電視跑出來的人〉，甚至到後面的〈由你決定的冒險記〉，散文的教學不外乎閱讀、朗誦、佳句賞析、討論，頂多來個散文仿作其實就足夠了。散文的文學美感是需要時間來享受、品味的，不需要無謂的辯論、批判。這幾篇散文是老師先看過整本書收錄的作品，看主題的特色再閱讀文章內容，依學生的語文能力、生活經驗和多元性而挑選出來的，這麼做其實只有一個目標，希望學生喜歡散文、愛上散文；喜歡閱讀，愛上閱

讀；想閱讀，進而能獨立閱讀；最後是能沉浸於文字閱讀的無限想像世界之中。

8.林加春的〈阿爸的烏魚子〉

繼續介紹林加春的〈阿爸的烏魚子〉，一討論起吃過「烏魚子」的滋味如何？每個人的敘說各不相同，但熱鬧有加，有人特別說明要如何切，要切成多大厚度才好吃；有人說阿嬤講要配蒜苗更好吃；有人特別提醒要乾煎。但是烏魚子怎麼來的，如何製作而成的，大概是這篇文章要帶給我們的學習。

9.林芳萍的〈毛絨絨的冬天〉

在這篇散文裡我們被作者的視覺摹寫給迷惑了。黃橙橙的柳丁、紅灩灩的蘋果、綠瑩瑩的檸檬，柳丁黃、檸檬綠、蓮霧紅、葡萄紫、棗子紅；我和學生們也玩起「顏色」和「水果」、「水果」和「顏色」的遊戲，還不錯的修辭活動。

10.張嘉樺的〈由你決定的冒險記〉

〈由你決定的冒險記〉是學生們最喜歡的一篇散文，因為冒險的樂趣，作者創作了一個宛如迷宮一樣的散文組曲，不管做了「Yes」或「No」的選擇，都是要接受挑戰的心跳一百的決定。因為學生的熱烈回應，我根據文本拆解文章結構，將整篇散文設計成一本八頁小書的格式，分組仿作「由你決定的冒險記」。第一頁是封面，標題設計要有冒險的風格及氣氛，要寫上組別及成員。第二頁貼上本文的第一段「冒險記」的簡介，第三頁進入冒險記的開始，開始抉擇了。第四、五、六頁是三個抉擇的事件，不管是「Yes」或「No」

都要有驚爆的冒險元素形構而成的內容，第七頁是總結。第八頁是封底，有同學的話、家長的話、老師的話，故事要與人分享，要有回饋。有一組仿作的非常精采，插圖令人讚賞有加，我把他們的作品一頁一頁拍下來，放在班級網頁上，讓大家去瀏覽。

二、三部曲：如錦的編織——生活故事教學

（一）生活故事選材工作

　　生活故事的教學，單篇文章的取材大部分來自《甜雨、超人、丟丟銅》，但還有很多生活故事的書籍，都可以介紹給學生閱讀。例如：義大利作家亞米契斯的《愛的教育》，透過一個小學生的口吻和筆調，記述了許多動人的故事。故事中有各式各樣的主人翁，他們既平凡又高尚的品德，展現在每一個故事中，學生可以從此書中，讀到不少感人的生活故事。還有王淑芬的校園系列生活故事書，一共有六本，從國小一年級到國小六年級。

　　以下介紹我在《甜雨、超人、丟丟銅》一書中選擇的單篇生活故事文章，作為與兒童散文並列為橋樑書自編教材的第三部曲，生活故事比兒童散文更為活潑生動，貼近生活。所以它其實可以在兒童散文之前先閱讀，獨立閱讀的銜接性會更好。從《甜雨、超人、丟丟銅》一書中我選擇了孫晴峰的〈甜雨〉、唐土兒的〈黑衣耶誕老人〉、侯文詠的〈暑假作業〉和〈超人特攻隊〉、張友漁的〈我的爸爸是流氓〉、王淑芬的〈補〉。孫晴峰的〈甜雨〉充滿對自由與想像的追求；唐土兒的〈黑衣耶誕老人〉以人性之善溫潤生命；侯文詠的〈暑假作業〉和〈超人特攻隊〉描寫俏皮搞笑的童年往事；張

友漁的〈我的爸爸是流氓〉描寫溫馨的親情；王淑芬的〈補〉熱鬧俏皮。

1.孫晴峰的〈甜雨〉

　　孫晴峰的〈甜雨〉，是一篇具有象徵意涵的故事，描寫孩童不受拘束的自由心靈和遨遊天際的想像，與成人不自知的自我侷限形成強烈對比，但成人卻經常以這種侷限去壓制孩童們的自由奔馳的心靈世界。在成人世界中，大人不喜歡下雨，因為下雨帶來種種生活上的不便；孩童則多半喜歡下雨天，因為雨天可以玩水、玩傘、踩水，甚至「吃雨」。故事的主角「喬樵」在下雨天放學回家的路上，張開嘴巴讓雨淋進嘴裡，他這樣描述：「我一路跑回家。我把嘴張開，我喜歡吃雨。有一、兩滴雨掉進嘴裡。啊！是甜的！我立刻站住，仰起頭，張大了嘴，讓雨一滴一滴掉進去，足足三分鐘。沒錯，每一滴都是甜的，味道跟甘蔗汁一模一樣。我把頭擺正，看到有五、六個人停下來用怪異的眼光看著我。」喬樵告訴大家他的發現：雨是甜的。大人們的反應普遍一致的認為他在胡鬧，老師甚至要求他寫悔過書。小朋友的反應也一致，感覺「雨」吃起來真的是甜的欸！至於雨是不是甜的，其實不是重點，真正要注意的是孩童的心靈可以是開放自由的、不排斥事物的任何可能性；而成人恰恰相反。好在故事中喬樵的父母願意試著嘗嘗雨的味道，最後也尊重他的感覺，讓他寫「悔過書」的時候，不必扭曲自己，去寫老師要看的那種悔過書，而是根據自己真實的想法和感覺去寫；同時也讓喬樵知道，父母雖然沒有吃到甜雨，但卻是相信他的。作者很技巧地說出這個象徵意義很強的故事，兒童讀者會對有關兒童心理描摹的部分有深得我心之感，相信成人讀者也能感受到一些啟發：我

們是否還保有童稚之心？是否還保有對心靈自由與高度想像的追求能力？而在創作手法上，故事的關鍵與高潮，疑幻又似真，令人真假難辨。喬樵吃到甜的雨，可以解釋為他的幻想，使故事情節具合理的邏輯（雖然雨是否真是甜的、事情是否合乎邏輯，其實並不重要，重要的是喬樵具有吃出甜雨的能力，代表著孩童具有特殊的想像力與感受力）。這則故事具童話的幻想特質，又有生活故事的骨架，兩相支持襯托，很值得推薦學生閱讀的文章。（馮季眉，2000：29-31）

2.唐土兒的〈黑衣耶誕老人〉

耶誕老人終於在深夜出現了！他揹著一口大袋子，來到小琪家，但是他沒有穿上紅衣紅帽貼上白鬍子，反而穿著一身黑衣衫，還戴著黑眼罩。小琪對耶誕老人說出了她的仰慕與欽佩，此時讓黑衣耶誕老人既尷尬又緊張。黑衣耶誕老人最後送小琪一樣怪怪的禮物——手電筒，然後趕著去發送東西；不，是趕著去還東西！這個怪怪的黑衣耶誕老人，只是個在耶誕夜行竊卻手風不順、被尚未熟睡的小孩撞見的小偷罷了。可是孩童的眼中是沒有壞人的，小琪天真的話語，感化了小偷，他送出身上真正屬於他的東西——手電筒，扮演了一次耶誕老人，並且決定改邪歸正。唐土兒的〈黑衣耶誕老人〉，表現兒童的純真與善良。在純善童心的映照下，成人世界的巧詐邪惡，都將不敵，事物也將更趨美好。我們當然可以質疑：由惡轉善，哪有這麼簡單？故事的情節與真實的世界，當然有一段距離；不過，受到善意相待、感受到人性之善、內心因而趨向光明，既然是我們期待發生的，當然不妨在故事裡發生。它彷彿提醒每一

個人，不要忘了自己內心深處那純真善良的孩子般的自我。（同上，38-39）

3.〈暑假作業〉和〈超人特攻隊〉

〈暑假作業〉選自《淘氣故事集》，〈超人特攻隊〉選自《頑皮故事集》，這是醫生作家侯文詠展現他俏皮風趣的書寫風格的兩本故事集。他說故事「冷面笑匠」的功力，娓娓道來，不動聲色，卻令讀者忍不住好笑。他的文字，讀起來十分具有戲劇效果，可以帶出畫面，有如觀賞喜劇。除了文字具有搞笑的效果之外，在故事背後，作者其實不時地凸顯著成人世界裡虛假、矜持、愚昧可笑的一面；當然，相對的是孩童的天真、可愛、淘氣。〈暑假作業〉寫出孩子貪玩的天性和應付無趣的功課的自有對策。為什麼暑假作業的內容，總是一成不變，沒有創意的設計，以至於師生一年又一年的一再「自我重複」？教育的八股，是我們很多人的共同經歷，也是被「淘氣的孩子」所反抗質疑的。〈超人特攻隊〉是收集商品附贈的玩具的故事。許多孩子都有過這種收集贈品而且「執迷不悟」的經驗，侯文詠能夠把許多人共同的童年經驗整理出來，讓大家一起笑，一起回味；在詼諧之餘，確實能引起很大的共鳴。（同上，39-40）

4.張友漁的〈我的爸爸是流氓〉

〈我的爸爸是流氓〉是一篇有關親情的故事，有社會寫實故事的味道。兒子是個模範生，但卻有個流氓爸爸，爸爸天性好賭、嗜賭，還製造家庭暴力。這樣的爸爸當然會帶給孩子很大的困擾，但是父子親情是天性，孩子不免在嫌惡父親抑或接受父親的兩極之間擺盪掙扎。這個故事正是打破「天下無不是的父母」的傳統說法，

因為天下明明就有「不是」的父母，現實世界明明就不完美。而孩子的心雖然極易受到傷害，但也極容易原諒傷害他的人；孩子雖然對父母有所企求，但也極易滿足——他只要父母多一點關懷、撫慰、付出。儘管這個流氓爸爸一再傷害妻兒，孩子仍然知道爸爸在種種缺點之外，還是有著一顆父親愛孩子的心，而他也無法不關心爸爸。他也曾質疑：「爸爸到底愛不愛我和阿弟？應該是愛的，只是他不會表達罷了。可是，世界上怎麼可能會有不會表達愛的人？」難得有一次，平日不負責任的爸爸，竟然願意犧牲睡眠陪孩子做「觀測月蝕」的功課；而且孩子累得睡著了，他還信守承諾的幫孩子做紀錄。「回家的時候，我坐在爸爸的機車後座，風很涼，但是我的心裡還是覺得很溫暖……我還是給爸爸打了八十分，因為今天的爸爸很像爸爸。我也有一個好爸爸，星星是我的見證。」「父母不夠體面」是讓孩子感到困擾的事情之一，而這個故事寫實地描繪了一個非常不體面的父親，也呈現了親情難以割捨的事實。除此之外，生活美好的一面常出現在故事中，粗礪的一面卻往往藏在現實裡；〈我的爸爸是流氓〉可貴的正在於此——它書寫生活中粗礪不堪的一面，而不是只提供甜蜜的糖衣。（同上，35-36）

5.〈補〉

　　這篇文章選自作者的《十一歲意見多》，這是作者書寫兒童校園生活的系列作品，本書描寫幾個主人翁就讀五年級的故事。這一篇故事，真實反映不少「家長的求好心切」和「孩子的無奈與苦中作樂」，當然更寫出為求高分而什麼都去補習的扭曲的現實，也是反諷意味很強的作品。作者透過孩子的口，說：「補習班就是讓你一直練習，一直練習，直到寫對為止。不過，被訓練的動物如果做

對了，會有糖吃；而補習卻得自己繳費。」幽默而諷刺。（同上，26-27）

（二）生活故事教學實施的方法

以上是這六篇生活故事內容的簡介，以下將就教學的部分加以說明。生活故事的內容因為貼近生活，所以在閱讀程序上，可以先把閱讀資料給學生，學生先行閱讀過後，再進行討論的活動。要不要設計輔助學習的學習單，我個人覺得不需要，純閱讀就好，因為這些都是活生生且令人印象深刻的生活故事，讓學生閱讀過後經由口語表達說出自己的種種想法和感受，訓練說的能力，這樣的教學比較起來教學效果的靈活運用度更高。〈甜雨〉的討論，在孩子們的閱讀之旅後，他們想出發生甜雨的種種可能性，或許是現在孩子都了解「酸雨」對身體的危害，所以不如本篇文章寫成年代 1988 年那時孩子的反應那般單純；但也有孩子想到高山上的空氣那麼新鮮，雨也有可能是甜的。不過孩子們的一致反映都希望雨是甜的，希望自己也能喝到甜雨，那是多令人歡喜雀躍的一件事。〈黑衣耶誕老人〉的討論，孩子們一讀就識破了耶誕老人的真面目，我們討論為何他要送手電筒給小琪，也討論黑衣耶誕老人要發送的是什麼東西？更討論人可能在受到一念之善而感動，立即改變嗎？這是一個和孩子快樂的童年願望密切相關的故事，也是個可以藉此觸發孩子深入討論，如何讓我們周遭的人和自己都常保純善之心，擁有純善的愉快人生的好故事。〈暑假作業〉在以前那一元化的社會裡，是真的一成不變的，侯文詠的描述口吻讓學生也有心有戚戚焉的感受。但現在的社會，暑假是多元化了，讓學生慨歎的是多元化的程度，到寒暑假仍繼續得在安親班、補習班、才藝班裡蹲，這是現在

學生的另一種暑假作業的苦。〈超人特攻隊〉的故事內容和現在孩子們收集便利商店的公仔，或和遊戲機對打而贏得甲蟲卡的瘋狂迷戀程度很像，而侯文詠用那詼諧俏皮的筆調描繪出來的故事情節，讓學生們看到故事中的主角瘋狂到可笑的程度，甚至也看到自己那隱藏著得可笑的一面，這樣的描摹也是很溫馨的。〈我的爸爸是流氓〉這篇故事學生在一開始閱讀的時候，對於故事中描寫主角父親抽菸、喝酒、吃檳榔、賭博、身上有刺青，是個遊手好閒的大流氓，而主角本身又是個成績優秀的班長時，學生有些訝異！看到主角父親對母親的粗暴態度，甚至口出狂言要到學校殺老師時，學生真是有些驚嚇害怕，社會的某些陰暗角落確實存在著這些在生命的泥淖中掙扎的人。讓孩子們看到些微生活中粗礪的一面也是好的，孩子會因此更珍惜呵護現在所擁有的。以〈補〉這一篇的閱讀討論來說，現在的教育，安親班、才藝班、補習班林立，學生們一定有許多〈補〉的甘苦談，在父母親的安排下，在競爭的壓力下，他們都得硬著頭皮，離開學校以後，關進另一個講求高效率的補習工廠。這個主題可以讓學生抒發許多共同的心聲，也了解安親班、補習班、才藝班的經營百態。甚至更深層體會我們的教育，拼拼貼貼像搭鐵皮屋的破舊扭曲景象。

　　另外，可以和前面閱讀過的兒童散文作比較教學，這是加強孩童對兒童散文的特質的掌握，散文書寫的述說方式、內容等認知作出明確陳述的機會；相同的，孩童們也因為如此的比較對於生活故事會有清楚的認識。生活故事的人物描述和事件的變化轉折比較明顯、生動，故事的書寫方式筆調比較活潑、生活化，貼近兒童的生活情狀，這是可以讓學生將學習過的文體特質作一個相對比較的。生活故事是銜接到兒童戲劇和少年小說教學很重要的一個轉捩

點，固然兒童戲劇是一門綜合的藝術，但以最基本的劇本產生的角度來看，一句句的對白構成了一幕幕的故事基架，一幕幕的故事藉由臺詞的背誦、浸潤，對白的練習、互動，到完整劇目的演出。一句句的文字對白變成點點滴滴的親身體會經驗，像生活周遭隨時會發生的故事一樣。少年小說之於一篇篇的生活故事，就像微觀與巨觀的相對關係一樣。少年小說深入的刻畫人物、故事情節、生命的意涵，而生活故事則簡單、扼要的敘述一個身邊的故事，傳達一個故事的感動與影響。

三、結語

　　數一數，我們總共讀了十三篇的兒童散文，它有沒有擔任起從圖像閱讀銜接到文字閱讀的功能？是有的，其實散文閱讀時已經沒有插圖了，它比較適合四年級以上的學生閱讀。很接近國語課本的記敘文，但比課本的文章有趣而且比較貼近生活，課本的課文有著它既定的目標，所以常把一些含富文學美感的像礦物質、維生素那樣的元素給刪修掉了，所以讀不出原汁原味。散文的閱讀需要靠老師的一些些引導和帶領，否則一些比較活潑、好動的孩子，可能會和散文錯過美好相遇的緣分。這緣於散文的某些獨特的特質，例如：細膩、優美、單純、詩意、抒情。但散文也有其強烈必須閱讀的實用面，因為日記，是散文；便條，是散文；借據，是散文；書信，是散文；悔過書，是散文；請假單，是散文；道歉啟事，是散文；遺囑，是散文；小廣告，是散文；一本書的序，是散文；小說，是用散文體寫成的；少年小說，是用散文體寫成的；童話，是用散文體寫成的；寓言，是用散文體寫成的；科學讀物，是用散文寫成

的；百科全書，是用散文寫成的；新聞報導，也是用散文寫成的。
（謝武彰，2008）

第四節
四部曲：生命的地圖／
兒童戲劇與少年小說精選

一、四部曲：生命的地圖──兒童戲劇教學

　　表演藝術戲劇教學打破我國教育史紀錄，首次納入九年一貫課程中一般藝術課程教學的範圍之內。這項新課程的實施，不僅直接影響臺灣三百萬國民中小學學生，也將關係著未來表演藝術戲劇教育前景。實施九年一貫後，多數教師對於表演藝術領域的教學方式極不熟悉，包括我在內。在兒童文學饗宴的八個文體中，它是我必須張開澄亮的眼睛，好好去認識的新朋友，因為我要把它精采的一面介紹給我的小朋友。因為對兒童戲劇的過去、現在、與未來不甚明瞭，所以對於它的發展過程作了以下概略的整理。

（一）臺灣兒童戲劇的發展

　　臺灣兒童戲劇的發展，把時間點放在西洋兒童文學史中去觀察，我們看見了兒童觀的改變促使兒童文學離開成人文學的羽翼，開始快速成長茁壯，兒童戲劇的催生也是這種觀念變革下的時代產

物。回顧上個世紀的臺灣兒童戲劇歷史，一九八○年代才是臺灣兒童戲劇走向成熟的一個嶄新的起點。可以發現兒童劇團對於兒童戲劇的發展有很大的影響，從鄧志浩的「魔奇劇團」到「九歌兒童劇團」，九歌的創作與劇團的經營經驗，還有兒童戲劇教學的內容與規模，都是相當具有代表性的成績。其他的還有「紙風車兒童劇團」、黑光劇著稱的「杯子劇團」、「一元布偶劇團」、「鞋子兒童實驗劇團」等等。除了在臺北大都會區所出現的兒童劇團外，不少中部（有童顏、童心、小青蛙、蜚聲爾）、南部（高雄小蕃薯兒童劇團、爆米花兒童劇團、洗把臉兒童劇團等等），甚至東部（蘭陽兒童劇團、黃大魚兒童劇團、小木偶劇坊等等），也都出現了專業的兒童劇團，全臺灣幾乎都可以見到大大小小的兒童劇團，這些專業兒童劇團在兒童戲劇發展的過程中，造成很大的影響。（莊惠雅，2001：24）

這些兒童劇團的演出內涵，在意的是戲劇作為藝術的整體表現，演出表現方式十分多元，或真人演出，或人偶同臺，或純粹偶戲等多樣變化。但可惜的是，臺灣的文化環境，一直很難孕育專職的劇作家；再則劇本的出版屬於冷門，一個劇本演出之後，倘若沒有出版留下印記，將來沒有再演出，它的生命也就隨著幕落那一刻殘酷的結束了。在成人的實驗劇場中，從現代玩到後現代，跨界拼貼，解構文本，純任肢體演繹，種種可能都可以在劇場發生；但是在兒童劇場裡，則不能如此肆意沒有劇本也能成戲。兒童劇因為接受主體是兒童，仍然必須要用語言和他們溝通，因此一戲之本——劇本——的存在，非常重要。倘若要找出一九八○年代後一個具代表性的兒童劇本，王友輝《會笑的星星》會是名列前茅的選擇之一。（謝鴻文，2008）

（二）兒童戲劇選材工作

　　曾西霸主編的《粉墨人生——兒童文學戲劇選集 1988～1998》戲劇選集，是初次設定的文類。該選集是希望搜羅以文字形式來付印流傳的劇本，所以為孩子編寫演出的「兒童劇場」，或者即興表演的、啞劇、說故事、遊戲性等等「創作性兒童戲劇」不包括在內。劇作過短，缺少完備劇情者，或依賴人偶操控的偶劇表演，或者是默劇，都只有割愛。最後選入十三部作品，對於同質性太高的作品，只有選出表現最優者，以保留更多的空間給不同類型的作品。（曾西霸，2000：13-29）在教學上，我採用了本書中的一部超短的童劇作品，謝瑞蘭的〈四隻大神龜〉，原出處是《魔奇兒童戲劇選集》；另一部是獲得許多完美評價的王友輝的《會笑的星星》。

　　《不只是兒戲》是徐琬瑩為兒童量身打造的故事劇場。接受美學理論（Reception Theory）在一九六〇年代曾經形成西方文學批評的主潮，讀者反應——作者——文本三方相互作用的關係，是此一理論的核心。面對文本時，讀者在他擁有的審美經驗結構中進行自我教導，對自身經驗產生透視。換句話說，讀者的主觀意識將影響他對文本的詮釋。因此，創作者必須謹記，我們所感知的接受者——兒童，他們是否能融入成人為他們創作的文本中？大部分臺灣的兒童劇創作，都較吸引中年級以下的兒童欣賞，高年級的兒童則無法接受自己再看兒童劇；可惜臺灣兒童劇又還沒跟上歐美再開拓出青少年戲劇來銜接，遂使戲劇接受造成年齡的斷層。徐琬瑩從她多年創作、教學、製作演出累積的經驗中，觀察到上述的現象，因此為兒童分齡分級，完成《不只是兒戲》這書，且標榜是適合兒童自己演出而編寫的劇本集。這部劇本集的另一特色是語言，戲劇作

為文學的一種類型，語言必然要去承載文學的基本意涵，既為兒童劇本，那麼語言的深淺拿捏更要適當。大抵上，《不只是兒戲》中的劇本都捕捉到兒童口語的表現，淺俗易懂，語境的親切容易被接受。舉例來說，根據圖畫書《我有友情要出租》改編的《找一個朋友》，裡面有浣熊罵豬的對話：「吼！你豬啊你，那麼愛吃！」「吼」是現代人抱怨常用的發語詞，而角色已經是豬又被罵成豬，一語雙關，浣熊生氣的樣子因此可以很生動的表現出來。《不只是兒戲》確實是經驗法則下誕生的兒童劇本，是真正站在兒童讀者角度，為他們量身打造的。每一個故事篇幅雖然都不長，但戲劇書寫該有的急轉──衝突等要素都有兼顧，容易操作上手，足以讓我們的孩子，玩出戲劇的趣味，引導出戲劇對真實人生的啟發和省悟。（謝鴻文，2008）

（三）兒童戲劇教學實施的方法

　　兒童戲劇在演出的過程中，學生們需要熟讀劇本，了解對白的意思，要背誦對白，要與其他的角色互動。就閱讀的深度來說，學生不是只有文字符號的理解、想像，還包括了把文字演繹為語言、表情和肢體動作的詮釋工作，這不只是深度閱讀，也是多元閱讀，更可以說是一種行動閱讀；而非只是一種「兒戲」。我帶領孩子閱讀、表演的第一部作品是選自《粉墨人生》中謝瑞蘭的〈四隻大神龜〉。

　　這是該書中的一部超短的童劇作品，劇作中的主角是四隻大神龜，分別是福、祿、壽、喜，穿插兩位神仙的串場。四隻大神龜一起扛天，扛啊扛！扛啊扛！在說笑逗趣中，壽龜謝了三龜的體諒與幫助，離隊去給媽媽祝壽；但壽龜這一走，三龜扛天，一天比一天

吃力，且天空也有點斜了。神仙來看看下面的狀況，叮囑不可偷懶。三龜累了，合力罵壽龜遲遲未歸，漸漸天已斜一半了，壽龜終於回來了，三龜也合計開溜了，壽龜一人扛天，自嘲：扛啊扛！扛啊扛！天空是我這隻貪玩的壽龜扛。劇情簡單、學生很容易明白對白的語意，故事內容逗趣，小朋友演來駕輕就熟。以中年級學生的程度來說，是很適合初次嘗試的劇本。在教學的過程中，我很希望班上的學生每個人都有演出的機會，所以我將此劇本分成四個場次，學生也分成四組，由大家合力演出。以接力的方式演出〈四隻大神龜〉，在準備的過程中，我觀察到學生人手一支螢光筆，把屬於自己部分的對白標記起來，和同組的人一起對戲。角色的決定是由他們各組討論商議決定的，我沒有介入他們的團體運作，這是我很喜歡的一種讓孩子獨立討論決定的帶領模式，而我的學生也都具備這種自主性和特質，我不需要擔心他們運作不起來。從這樣的過程我深深體會到干涉愈多，孩子潛藏的自我潛能與創意愈不敢發揮，因為擔心不是老師要的。我不希望我的學生這樣，其實孩子天生充滿「戲」胞，有很多肢體表達其實是要他們來帶動我這個老骨頭的知覺的。

　　四組一起排演過三次後，我發現銜接性是個問題，整齣戲的戲感無法流暢串接，所以我改為兩場，最後歸為一幕到底。就由七個同學負責把這齣戲完整流暢演出，並要開始準備道具，道具很簡單，就是四隻大烏龜的外裝製作，我們跟學校故事媽媽劇團借來一隻烏龜服裝，準備縮小尺寸依樣畫葫蘆製作，期末時演出。其他人？不是被淘汰了，我們繼續閱讀下一部劇本。從《不只是兒戲》中，我挑選了一部英語戲劇「Breakfast Is Running Away」，劇中有十個角色，這是一齣設計給低年級或英文程度較淺的小朋友的戲劇。因為畢竟是另外一種語言，所以，給中年級的學生來演，可能更容易

記住臺詞，也可以加入比較多的動作。而所有早餐角色像是吐司、牛奶、蛋……等，都可以不只一人扮演。這樣每個學生也都有演出的機會，可以真正接觸劇本，體驗戲劇。另外《不只是兒戲》中的〈金鵝〉是大家耳熟能詳的童話，作者徐琬瑩改編過後的劇本，適合中低年級演出，可以無限制的增加角色人數，長長的一個隊伍，演出時非常有「笑」果。這部作品我也讓全班學生都參與演出，光只拿劇本對戲時，就已經覺得文本內容「笑」果十足了，男生們還搶著要演八卦姊、八卦妹呢！演出時要提醒演員，無論遇到什麼狀況，大家都必須抓住前面人的手或者衣服，不能分開，因為如此，臺上的狀況看起來就十分有趣。（徐琬瑩，2006）

在《粉墨人生》中，我選了部長戲王友輝的〈會笑的星星〉。〈會笑的星星〉的創作靈感來自聖‧修伯里（Antoine de Saint-Exupéry）的《小王子》，〈會笑的星星〉中的星星王子，來自一個很小的星球，他只要移動椅子，便可以看見許多次的日出和日落。在那小小星球上，星星王子孤單一個人住，不用上學，自己教自己學習許多事物，他還養了一朵蘭花，蘭花也教了他許多事。聖‧修伯里的《小王子》，主角也是離開他的星球去旅行，旅途中所見所遇的人事物，使他了解「用心體會」的真諦，進而得到愛、友誼……等珍貴卻看不見的東西。〈會笑的星星〉也有旅行的情節，那是劇中主人翁宏宏和爸媽到野外烤肉寫生時，誤觸了一朵大蘑菇，因而進入一個可以倒溯時空的異境，在那裡遇見了星星王子、柳樹青青、鷺鷥露露、大雁等人，他們原本各有生命的追尋目標，卻因緣相聚而有了情感交流。從現實跳入奇想異境，是所有幻想文學必然的敘事結構，在虛與實之間的互相映照，互相辯證，現象真理才似乎明白了起來。而主人翁通常會在進入異境中歷險，粹鍊其意志、勇氣與智慧，最後

歸程回返時，生命的底色已經有所不同，蛻變得更沉穩睿智了。星星王子要結束旅行離開前告訴宏宏：「因為星星太多，你是找不到我住的那一顆，所以當你抬頭看星星的時候，會覺得所有的星星都對著你微笑。這就是我送你的禮物。全世界中，只有你一個人有會笑的星星。你將永遠是我的朋友。」大雁離開時也送給其他人一個禮物，就是說「一」，便會露出笑靨。微笑在這個劇本裡的意義至此明朗，是人用真心體會友情得到的禮物。宏宏回返現實世界後，他把之前經歷的啟示化為行動，對萬事萬物更充滿愛惜。主人翁心性改變的圓滿結束，是所有兒童劇創作背負的使命，寓教育於戲，脫離戲之外，還期盼得到審美感動的孩子能奉行。（謝鴻文，2008）

因為王友輝創作〈會笑的星星〉的靈感來自聖·修伯里的《小王子》，而這齣戲有四幕七場，以中年級的學生來說，真的不算短。如果學生全部看過《小王子》這本書，可能較具足體會此劇意境的能力。但事實上是很多孩子沒有看過，即使看過的也有人還不太懂《小王子》的故事內涵和意趣。不過這一點也不讓人憂心，新近的一部法國電影《狐狸與我》，靈感也是源於風靡全球的《小王子》中一個小王子與狐狸相遇的篇章，故事敘述著人與動物間的「馴養」關係與互相牽引的情感，影片中有許多精采而生動的對動物的真實記錄，更添加了許多人性層面的細膩感情描繪，以及哲學上的思辯空間。因為我讓學生看過《狐狸與我》這部電影，討論過這部電影：這樣一個帶著神秘氣息的故事，扭轉了狐狸在童話故事中「狡猾、多疑」的刻板印象，而變成一個心靈導師，帶領小女孩去體會、去學習。女孩因為喜愛狐狸，主動閱讀書籍來深入認識狐狸的世界、生活和習性。透過閱讀，她對自己和狐狸共同生活的這片森林大地更為熟悉，懂得辨認動物腳印，也慢慢認識這片森林裡的植物花草

和其他可愛的生物。她明白，和她做朋友的，不只是一隻狐狸，而是這整座森林和森林裡的動物。還有當女孩與狐狸越來越親近，狐狸甚至會主動等待女孩出現的時候，女孩明白自己終於成為狐狸的朋友了。她不再只是滿足於在森林中看見牠，她希望狐狸能完全成為自己的一部分，因此她玩起「寵物與主人」的遊戲，把領巾綁在狐狸脖子上，再用一條繩子把在領巾上，狐狸變成是自己的寵物一般。當狐狸掙扎著要扯掉領巾，女孩還對牠生氣，認為牠不是個好朋友！一直要到狐狸進入女孩的閣樓之後，發現門和窗戶都被關起來，「不自由」的恐懼使得狐狸四處亂竄而受傷，才讓女孩發現自己對待朋友的方式錯了！她忘了尊重別人的想法，忘了別人也有選擇的權利，使得她的愛造成了巨大的傷害。而當女孩學會放手，讓牠回到野生的大自然裡，那才是屬於牠的世界。爾後她發現狐狸依然願意親近她，還是她的朋友。這一次，她才確定自己得到狐狸了真正的友誼。

　　所以藉著電影的觀賞、討論，書寫閱讀心得單，畫下印象最深刻的一幕的活動，這些先備經驗，輔助了我帶領學生來閱讀〈會笑的星星〉這部劇本。這齣戲有二十二個角色，我班上的學生有二十二位，每人輪番上陣，雖然知道難度比較高，但憑著他們那麼喜歡電影《狐狸與我》的劇情，我告訴他們這個故事就像《狐狸與我》一樣精采有內涵，依著你們對《狐狸與我》的喜愛去迎接這齣戲，你也能揣摩、體會出幾分，我們就來試試看，體驗看看源自《小王子》的創發作品，各自有什麼樣的魅力，尤其自己來演，體會一定更深。兒童戲劇作為橋樑書自編教材的第四部曲，取材的方向擴大了閱讀的領域，涉及小說、音樂、繪畫、雕塑等領域。閱讀不再是靜態的，它跨界到行動閱讀。它脫離了只有二度空間的圖文閱讀，

具體呈現文字思維中的四度空間世界，同時展演出時間流動時空間的交替變化，這種閱讀將各階段的閱讀特質都集結在一起，實是一種同時啟動各種智慧的多元閱讀。談閱讀時，現在我們都知道要了解腦神經科學的知識和認知心理學，才能談到閱讀成效。我想兒童戲劇的閱讀、表演所產生的神經元的活動與連結應該是相當廣泛的，對於學生閱讀能力的發展，應該是一種全面性的深耕。

二、四部曲：生命的地圖──少年小說教學

（一）少年小說選材工作

　　少年小說的閱讀已是目前在圖畫書閱讀熱潮後推動的另一波閱讀風潮，本來在我們學校的故事劇團媽媽都以說繪本故事為主，這一兩年來逐漸的也以推動文字書閱讀為風氣。這學期一周三晨光時間，我看到她們安排到我班上說故事的媽媽，她拿起手上的書《吸墨鬼來了》，一開頭便清清楚楚的跟學生說：「你們現在是四年級了，所以阿姨要說點文字書的故事給你們聽，依你們現在四年級的程度，是該讀文字書的時候了。」故事媽媽說完故事之後，問班上學生有沒有看過這樣的文字書，我班上的小朋友人手兩本，拿起了我借來的四十四本小說。這位故事媽媽愣住了，她問我的學生你們已經讀到這麼厚了，阿姨這本小說只要五分鐘就可以讀完了，你們更厲害。是啊！有些學生已經把《小魷魚》、《雨果的秘密》、《非洲草原逃生記》、《佐賀的超級阿嬤》等書都看完，也討論分享完了，學生自己這麼說。這位故事媽媽很熱心，看到學生們都已開始閱讀文字書，於是他決定把《吸墨鬼來了》這本書放在導師這裡，讓學

175

生自由來借閱。《吸墨鬼來了》隸屬於遠流出版社親子館的小說少年 fan 書系，是針對青少年閱讀的路線，輕、薄、趣味的風格走向，集合偵探、幽默、勵志、想像、生活……主題，吸引青少年加入閱讀小說的陣容。《吸墨鬼》系列共四冊：《吸墨鬼來了》、《雙人吸管》、《吸墨鬼城》、《小紅吸墨鬼》，獲 2004 年博客來年度百大【親子共享類】推薦書。都以「吸墨」暗喻「閱讀」，誠如作者所言，書是精神食糧，而閱讀就像在吸收營養。這套書確實是輕、薄、趣味，學生們約五分鐘就可閱讀完，很適合推薦給小朋友閱讀。在班上鼓勵學生閱讀文字書，約從三年級就一點一滴的開始做，直到四年級下學期，也就是這學期，在文學饗宴前三部曲的重點閱讀都體驗過之後，我大量的借閱了小說給學生閱讀，不管是成長小說、兒童小說、系列書都可以。我在學校圖書館隨機的抽取我較了解內容的一些小說或系列書（神奇樹屋、波特萊爾大遇險），共借二十二本讓學生一週輪一次的閱讀，每週每人手上會有兩本小說，厚、薄、繁、簡都有。這二十二本書分別是《阿凡提的大智慧》、《鋼琴小精靈戀愛了》、《四個孩子和一個護身符》、《五個孩子和鳳凰與魔毯》、《小班頭的心情故事》、《佐賀的超級阿嬤》、《挨鞭僮》、《大腳李柔》、《小魷魚》、《五年五班三劍客》、《罐頭裡的小孩》、《小天才與傻大個兒》、《雨果的秘密》、《戰地裡的天使》、《尋找尼可西》、《鯨眼》、《恐龍谷大冒險》、《非洲草原逃生記》、《雨林大驚奇》、《漫遊到月球》、《衝出龍捲風》、《糟糕的工廠》。另外還有學校共讀書車的五本小說，分別是《一碗湯麵》、《代做功課股份有限公司》、《超時空友誼》、《第一百面金牌》。這樣看來學生手邊可以隨時閱讀的文字書已很足夠，但這麼多書也要有時間閱讀，所以在閱讀課和週五晨光時間

的時候，我會讓學生安靜的閱讀，真正的獨立閱讀，再利用增強語文能力的彈性課程時間討論小說內容。

（二）少年小說教學實施的方法

1.《代做功課股份有限公司》

　　《代做功課股份有限公司》是透過閱讀存摺小書（八開圖畫紙摺成）的模式來討論的，第一個討論書寫的項目是：這家「代做功課股份有限公司」的成員有哪些人？（也就是這本書的主要人物）分別寫出他們的職稱和職務，再來分別找出他們的生理特徵和心理特徵，以便了解書中主要人物的個性、外表。第二個討論書寫的項目是：「代做功課股份有限公司」這個書名，在你第一次看到時，有些什麼想法？有學生會興奮的想像著這簡直是天上掉下來的禮物，有學生會訝異於真有書中所說的這樣一家寫功課的公司嗎？第三個討論書寫的項目是：家庭作業五花八門，每個班級的作業都有它的學習目的，讓學生帶著小書利用下課時間到各班級去調查，完成紀錄後再討論各種作業的難易度、挑戰性及學習目的，還有看一看自己班的家庭作業與別班有何異同，其各自特色及目的又有何不同？並請學生發表他們喜歡什麼樣的家庭作業，比較有趣、有學習動機和學習效果。第四個討論書寫的項目是：在本書中提到很多作業都需要去調查的問題。到底哪些作業需要調查？要如何調查？調查之後對自己又有什麼幫助？請小朋友思考一下，寫下自己調查的方法，再提出和大家互相討論一下，或許會發現有許多對學習非常有幫助的方法喔！第五個討論書寫的項目是：這本書有許多發人深省的話，請小朋友找出這些話是誰說的，並表達自己是否同意以及

原因為何？第六個討論書寫的項目是：省思活動──我曾經因為某人、某事或某一句話，改變了我的想法或態度，寫出改變的心理歷程。（張湘君、葛琦霞，1999：65-70）這本書是長篇小說，對中年級的學生辭彙並不算艱澀，而且因為它的書名很吸引人，且是書寫校園生活故事，所以只要有足夠的時間，學生們讀起來應該都會覺得是很有趣的一本書。

2.《超時空友情》

　　《超時空友情》作者蔡宜蓉利用現代→古代→現代，時空背景交錯的撰寫方式，引領小讀者走進時光隧道，和五位歷史人物──岳飛、朱元璋、陶淵明、譚嗣同與鄭板橋──做朋友，親眼目睹這幾位知名人物忠誠、奸詐、冷靜、平和、瘋瘋癲癲的特殊性格與生活中發生的趣事，讓小讀者在那個時空中「活過一次」，懷著「和前人血脈相連」的感動，走回現代。運用俏皮的筆法，充滿故事性的處理方式，讓孩子在津津有味的閱讀當中，也達到對歷史鑑往知來的目的。認識歷史不能只靠故事，還需要借重史實。該書在每篇故事後面，安排了人物介紹專欄，讓孩子對該歷史人物有較周全的認識。該書是學校共讀書車的書，同學年每個學生都有機會閱讀，學年設計了一張共同使用的閱讀單。我和學生參酌閱讀單一起作討論，討論內容包含：請學生寫出書中主角宜舟超越時空所遇見的古人是哪五位？這五位古人誰讓你印象最深刻？原因是什麼？批改閱讀單時發現每個學生都能流暢自在的寫出他所喜歡的那位古人的原因，讓我看出了這本小說的魅力，作者確實做到了讓學生走進時光隧道，和這五位歷史人物做朋友。下一個問題是如果有一天你遇見故事中的五位古人，你會想對他們說什麼？在學生們還沒看過

這本書的時候，以為故事中的人只會打打殺殺，但當學生們看完時，才知道他們都是為某一種原因才會這麼做，在這本書中的人物都非常有趣，所以看完一頁又一頁，讀得津津有味！每個學生對這五位歷史人物的特殊性格與生活中發生的趣事印象深刻，所以都能對古人如對今人般的寫出親近誠摯的對話。

3.《雨果的秘密》

《雨果的秘密》這本重量級的書，把圖畫書和文字書合為一體，讓文和圖輪流說故事。這些圖畫一方面分擔文字敘事的功能，一方面比文字更直接的帶領讀者進入書中世界，人物表情、場景關係一目了然；翻頁時，更能身歷其境的感受到神秘、懸疑和緊張的情緒。這部奇巧懸疑的紙上電影，不僅吸引人，也相當感人。但別被這本書的厚度嚇壞了，雖然它又厚又重，但僅用簡短的句子，讀起來相當容易！雖然它的厚度驚人，但是書裡大量的精緻插圖卻可以帶領讀者一路往下讀。你會突然發現，自己一下子就讀了一半！後半是班上小朋友上臺分享時說的。可見它果真是一本適合小三到國三閱讀的小說。因為學生對文字的理解，對圖像的展演都能跟著作者的安排走，毫無阻礙。所以我帶領小朋友一起品賞這本小說，首先是人物刻畫的部分，對主要人物雨果和關鍵人物梅里耶，在生理、心理、社會和本身所碰到的問題的了解與掌握。再者尋找小說中重要的事件，第一個事件是「神秘的機器人」。第二個事件是「關鍵的筆記本」，因為筆記本中畫著機器人的結構的圖畫。第三個事件是「雨果學魔術」。第四個事件是「開啟機器人的鑰匙」。第五個事件是「梅里耶的秘密」。第六個事件是「梅里耶走出困境」。第七個事件是「雨果成為了魔術師」。為了能凸顯主角雨果堅毅果敢的

角色，鮮明的活在讀者的心中，作者安排了許多事件來彰顯情節的曲折及感人。當然，每個事件中有故事的轉折和事件的高潮，都可以帶領小朋友去體會，感受，並整理講說出來。第一個事件有兩次轉折：第一次是爸爸的死亡；第二次是雨果再度看到機器人且把它藏在車站。第二個事件有三次轉折：第一次轉折是雨果去玩具店偷東西被抓；第二次轉折是老人發現雨果有一本筆記本，內容是雨果爸爸所畫的機器人結構，老人不打算把這本筆記本還給他；第三次轉折是雨果去玩具店要筆記本。第三個事件有三次轉折：第一個轉折是雨果的巧手把發條老鼠修理好了；第二個轉折是他看到老人玩撲克牌；第三個轉折是艾亭送雨果一本變魔術的書。第四個事件有兩次轉折：第一個轉折是鑰匙真的可以讓機器人開始運作；第二個轉折是女孩發現機器人所畫出的圖，簽出她教父的名字。第五個事件有四次轉折：第一個轉折是珍妮媽媽看到機器人畫的圖十分激動；第二個轉折是雨果發現由梅里耶家中的盒子裡，有一堆梅里耶簽名的圖畫；第三個轉折是梅里耶無法接受自己塵封已久的簽名作品被揭發出來；第四個轉折是雨果因為遇見書店老闆而開始去圖書館、電影學院找資料，發現了梅里耶是電影導演的祕密。第六個事件有五次轉折：第一個轉折是塔巴德先生的造訪，說出了梅里耶曾是電影導演，並播放他的影片；第二個轉折是大家在看電影以後，梅里耶將放映機的插頭拔下，將自己關入房門裡，房裡傳出了跌倒、撞破頭聲；第三個轉折是打開房門後，梅里耶說出過去發生的事情，也說出不拍電影的原因；第四個轉折是雨果為了拿機器人讓梅里耶看，而被視為小偷和殺死叔叔兇手；第五個轉折是雨果被逮捕了，梅里耶的作證下，證明了自己無罪。第七個事件經歷了二個轉折：第一個是雨果和梅里耶一起出席電影學會的慶祝晚會；第二

個轉折是雨果變成魔術師。不是孩子閱讀的每一本小說都要如此引導賞析，但是找一本孩子們讀得最順暢、印象最深刻的、心裡也很喜歡的一本小說，作一次深度賞析，往後對學生在小說閱讀的內容掌握和體悟，會有更寬廣深入的開展。在這約四年的中年級教學中，我只曾對《隨身聽小孩》、《大家都在戀愛的夏天》、《雨果的秘密》、《代做功課股份有限公司》這四本書帶領學生多多少少做過人物刻畫、時空背景、事件發展等的賞析，做太多學生會倒胃口，對閱讀產生有負擔的感覺；就像要他們常常寫閱讀學習單的道理是相同的。

4.《神奇樹屋》系列

《神奇樹屋》系列是每個學生的最愛，在圖書館中也常是借閱率最高的，是學生們閱讀速度最快的，參與討論意願是最熱烈的。我通常請已閱讀完其中某一本書的學生上臺，此書系的主角傑克與安妮的人物背景學生們都已十分熟稔，對某一本書印象比較深刻的學生，他會主動的先說出這本書的主要情節，其他的學生當然也興致盎然，在前面的同學分享結束時，會主動接過麥克風，接續他所看到的情節。「波特萊爾大遇險」系列也是學生的最愛，他們除了對故事瞭若指掌之外，還會自己去圖書館借閱系列中其他的書。

5.《佐賀的超級阿嬤》和《一碗湯麵》

這兩本書的教育意涵很類似，也都是學生們可以一口氣看完的書，是生命教育的好材料，文字敘述簡明易懂，故事感人肺腑，可以合在一起討論。

6.《第一百面金牌》

　　主角阿弘的爸爸是一位辦桌總鋪師，經常在拚桌比賽中以紮實美味的菜式贏得了金牌，阿弘從小對料理有著濃厚的興趣，也在美術方面有著天份，一心想要學料理的他，卻遭到父親的反對，要他好好用功讀書。阿弘的爸爸已贏得九十九面拚桌金牌，就可能贏德第一百面金牌比賽之前，爸爸卻跌斷了手骨，對比賽相當的不利，於是阿弘的太師父就勸說爸爸，讓阿弘擔任辦桌比賽時的左右手。經過了兩個多月的練習，阿弘發揮巧思重新設計菜名，使得每一道菜都充滿了祝福，阿弘的用心加上爸爸高超的手藝，終於贏得了第一百面金牌，也讓爸爸了了一樁藏在心中已久的願望。討論這一本書時可以請學生找出書中的料理，並且寫出料理的方法。另外，本書三十到三十四頁都在敘述辦桌時忙碌的情形，從洗菜、切菜、煮菜、造型雕飾，形容得非常精采，可以讓學生們大聲朗讀一遍，更能體會辦桌實況的情景。與生活中對照，可以請學生寫一段媽媽做菜的情形，要用心觀察，媽媽從準備到上桌的過程要詳細、慢慢的形容描述。

　　以上所談的是少年小說教學的內容與歷程，好像很正式、也很龐雜。其實是因為少年小說承載的責任是對青少年生命成長的啟蒙，這張生命的地圖當然得詳盡的、慎重的描繪，那不同於奇幻想像的童話故事、純真有趣的詩歌。它必須能引領每一個孩子，面對未來現實人生可能面臨的挑戰。它必須能預先幫他裝滿飽足的智慧與力量；預先叮囑他如何穿越可能有的荊棘；如何懂得在趕路的過程中停下來望一望山下壯闊的美景、享受涼風的吹拂、並和白雲藍天招招手。再起步時更不要忘了看一看腳邊蔓生的小花，那搖曳的一朵朵小花，都是鼓勵你、陪伴你走到人生頂端的助友啊！

第六章

圖像閱讀銜接到文字閱讀的教學設計及其施行途徑

第一節
第一級：多圖像閱讀的教學設計及其施行途徑

多圖像閱讀的教學，圖畫書是想當然耳的重頭戲。圖畫書，英文叫做「Picture book」，中文譯作「圖畫書」或「繪本」。這是以圖像為主或圖像搭配文字，並藉由聯貫的頁面來表現內容的書種。由於讀者年齡的不同，圖、文會有不同的組合，低年級以下的孩子多看以圖為主的圖畫書，中年級以上的孩子，則可以圖、文各半，甚至文字內容多於圖畫。圖畫是沒有種族、沒有國界的人類的共通語言，真正的圖畫書，堪稱一種文學與繪畫藝術的綜合結晶，特別是一本真正好的圖畫書，即便是將其中的文字完全抽離，也可藉由畫面的意象與連接，清楚傳遞出完整的故事情節，及作者所要表達的中心思想。圖畫書是由圖和文結合而成的，圖除了要求用色、空間處理等等，最重要的是還要有動感和說故事的能力，否則就只是插圖。在有文字、有圖畫的圖畫書中，圖畫與文字各司其職。圖畫的

線條、顏色描繪出文字所無法敘述的意境；文字的清晰語意表達，又彌補了難以直觀顯現的思想及時空變化。從圖畫書的本質──文字及圖畫中，文字與圖畫必須互相融合、協調，共同表現一個主題，創造一個世界。圖畫在圖畫書中扮演著極重要的角色，其對於圖畫書有建立場景、提供敘事功能、提供不同視點、強調人物特性、製造氣氛、提供趣味的布景事物、提供線索與象徵寓意。大多數圖畫書的敘事結構，通常採用較為簡單的單線敘事。但細心的讀者可以發現，有些圖畫故事書在敘事結構上產生變化，看似單線進行的敘事，其實蘊含了雙線並列的故事能動，成為兩個故事分頭進行的「雙頭故事」結構，嘗試帶給讀者新鮮的視野。（林德姮，2008）閱讀圖畫書可以作為孩童閱讀的啟蒙，觸動閱讀興趣，誘發閱讀行動，成為培養閱讀興趣的重要媒介。日本知名兒童文學家松居直堅信圖畫書運用極少文字和圖畫，就能把人生及生命、喜悅和感動等重要事物，逐一表現出來，很適合初學識字的幼兒當作閱讀的開始。（林慧珍，2009）然而，近年來有師長相繼提出疑惑：孩子從小接觸圖畫書，為什麼反而失去閱讀文字書的耐心與能力，而阻礙了閱讀的續航力。學者培利‧諾德曼（Perry Nodelman）與金史密（Evelyn Goldsmith）的研究都發現：孩子在閱讀過程中，的確可以利用圖畫書來提升閱讀興趣，但是有的孩子卻只看圖不讀字，因此圖畫書對閱讀技巧的發展有利也有弊。（培利‧諾德曼，2000：249）圖畫書阻礙閱讀的原因，在於讀者被生動、有趣的畫面所吸引，就好像看電視一樣，觀看五光十色的畫面時，只是淺層和具象的「看」到。倘若孩子過度依賴具體圖像的閱讀，對於需要想像、思考、自行組織意義的文字符碼興趣缺缺，長久下來，恐怕會阻礙想像力、思考力的發展，沒有耐心閱讀文字書了。這種狀況可以舉例來說明：如

果告訴孩子高掛在天空的月亮是圓，像玉盤一樣光潔明亮。孩子被動接收月亮的表象，不加思索的照單全收，以後即使看到彎彎的月亮也可能不知道那是月亮，因為他對月亮的全部認知是上次看到的像玉盤一樣的圓形球體；如果從文字來學習「月亮」，因為文字是抽象的符碼，學習者必須主動透過想像、思考來認知學習的主題。思考想像「月亮是什麼形狀的？有什麼變化？結構成分？」再推論、整合這些訊息，逐步在腦中發展出「月亮」這兩個字的認知。大家都知道電視對孩子的思考發展的確會造成阻礙，也有許多關心教育的學者專家鼓勵儘量少讓孩子看電視，有的家庭甚至完全不看電視。既然這樣，要如何避免孩子閱讀圖畫書，也像看電視一樣影響思考、想像力，以及閱讀能力的發展？一般來說，圖像具有兩種基本的表現能力：一是指涉（deno-tation）；一是示意（ex-emplification）。指涉是具體描繪出物件，讓觀畫者直接接收；而示意則是藉由圖像形成表徵的意象，來表達意念、情緒等抽象意涵。前文中舉例的「月亮」，如果放在詩人或天文科學專家的旁邊，就不只是月亮圖像的表現，而是傳達「團圓」或「天體」意念的象徵。圖畫書是視覺藝術的呈現，也是書，具有傳遞訊息、表達意念的目的。

　　研究圖畫書的學者珍、杜南（Jane Doonan）認為：不了解圖像如何傳情達意並不影響閱讀圖畫書的樂趣，不過卻侷限了對圖畫書的整體理解。在圖畫中發現可以咀嚼的地方越多，讀者接收的訊息就會越豐富。（珍‧杜南，2006：10）一本優秀的圖畫書，常不只是透過圖像來指物認名、辨識物件，發揮「指涉」功能而已，圖畫書創作者更常運用圖像作為「示意」的途徑，轉化圖像為意念的表徵來傳遞意涵。也就是說，希望讀者跨越圖畫的表面意義與描繪功能，進而了解圖畫的表達力，以及圖畫如何運用暗喻手法呈現出

意念、情緒、抽象概念和格調等等這些無法直接傳達的東西。如同文字創作者一筆一畫寫成文字，組合成詞句、段落、篇章等語意符碼，傳遞訊息或意念。優秀的圖畫書創作者，除了需具有構思的創意，也需要精準掌握圖像，作為傳導感覺與意念的媒介。透過線條畫出造形，安排構圖，加上色彩組成畫面。有的作者也會運用象徵、細節，讓意念可以更清楚傳達；而選用的媒材也表現了肌理與質感，傳達了情緒、氛圍與意念，透過這些圖像訊息的想像與思考，才能深入了解圖畫書表達的意念。年紀較大的孩子所以認為讀圖畫書過於輕鬆，主要是因為他們從沒仔細想過書中有多少東西值得思考，例如：書本的整體設計、文字的敘述、圖畫的表達，以及綜合在一起的交互作用，還有書與讀者之間的互動關係。大致上來說，閱讀圖畫書的整體經驗是綜合書本、文字與圖象三者所形成的文本。

圖畫書對於閱讀力的培養應是有所助益的，它能在具體圖像和抽象意念之間，以圖畫的示意表徵，作為理解抽象意念的中繼站，發展從情節瀏覽到意念主旨掌握的閱讀關鍵能力。能夠從圖畫書擷取豐富意象的讀者，在閱讀文字書時，將更能從文字的象徵、修辭技巧等意象中獲取意念，感受「絃外之音」；也就是累積閱讀圖畫書的經驗，不是以閱讀圖畫取代閱讀文字。不閱讀文字，是要培育能從具體圖象延伸的「圖感」涵養感受與思維的抽象能力，以便有助文字抽象符碼的理解與掌握。這樣讀者在閱讀文字書時，才可能更深入。圖畫書不只是閱讀興趣的啟蒙，更是閱讀能力建構的媒介。透過圖畫書一頁一頁的圖像閱讀，孩子獲得想像與思考的啟發，發展感知與意念。例如，從圖像的表情、動作，體會書中角色的心情；從顏色來感受情緒；從構圖來看角色彼此的關係，進而發

現小細節，發現印象特別深刻的畫面等。透過這樣的推論過程，就能發展出文意的線索，從有所感進而有所得。如此一來，圖畫書就能為後續高層次閱讀作好暖身與銜接，成為閱讀發展的助力。（林美琴，2009）

　　以上是有關圖像閱讀對文字閱讀有所助益的深層分析觀點，圖畫透過色彩給予孩子眼睛愉悅的感受，傳遞強而有力的視覺經驗。圖畫能夠輔助文字和語言的發展，因此有其價值存在。這一節中我要介紹的是多圖像閱讀的教學設計，顧名思義，多圖像閱讀是圖多於文，也就是「圖圖文」的比例架構。圖畫書在這當中所佔的地位當然是首屈一指，所以對於圖畫書的功能作了淺層和深層用意的分析，也把很多擔心圖像閱讀會影響文字閱讀的疑慮再次的審視，讓大家能用透視之眼了解到閱讀圖畫書時，從具體圖象延伸的「圖感」涵養感受與思維的抽象能力，有助於文字抽象符碼的理解與掌握。多圖像閱讀除了最醒目的圖畫書之外，只要是圖像多於文字的都可以，包括多媒體的學習素材。在這當中橋樑書當然也要加以研究分析，以橋樑書的第一級來說絕對是多圖像的，第二級有一些也是多圖像的。第一級的書是 5000 字以下，推薦書單中的「青蛙與蟾蜍」（Frog and Toad）系列，是美國學童必讀的精選作品，故事內容圍繞著主角青蛙和蟾蜍這對好朋友的日常生活趣事。圖文編排左圖右文，或左文右圖，文字簡短、精練，擬人化的寫作方式，圖像中呈現文字的意味，是很值得推薦的多圖像閱讀橋樑書教材。米奇巴克出版的圖畫書《薩琪想要一個小寶寶》、《薩琪到底有沒有小雞雞？》也在推薦名單中，依這樣的推薦看來，其實有很多圖畫書都可以當橋樑書啊！像這樣的文字量、辭彙難易度相當及繪圖充滿意趣的圖畫書不勝枚舉，所以為何要特別去界定哪一本書是橋樑書，哪一本

不是？滿值得玩味的問題。小魯出版的「我自己讀的故事書」系列，有些書是從日本引進的，圖都多於文，馮輝岳寫的《小寶學畫畫》是本土創作的橋樑書，作者用兒歌的形式寫成，適合作各種教學。前面文中討論了圖畫書，天下雜誌推薦的第一級橋樑書，都是多圖像的閱讀教材。另外，我個人提到的身邊其他的閱讀材料都可以當成自編橋樑書教材的來源，在第四章的文學饗宴中已詳細說明，這一章將就這些教材的實施以教學活動設計的形式呈現出來。

表 6-1-1　多圖像閱讀教學設計（一）

多圖像閱讀教學設計（一）

單元名稱	美感的啓蒙 ──兒歌精選	教學對象		三年級上學期		
設 計 者	曾麗珍	時　　間		120 分鐘		
教學目標		1. 為達到由圖像閱讀銜接到文字閱讀教學的目的。 2. 由「圖圖文」的多圖像閱讀比例選材進行教學。 3. 由身邊所及兒童讀物，包含圖畫書、橋樑書等讀物進行選材。 4. 培養學生喜歡閱讀、養成閱讀習慣，進而能獨立閱讀的能力。				
教學活動名稱	教學活動內容	時間	分段能力指標	十大基本能力	評量方式	
	一、準備活動 （一）教師 　　　準備八開圖畫紙、影印放大的兒歌、教具袋、磁條、膠水、裁紙刀。 （二）學生 　　　繪圖用具。 二、教學活動 （一）引起動機					

活動一： 我 們 一 家 都是ㄤ	1. 老師唸〈英雄小野狼〉的故事： 　小野狼，少年郎，本領一等強。 　扛長槍，走四方，要把世界 　量一量。 　大路邊，小池塘，一隻水鴨 　淚汪汪：「山大王，沒心腸， 　搶走我的花衣裳！」 　大樹下，樹影長，一隻小象 　淚汪汪：「山大王，壞心腸， 　搶走我的好夢床！」 　小野狼，少年郎，聽了火氣 　冒胸膛：「不要哭，不要慌， 　我幫你們去找山大王！」 　山坡上，風輕涼，野花香， 　綠草像海浪。 　小野狼，無心賞，一心只 　想…… 2. 請學生說一說這篇童話故事 　有什麼特別的地方？ 　S1：狼、郎、強、槍、方、 　　　量、裳……這些字都押 　　　ㄤ韻。 　S2：唸起來有一定的節奏感。 　S3：很有趣的兒歌童話	10	B-1-2-7-4 能 有 條 理 的 掌 握 聆 聽 到的內容。	七、規 畫、組 織與實 踐。	能用心 聆聽。
活動二： 讀謠樂	（二）發展活動 1. 讀謠樂 　分給學生一人一張裁切好的 　圖畫　紙，老師唸出一首首 　的兒歌： 　**花開的聲音／馮輝岳** 　鳥兒唱歌真好聽， 　樹葉說話細又輕， 　蝴蝶姑娘請問您：	70	B-1-2-7-4 能 有 條 理 的 掌 握 聆 聽 到的內容。	七、規 畫、組 織與實 踐。	能用心 聆聽。

		花開怎麼沒聲音？ 蝴蝶姑娘微微笑， 她說道： …… 　（其他的兒歌選材參見本論述第五章第一節91-94頁） (1) 喜歡的學生就舉手，請學生將影印放大的兒歌貼在圖畫紙正中央。 (2) 每一個人將自己拿到的兒歌，靜靜的默讀一遍，朗誦一遍。 (3) 共同討論詞意。 (4) 討論歌詞的涵意。 (5) 反覆指導學生朗誦。（師生對唸、分組唸、男女對唸、指名唸）		C-1-1-2-7 能依照文意概略讀出聲音的節奏。	二、欣賞、表現與創新。	能用心的朗誦。
		(6) 先圈出兒歌中代表物、景的詞語，再根據兒歌的情境感受進行繪圖工作。 (7) 將繪製好的兒歌圖畫，放入教具袋中，一人取用兩根磁條，將圖畫黏貼在收納櫃的鐵盤內，作成收納櫃的門，完成環境布置。 (8) 一一欣賞學生的畫作，再閱讀圖中的兒歌，尋找圖文合奏的趣味處。				
活動三： 小保學畫畫	2. 小保學畫畫 (1) 老師朗誦《小保學畫畫》一書的文字，此書有十四個故事。 小保學畫畫，畫一個娃娃，	35	B-1-2-7-4 能有條理的掌握聆聽到的內容。	七、規畫、組織與實踐。	聆聽態度。

		光著腳ㄚㄚ。 小娃娃，地上爬，要去哪兒呀？ 要去找媽媽。 找媽媽做什麼啊？ 吃奶ㄋㄟ呀！ 你怎麼沒穿鞋？ 小狗咬去啦！ 小保學畫畫，畫一間房屋，主人是蟾蜍。 蟾蜍的家小小小， 屋前有花屋後長青草， 它呀白天愛睡覺， 晚上才出來跳一跳， …… 同時一邊讓學生觀賞此書的圖畫。 (2) 每組將自己拿到的故事兒歌，靜靜的默讀一遍，朗誦一遍。 (3) 共同討論詞意。 (4) 討論歌詞的涵意。 (5) 反覆指導兒童朗誦。（師生對唸、分組唸、男女對唸、指名唸） （三）綜合活動 　　1. 兒歌填空仿作 　　(1) 全班選定一個《小保學畫畫》的兒歌故事，分析文句結構，進行集體仿作。 　　(2) 共同欣賞仿作作品。			

實際表格資料：

		活動	時間	能力指標	分段	評量
		(2) 每組將自己拿到的故事兒歌，靜靜的默讀一遍，朗誦一遍。 (3) 共同討論詞意。 (4) 討論歌詞的涵意。 (5) 反覆指導兒童朗誦。（師生對唸、分組唸、男女對唸、指名唸）		C-1-1-2-7 能依照文意，概略讀出聲音的節奏。	二、欣賞、表現與創新。	朗誦技巧。
		（三）綜合活動 　1. 兒歌填空仿作 　(1) 全班選定一個《小保學畫畫》的兒歌故事，分析文句結構，進行集體仿作。 　(2) 共同欣賞仿作作品。	5	F-1-1-2-2 能在口述作文和筆文中，培養豐富的想像力。	二、欣賞、表現與創新。	口頭發表。

表 6-1-2　多圖像閱讀教學設計（二）

多圖像閱讀教學設計（二）

單元名稱	繪本嘉年華		教學對象	三年級上學期		
設 計 者	曾麗珍		時　　間	240 分鐘		
教學目標	1. 為達到由圖像閱讀銜接到文字閱讀教學的目的。 2. 由「圖圖文」的多圖像閱讀比例選材進行教學。 3. 由身邊所及兒童讀物，包含圖畫書、橋樑書等讀物進行選材。 4. 培養學生喜歡閱讀、養成閱讀習慣，進而能獨立閱讀的能力。					
教學活動名稱	教學活動內容	時間	分段能力指標	十大基本能力	評量方式
	一、準備活動 （一）教師 　　　準備八開圖畫紙、影印放大的兒歌、教具袋、磁條、膠水、裁紙刀。 （二）學生 　　　繪圖用具。 二、教學活動 （一）引起動機 　　　播放兒童作畫大師艾瑞卡爾的影片，讓學生認識圖畫書創作的巧妙及有趣之處。 （二）發展活動	5			
活動一： 猜猜我是誰	1. 圖畫書閱讀──《薩琪到底有沒有小雞雞》（也是橋樑書） (1) 老師先介紹繪者戴爾飛的招牌筆觸──他的圖像極具說明性，使畫面強化主題，同時顯得新奇活潑。擅長以靈活的線條，創造表情生動的造型，有卡通化的誇張又不失現實感，各個角色不僅外表不同，且顯現出個性氣質	35	E-1-4-1-1 能喜愛閱讀課外讀物,主動擴展閱讀視野。	一、了解自我與發展潛能。	能用心聆聽。

		上的個別差異。再介紹文字作者提利則將兩個嚴肅的歧視主題，成功轉化為兒童日常生活的切身經驗。 (2) 請學生觀察書中人物鞋子的造型，鞋形長長的，手、腳細細長長的。 (3) 書中的小男生馬克斯，發現新來的女生薩琪，居然會踢足球，會騎腳踏車，又很會打架，便懷疑她會不會是一個有小雞雞的女生？你讀了之後有什麼看法？ (4) 許多男孩子在大男人主義的影響下，總以為女生是次等的，有許多事情女生不會，有許多事情女生不能做，甚至自大而驕傲的以為男生因為有小雞雞，所以比女生強。看完這本書之後，舉例說說看「原來女生什麼也不缺！」的事例。 (5) 引導學生看看作者介紹的部分，因為這是一本兩性合作的書。他們合作了好多本圖畫書，談的都是一些很特殊的話題和觀念。			
活動二： 真相大白		2. 圖書書閱讀——《三隻小豬的真實故事》 (1) 讀完這本書之後，你覺得和以前看過的《三隻小豬》的故事，有哪些相同和相異的情節？請學生發表。 (2) 老師要求學生把這兩種故事容易出現的衝突寫下來。例	80	E-1-4-1-1 能喜愛閱讀課外讀物，主動擴展閱讀視野。 E-1-7-7-3 能從閱讀的材料中，培養	一、了解自我與發展潛能。 七、規畫、組	能專注閱讀並充分思考問題。 能積極參與討

		如：學生在「三隻小豬的真實故事」與「三隻小豬」中，會列出的衝突是：在真實的故事中，所描述的大野狼是隻孝順、有禮貌的動物；相反的，三隻小豬卻是無禮且愚笨的動物，而大野狼吃掉小豬也是有理由的，但是在「三隻小豬」的故事中，大野狼卻被形容成一隻可怕、貪得無厭的傢伙，而小豬是無辜的。	分析歸納的能力。	織與實踐。	論。
		(3) 老師提出問題讓學生去思考，感受故事中的衝突。舉例： a. 老師可以問學生，為什麼大家都會認為大野狼是壞蛋？而三隻小豬是好人？ b. 如果我們大家都相信其中一方（小豬）是好人的話，大野狼又會有怎樣的感受？ c. 大野狼、三隻小豬在「三隻小豬的真實故事」中扮演著角色是什麼？有著什麼樣的態度？而與「三隻小豬」的故事中所扮演的有何不同？	E-1-7-5-2能理解在閱讀過程中所觀察到的訊息。	五、尊重、關懷與團隊合作。	能積極參與討論。
		(4) 你比較相信以前看過的《三隻小豬》故事裡小豬的話，還是現在看的這本《三隻小豬的真實故事》裡大野狼說的話？為什麼？請學生分組討論發表發表。	E-1-7-7-3能從閱讀的材料中，培養分析歸納的能力。	七、規畫、組織與實踐。	能踴躍提出自己的看法。
		(5) 如果你相信小豬說的話，就			

		請替小豬寫篇日記；如果你相信大野狼說的話，就請替大野狼寫篇日記，並畫張心情插畫。 (6) 將《三隻小豬的真實故事》搬上舞臺，由三位同學一組自由報名參加學校舉辦的小小說書人比賽。一人負責旁白，一人飾演大野狼，一人分飾三隻小豬的角色。			
活動三：酷公主		3. 圖畫書閱讀──《頑皮公主不出嫁》 (1) 導讀活動 　老師用 powerpoint 揭示並朗讀繪本的內容，教師提問，學生回答： 【封面】 a. 從書名《頑皮公主不出嫁》來看，你覺得公主可能會發生什麼事？ b. 畫面上這個人是誰？你怎麼知道？ c. 這個公主和我們平常知道的公主有什麼不一樣？ 【版權頁＋扉頁】 a. 你猜想這個動物和公主是什麼關係？你怎麼知道？ 【P.1】 a. 從畫面上來看，你覺得公主的單身生活快樂嗎？為什麼？ b. 你覺得公主的寵物有什麼特別的嗎？ 【P.2】 a. 你覺得公主有錢又美麗嗎？	80	E-1-4-1-1 能喜愛閱讀課外讀物，主動擴展閱讀視野。 E-1-7-7-3 能從閱讀的材料中，培養分析歸納的能力。	一、了解白我與發展潛能。 七、規畫、組織與實踐。	能專注閱讀並充分思考問題。 能踴躍發表自己的意見。

		b. 這三個王子在做什麼？ （王子們怎麼做？） c. 你覺得公主喜歡他們三個嗎？你怎麼知道？ 【P.3-4】 a. 從畫面中你發現公主在哪裡？她在做什麼？ b. 你看到那些寵物？牠們的樣子長得怎麼樣？ c. 你喜不喜歡養寵物？你喜歡養什麼寵物？你如何照顧你的寵物？ d. 從這個畫面可以看出公主喜歡過這樣的生活嗎？ ……	E-1-7-7-3 能從閱讀的材料中，培養分析歸納的能力。	七、規畫、組織與實踐。	能踴躍發表自己的意見。
		(2) 討論活動： a. 看完整個故事，你覺得史瑪蒂公主的個人特質是什麼？（美麗有錢、想當單身貴族、有主見、愛穿長褲、喜歡養怪物當寵物）	E-1-7-5-2 能理解在閱讀過程中所觀察到的訊息。	五、尊重、關懷與團隊合作。	能積極參與討論。
		b. 史瑪蒂公主遭遇到什麼難題？（國王、王后想要她好好打扮自己，並找一個王子結婚，但是她不想） c. 史瑪蒂公主怎麼解決這個難題？ （公主決定給來求婚王子出任務，如：餵巨大的寵物吃飯、迪斯可比賽……） d. 史瓦斯王子如何達成公主交代的任務？（為鼻涕蟲喝飲料、開直昇機餵高大的寵物吃飯、用通馬桶的吸盤爬上滑溜溜的玻璃高	社 5-2-2-4 了解認識自我及認識周圍環境的歷程，是出於主動的，也是主觀的，但是經由討論和溝通，可以分享觀點與形成共識。	一、了解自我與發展潛能。	能踴躍提出自己的看法。

	塔……)				
	e. 如果是你，你還有什麼方法可以完成公主交代的任務？				
	f. 老師針對可能出現的性別刻板印象提出討論，如：				
	① 女生最合宜的打扮一定是穿裙子嗎？				
	② 男生一定要留短髮嗎？				
	③ 除了穿著以外，社會上還有哪些性別刻板印象？（做家事、騎重型機車、）				
	④ 你認為適合嗎？				
	g. 如果你有女同學從來不穿裙子，或男同學喜歡玩洋娃娃，你會怎樣看待他？為什麼？				
	h. 當你有些想法不被父母、老師、同學理解時，你會怎麼辦？				
	i. 「頑皮公主不出嫁」這個故事，帶給你什麼樣的啟示（新想法）？				
	(3) 延伸活動：				
	a. 你覺得這本故事的結局如何？				
	b. 如果你是作者，你會如何安排整個故事？				
	c. 請你擔任這個故事的編劇，改寫故事的結局，把你的結局畫下來或寫下來。				
活動四：山中傳奇	4. 圖畫書閱讀──《帕拉帕拉山的妖怪》	40	E-1-2-9-5能提綱挈	九、主動探索	能踴躍提出自

		(1) 從封面你看到了什麼？給你什麼樣的感覺？你覺得這本書在說什麼樣的故事？	領，概略了解課文的內容與大意。	與 研究。	己的看法。
		(2) 白豬魯魯怎麼了？為什麼昏倒了？			
		(3) 夜晚的山給你什麼感覺，可能會聽到什麼聲音？或是看到什麼？			
		(4) 魯魯看到的東西長什麼樣子？魯魯有什麼反應？	E-1-7-5-2能理解在閱讀過程中所觀察到的訊息。	五、尊重、關懷與團隊 合作。	能踴躍提出自己的看法。
		(5) 大家聽到魯魯說的話，有什麼感覺？如果你是村民，會相信魯魯說的話嗎？			
		(6) 猜猜看，豪豬為什麼出現在村裡？			
		(7) 豪豬是怎麼找到魯魯的？豪豬為什麼追不上魯魯？	E-1-7-7-3能從閱讀的材料中，培養分析歸納的能力。	七、規畫、組織與實踐。	能踴躍提出自己的看法。
		(8) 大家終於知道了什麼事？真相大白後，魯魯的感覺是什麼？			
		(9) 如果你自己在一片漆黑的山裡迷路了，你會有什麼反應？可能會發生什麼事？該怎麼辦？			
		(10) 如果你是村民，會相信魯魯說的話嗎？為什麼？接下來你會準備做什麼？			
		（三）綜合活動 繪本大表現：請學生推薦自己閱讀過的圖畫書，提供給同學作為閱讀參考。	E-1-4-1-1能喜愛閱讀課外讀物，進而主動擴展閱讀視野。	一、了解自我與發展潛能。	能廣泛閱讀

表 6-1-3 多圖像閱讀教學設計（三）

多圖像閱讀教學設計（三）

單元名稱	我來唸首童詩給你聽		教學對象	三年級上學期
設 計 者	曾麗珍		時　　間	120 分鐘
教學目標	1. 為達到由圖像閱讀銜接到文字閱讀教學的目的。 2. 由「圖圖文」的多圖像閱讀比例選材進行教學。 3. 由身邊所及兒童讀物，包含圖畫書、橋樑書等讀物進行選材。 4. 培養學生喜歡閱讀、養成閱讀習慣，進而能獨立閱讀的能力。			

教學活動名稱	教學活動內容	時間	分段能力指標	十大基本能力	評量方式
	一、準備活動 （一）教師 　　準備八開圖畫紙、影印放大的童詩、教具袋、磁條、膠水、裁紙刀。 （二）學生 　　繪圖用具。 二、教學活動 （一）引起動機 　　1.老師拿出《國語日報》，展示兒童文藝版「為兒童寫詩」的版面，唸一唸〈春天歪了〉、〈春天偷偷咬我的腳趾頭〉這兩首童詩，再請學生看看繪圖的設計，是不是和圖畫一樣生動活潑、幽默風趣啊！ 　　2.請學生說一說聽完這兩首童詩有什麼特別的感覺？ 　　S1：春天光溜溜、軟趴趴、胖嘟嘟、皺巴巴、叮叮噹、哇哇叫、羞羞臉、好好笑，讓人感覺春天就像小孩一樣可	10	B-1-1-5-1 能神情自然，凝視說話者，注意聆聽而不插嘴。 E-1-7-5-2 能理解在閱讀過程中所觀察到的訊息。	五、尊重、關懷與團隊合作。 五、尊重、關懷與團隊合作。	能仔細的聆聽。 能踴躍發表。

		愛，春天的舉止體態很討喜，念起來很有節奏感，自然又順口，調皮、可愛、有趣。			
		S2：春天跳起來、彎下腰、抓抓癢、扭扭腰、摳鼻子、摔一跤、不洗澡、抓跳蚤，好像在描寫班上哪個天天搞笑出紕漏的同學，好生動，我很喜歡。			
		S3：春天用頭走路、用腳寫字、用耳朵唱歌、用舌頭跳舞、數它的腳趾頭、數不清它的腳趾頭、不會數它的腳趾頭，真是不可思議，看來春天真是武功高強。			
		（二）發展活動	30		
活動一：童詩廣場		1.童詩廣場			
		(1) 分給學生一人一張裁切好的圖畫紙，老師唸出一首首在《國語日報》「為兒童寫詩」專欄蒐集來的童詩。喜歡的學生就舉手，請學生將影印放大的童詩貼在圖畫紙正中央。		E-1-2-6-3 能從閱讀過程中，了解中國語文的特色。	六、文化學習與國際了解。	能用心朗誦。
		(2) 每一個人將自己拿到的童詩，靜靜的默讀一遍，朗誦一遍。			
		(3) 共同討論詞意。			
		(4) 討論詩句的涵意。			
		(5) 反覆指導兒童朗誦。（師生對唸、分組唸、男女對唸、指名唸）			
		(6) 先圈出童詩中代表物、景的			

		詞語，再根據童詩的意象感 受進行繪圖工作。 (7) 將繪製好的童詩圖畫，放入 　　教具袋　中，一人取用兩根 　　磁條，將圖畫黏貼在收納櫃 　　的鐵盤內，作成收納櫃的 　　門，完成「童詩廣場」環境 　　布置。 (8) ──欣賞同學的畫作，再閱 　　讀圖中的童詩，尋找圖文合 　　奏的趣味處。			
活動二： 我來唸首 童詩給你 聽		2. 我來唸首童詩給你聽 (1) 老師先製作好活動分享單 　　（表一）。 (2) 老師先邀約聽詩同仁和 　　班級學生，並安排好各個 　　時程。 (3) 老師再次詳細解詩，學生唸 　　詩給老師聽。 (4) 學生四人一組，一人負責拍 　　照，依安排的老師、班級和 　　時間，唸詩給學校老師聽。 (5) 彙整分享單、照片，書寫活 　　動心得日記。 （三）綜合活動 1. 校內語文教學分享。 (1) 擬定文字稿，包含活動過 　　程、活動結果和實施結果 　　討論。 　　製作分享簡報，包含文字 　　稿、致謝語（邀約語錄）。 (2) 製作隨身簡報：學年老師協 　　助整理，內容結合活動照 　　片、邀約語錄、背景音樂（許	80	B-1-1-5-4 能在聆聽時 凝視說話 者。 C-1-1-2-7 能依照文 意，概略讀 出聲音的節 奏。	五、尊 重、關 懷與團 隊合作 。 二、欣 賞、表 現與創 新。	能發揮 團隊合 作精神 ，完成 個人及 團隊任 務。

	景淳的歌曲〈爸爸媽媽謝謝您〉）。 (3) 週三下午研習時間與全校同仁分享。 2. 閱讀童年，詩流域。 (1) 小書製作：封面設計→前言撰寫→童詩廣場圖畫詩圖片配置→分享單印製→學生活動心得回饋日記整理。 (2) 影片書製作：選擇捲軸式的呈現形式→樣體製作（吸管、筷子、面紙盒、紙）→列印活動照片、裁切、長條式黏貼→依畫面尺寸將照片套上卷軸→用投影片為畫面做上套膜→固定上蓋。 (3) 作品說明。 (4) 完成看板。				

表 6-1-4　多圖像閱讀教學設計（四）

多圖像閱讀教學設計（四）

單元名稱	「原知原味」影片書		教學對象	三年級上學期
設 計 者	曾麗珍		時　　間	120 分鐘
教學目標	1. 為達到由圖像閱讀銜接到文字閱讀教學的目的。 2. 由「圖圖文」的多圖像閱讀比例選材進行教學。 3. 由身邊所及兒童讀物，包含圖畫書、橋樑書等讀物進行選材。 4. 培養學生喜歡閱讀、養成閱讀習慣，進而能獨立閱讀的能力。			
教學活動名稱	教學活動內容	時間	分段能力指標	十大基本能力	評量方式
	一、準備活動 （一）教師				

	準備八開圖畫紙、《原知‧原味》3D 動畫卡通光碟。 （二）學生 　繪圖用具。 二、教學活動 （一）引起動機				
	以社會科介紹原住民文化的單元為例，先簡介《原知‧原味》3D 動畫的內容，吸引學生觀賞深入了解原住民文化的興趣。	5			
活動一：《原知‧原味》影片書	（二）發展活動				
	1.《原知‧原味》影片書	5			
	(1) 先發給學生一人一張八開圖畫紙，折成八頁小書，將封面、封底及各頁碼編寫好後，先繪製屬於自己的特色的《原知‧原味》影片書的封面。				
	(2) 本動畫卡通節目有十個故事：阿美族——女人國；泰雅族——射日；布農族——變成鳥的孩子；鄒族——白鰻與螃蟹；賽夏族——矮人傳奇；卑南族——蛇郎君；排灣族——太陽的孩子；魯凱族——雲豹傳奇；達悟族——摔角的石頭；邵族——追逐白鹿。每個故事約十五分鐘，一節課看一個故事。	110	B-1-2-8-5 能結合科技資訊，提昇聆聽的能力，以提高學習興趣。	八、運用科技與資訊。	能記取觀賞內容的細節與要點並繪製成漫畫。 能在圖畫之外加上清楚對白。
	(3) 每個故事看過一遍後，先討論內容，再指導學生將重要情節，或自己覺得最精采的畫面，分成四格漫畫的形式		藝 1-1-2-2 嘗試各種媒材，引發豐富的想像力，以從事基	二、欣賞、表現與創新。	

		畫出來。	礎性視覺藝		
		(4) 除了圖畫之外，還要加上對白，圖畫與對白文字一定要能明顯的傳達出這個傳說故事的精要處，這樣沒有看過動畫卡通的人，才看得懂你的「影片書」在描述的是怎麼樣的一個故事。	術活動，感受創作的喜悅與樂趣。		
		(5) 每一頁故事的標題要明顯而清楚，老師可將動畫故事中的標題停格，讓學生清楚明確的體會如何安排設計故事的主題。			
		（三）綜合活動 將學生完成的影片，布置在教室展覽櫃中，讓學生們可以互相觀摩欣賞。			

第二節
第二級：半圖像半文字閱讀的教學設計及其施行途徑

　　多圖像的閱讀教學設計，圖畫書是一個首席的代表，因為對於低、幼的孩童來說，這是非常重要的閱讀入門媒介；半圖像半文字的閱讀就不是圖畫書的關鍵特色，這時的圖畫只是輔佐理解文字的意義，而不是與文字共舞的主角。這時的教學選材範圍要更大，所以教學者的視野也要更開闊，任何形式的課外讀物都可以納入教材

的運用範疇。在天下雜誌推薦的第二級橋樑書的書單中是半圖像半文字類型的，天下雜誌「字的童話」系列，是值得推薦的一本本土創作的橋樑書教材；東方出版社的「法蘭茲」系列，文字文本內容豐富精采，文學質感相當別緻，但它的圖並不多，應屬於少圖多文的類別，同是東方出版社的「故事摩天輪」系列，是從日本翻譯過來的橋樑書，半圖半文生動有趣，也值得推薦閱讀；東雨文化的「優讀本」系列也是從日本翻譯過來的，單價不低，文比圖多很多，也是少圖多文的類別，分在第二級中的《杯子蛋糕的魔力》和《魔法餅乾的秘密》，比較缺法創意，我倒覺得在臺灣有許多更好的讀本；分在第三級中的《討厭魔法的小魔女》和《魔法旅行分店》，創意還不錯；信誼的「兒童閱讀列車」，我覺得和中華兒童叢書的水準差不多，比較適合低、幼的學生看，中年級太淺易了。分析這些出版社定名為橋樑書的書籍是因為要知道它的內容和標準，優質的可以馬上拿來使用，以同樣的眼光我們也可以自己去尋找自己需要的橋樑書。以廣義的來說，橋樑書不應該只有那麼幾本的。對於忙碌的家長們，出版社的推薦是較便捷的方法，但是身為教學前線的老師們，可就該有自己的「眼光」了。

　　在這一節中我所要介紹的半圖像半文字閱讀的教學設計，是我自己環顧四週選材所編製的，有教學者自己的特色與風格，同時也兼具考量了學生的程度與特質。教學設計（一）取材自《國語日報》，教學設計（二）取材自《甜雨‧超人‧丟丟銅》兒童文學故事選集1988～1998 和洪志明的《一分鐘寓言》，因為限於研究的教學時間，這是目前整理編製出來的教學資料。如果你也對從圖像閱讀銜接到文字閱讀的教學有興趣的話，相信會有不斷的新發現，就在你身邊；那些教學資源就等著你去利用而已。

表 6-2-1　半圖像半文字閱讀教學設計（一）

半圖像半文字閱讀教學設計（一）

單元名稱	幸福的樂章——童話賞析	教學對象	三年級下學期		
設計者	曾麗珍	時間	240 分鐘		
教學目標	1. 達到由圖像閱讀銜接到文字閱讀教學的目的。 2. 由「圖文文」的半圖像半文字閱讀比例選材進行教學。 3. 由身邊所及兒童讀物，包含圖畫書、橋樑書等讀物進行選材。 4. 培養學生喜歡閱讀、養成閱讀習慣，進而能獨立閱讀的能力。				
教學活動名稱	教學活動內容	時間	分段能力指標	十大基本能力	評量方式
	一、準備活動 （一）教師 　　◎ 準備製作好的童話閱讀教學教材及討論單。閱讀教學教材取材自《國語日報》兒童文藝版。 　　1. 王宏珍的〈飄飄村傳奇——死鬼〉。 　　2. 王蔚的〈想念女孩的大樹〉。 　　3. 雷度門的〈風神的禮物〉。 　　4. 山鷹的〈都是耶誕老人惹的禍〉。 　　5. 火星爺爺的〈如果在山上，一隻青蛙〉。 　　6. 林世仁的〈流星沒有耳朵〉。 　　◎準備影片《天花板上的馬克》。				
活動一： 小小創意家	二、教學活動 （一）引起動機 　　影片欣賞——《天花板上的馬克》 　　【劇情簡介】 　　《天花板上的馬克》是一部歐洲的動畫，為什麼叫「天花板上的	15	B-1-2-8-5 能結合科技資訊，提升聆聽的能力，以提高學	八、運用科技與資訊。	能仔細觀賞、聆聽。

	馬克」？因為主角馬克是一個不受地心引力影響，卻相反的受「天空引力」作用的小朋友，所以在屋內的時候，我們的天花板就是馬克的地板，馬克正好又是個害羞內向的人，因此故事的結構，就是他如何處理他的與眾不同的故事，由一開始的閉塞，到最後肯定自己的與眾不同、善用自己的與眾不同，並且與其他小朋友建立友誼的過程。 【引導活動】 故事很精采，但更精采的是幕後。這部片是由一群比利時的小朋友集體創作而成的，由角色型塑、故事腳本、動畫到後製的配音，全都是由這群十歲左右的小朋友一起完成的。 童話故事要的也是這樣的創意，小小創意大大發揮，接下來我們要閱讀的六篇童話各有特色，各有每位作者獨特的創意，這些充滿奇幻想像、歡樂與幸福的童話，也將陪伴你翱翔天際，享受快樂的童年時光。 （二）學生 　螢光筆。 （三）發展活動	習興趣。 B-1-2-6-4 能從閱讀過程中，了解不同文化的特色。	六、文化學習與國際了解。	能發表看完影片的心得。
活動二：幸福的樂章，童話精選	1.〈飄飄村傳奇──死鬼〉 　(1) 學生先個別默讀整篇童話，再分段輪流朗讀。 　(2) 請學生拿出螢光筆，將好詞佳句標記出來。 　(3) 最後分組或共同討論「主角外表及個」、「故事背景」、「情節發展」、「故事旨趣」等。	25	F-1-8-2-1 能分辨並欣賞作品中的修辭技巧。	二、欣賞表現與創新。	能找出好詞佳句。

		(4) 完成討論單內容： ◎請說一說，並寫出「死鬼」這篇童話的故事背景。 S1：在天空、大海、在山上。 S2：在世界上的每一個角落。 S3：發生在飄飄村得慶祝會。 ◎情節發展討論： 自然段第四、六、九段之間有何關聯性？ S1：第四段「死鬼」他們在許願。 S2：第六段在描述願望如何實現。 S3：第九段在敘述「死鬼」們實現了願望，而且相遇了，有一步一步承接的關係。 ◎故事旨趣探討： 讀完這篇故事後，你覺得鬼可怕嗎？「快要死的鬼成天被其他鬼羨慕的追……」，死亡可怕嗎？死後的世界又怎樣？ S1：不可怕。 S2：他們充滿了快樂！ S3：因為他們便成了彩虹、流水、雲物和山泉。	75	E-1-7-7-3 能從閱讀的材料中，培養分析歸納的能力。 E-1-7-10-5 學會用自己提問，自己回答的方法，幫助自己理解文章的內容。 E-1-2-9-5 能提綱挈領概略了解課文的內容與大意。	七、規畫、組織與實踐。 十、獨立思考與解決問題。 九、主動探索與研究。	能回答老師提出的問題。 能踴躍發表自己的意見和看法能分析、歸納故事的因果關係。
		2. 〈想念女孩的大樹〉 (1) 學生先個別默讀整篇童話，再分段輪流朗讀。 (2) 請學生拿出螢光筆，將好詞佳句標記出來。 (3) 最後分組或共同討論「主角外表及個」、「故事背景」、「情節發展」、「故事旨趣」等。 (4) 完成討論單內容：	40	F-1-8-2-1 能分辨並欣賞作品中的修辭技巧。	二、欣賞表現與創新。	能找出好詞佳句。

| | | ◎「女孩走了，大樹很傷心，他傷心的樹葉全掉光了。」這個句子用的是哪一種修辭法？
S1：擬人法。
S2：轉化法。
S3：轉化法中的擬人法。
◎大樹請了哪些朋友去看望女孩？結果如何？
S1：冬天來了，他請老朋友風幫忙，帶著雪花去看望女孩，結果雪花飛著飛著就化了。
S2：春天來了，大樹發芽了，他請風戴上一片嫩黃的葉子，去看望女孩。但是嫩葉飛著飛著，跟著溪水跑遠了。
S3：夏天來了，兩片綠葉太調皮了，打打鬧鬧，掉在汽車上，跟著汽車跑遠了。
S4：三片成熟的紅葉，她們專心的飛行，終於飛到了女孩的新家。女孩託麻雀帶著一條緞帶去看望大樹，並在枝椏上繫成了一個想念大樹的蝴蝶結。
◎在〈想念女孩的大樹〉這篇童話故事中曾經出現的角色有哪些？先說一說，再寫出來。
S1：女孩、大樹。
S2：風、雪花。
S3：嫩葉、綠葉。 | | | |
| | | | E-1-2-9-5 能提綱挈領，概略了解課文的內容與意。 | 九、主動探索與研究。 | 能回答老師提出的問題。 |

		S4：紅葉、麻雀。 ◎請寫出〈想念女孩的大樹〉這篇童話的故事背景。 S1：女孩和大樹是好朋友。 S2：女孩爬上大樹，抱著大樹時大樹會很開心。 S3：但是女孩一家人要搬家了。 S4：女孩爬上大樹，藏在濃密的枝葉裡，她不想走。	E-1-7-10-5學會用自己提問，自己回答的方法，幫助自己理解文章的內容。	十、獨立思考與解決問題。	能踴躍發表。
		◎情節發展討論：請簡單將情節發展整理出來。 （女孩搬家了，大樹很想念女孩）→（大樹請風帶著雪花去看望女孩）→（大樹請風帶著嫩葉去看望女孩）→（大樹讓三片綠葉去看望女孩）→（大樹讓三片紅葉去看望女孩）→（女孩託麻雀帶著綢帶去看望大樹）→（三片紅葉住在女孩的書裡）→（大樹和女孩又碰面了） ◎故事旨趣探討： 最後一段「現在，三片紅葉住在女孩的書裡，那是一本故事書；所以說，紅葉幸福的住在一個故事裡。」暗示著這是一篇怎樣的故事？紅葉幸福的住在一個故事裡，那大樹？ S1：幸福的故事。 S2：紅葉是大樹的一部分，紅葉就代表大樹，	E-1-7-7-3 能從閱讀的材料中，培養分析歸納的能力。	七、規畫、組織與實踐。	能整理出故事的情節發展。

		所以大樹現在也住在這個幸福的故事裡。 ◎「大樹默默的想念女孩」在這個故事中，連續出現了三次，作者為何安排出現三次？ S1：三代表多，表示大樹真的非常想念女孩。 S2：連著三段的開頭都出現「大樹默默的想念女孩」，這是排比修辭的技法。是要凸顯出大樹有多麼想念女孩。 S3：因為很想念，很想念，就一直說。		F-1-8-2-1 能分辨並欣賞作品中的修辭技巧。	二、欣賞表現與創新。	能發表自己的意見和看法。
		3. 〈風神的禮物〉 (1) 學生先個別默讀整篇童話，再分段輪流朗讀。 (2) 請學生拿出螢光筆，將好詞佳句標記出來。 (3) 最後分組或共同討論「主角外表及個」、「故事背景」、「情節發展」、「故事旨趣」等。	40	E-1-3-1-1 能培養良好的閱讀興趣、態度和習慣。	一、了解自我與發展潛能。	能仔細閱讀並標記出好詞佳句。
		(4) 完成討論單內容： ◎請先說一說，再寫出疊字詞、佳句。 S1：絲絲分離、團團重聚、拍拍翅膀。 S2：輕輕、緩緩、高高興興。 S3：它有著淡淡的虹彩，像初熟的柿子一樣好看。 S4：暖暖的、飄飄然。 ◎ 請仿寫此佳句「它有著淡淡的虹彩，像初熟的柿子一樣好看。」，這是哪一種修辭技巧？		F-1-8-2-1 能分辨並欣賞作品中的修辭技巧。	二、欣賞表現與創新。	能寫出疊字詞和佳句。

		S1：轉化法。			
		S2：擬人法。			
		S3：轉化法中的擬人法。			
		◎誰是〈風神的禮物〉這篇童話故事的主角？	E-1-2-9-5 能提綱挈領，概略了解課文的內容與大意。	九、主動探索與研究。	能說出故事的主角。
		S1：風神。			
		S2：鷸鴣鳥。			
		S3：都是。			
		◎請說一說，再寫出〈風神的禮物〉這篇童話的故事背景。			
		S1：發生在風神與鷸鴣鳥相遇的時候。	E-1-7-10-5 學會用自己提問，自己回答的方法，幫助自己理解文章的內容。	十、獨立思考與解決問題。	能發表自己的看法。
		S2：發生在秋天的時候。			
		◎情節發展討論：請簡單用先說、再說、後說三段將情節發展整理出來。			
		（風神與鷸鴣鳥相遇在秋天的時候相遇）→（風神與鷸鴣鳥立下了約定）→（三年後，風神以一陣太陽雨依約造訪）	E-1-7-7-3 能從閱讀的材料中，培養分析歸納的能力。	七、規畫、組織與實踐。	能將情節發展整理出來。
		◎故事旨趣探討：隔了三年風神真的依約造訪鷸鴣鳥，這是朋友之間何種真摯情誼的表現？如果你有這樣的朋友你的心裡會有什麼感受？風神到底帶來什麼禮物？			
		S1：真誠與守信。			
		S2：很溫暖、很感動。			
		S3：有這樣的朋友，我會好好珍惜。			
		S4：午後的一陣太陽雨，讓			

		地面上冒出各種嫩芽，小鳥們樂得忙著啄食草叢中的小蟲來吃。 4. 〈都是耶誕老人惹的禍〉 (1) 學生先個別默讀整篇童話，再分段輪流朗讀。 (2) 請學生拿出螢光筆，將好詞佳句標記出來。 (3) 最後分組或共同討論「主角外表及個」、「故事背景」、「情節發展」、「故事旨趣」等。 (4) 完成討論單內容： ◎「丈二金剛摸不著頭腦」是什麼意思？ S1：搞不清楚。 S2：摸不到頭。 S3：找不出原因。 S4：弄不清狀況、原因。 ◎南極仙翁、王母娘娘、玉皇大帝是誰？ S1：是神仙，住在天上。 S2：我阿嬤說玉皇大帝就是天公。 S3：南極仙翁住在南極嗎？ S4：南極仙翁又稱「壽星」、「南極老人」。是負責掌管人間壽命的天界神仙。 T：【南極仙翁】本來是星體的名字，稱為老人星，或稱南極老人星。以前的人習慣以此星為掌管長壽的神仙，長像是有著白鬍子、持杖、頭部隆起的老人樣。	40	E-1-3-1-1 能培養良好的閱讀興趣、態度和習慣。 F-1-8-2-1 能分辨並欣賞作品中的修辭技巧。 E-1-7-10-5 學會用自己提問，自己回答的方法，幫助自己理解文章的內容。	一、了解自我與發展潛能。 四、表達、溝通與分享。 十、獨立思考與解決問題。	能仔細閱讀並標記出好詞佳句。 能回答老師提出的問題。 能回答老師提出的問題。

			E-1-7-7-3 能從閱讀的材料中，培養分析歸納的能力。	七、規畫、組織與實踐。	能積極討論並發表看法。
		【玉皇大帝】簡稱玉帝，俗稱天帝、天公。統領天、地、人三界，宇宙中一切的神明，都是在他的統轄下。 【王母娘娘】又稱瑤池金母，或稱西王母王母娘娘自稱為天帝的女兒。 ◎請就故事背景、兩位主角的個性及其代表的文化特色進行討論，並完成此比較表。			

	南極仙翁	耶誕老人
掌管區域		
代表的文化系統的童話故事書		
代表的禮物或寶貝		

第一組：南極仙翁掌管東方，耶誕老人掌管西方。
第二組：代表東方文化系統的童話故事書有《西遊記》、《封神榜》。
第三組：代表東方文化系統的童話故事書有〈大野狼與小紅帽〉、〈人魚公主〉、〈賣火柴的小女孩〉。
第四組：代表東方文化系統的的禮物或寶貝有「不死仙丹」、「如意桃木劍」、風火芭蕉扇「崑崙金葫蘆」。

		第五組：代表西方文化系統的的禮物或寶貝有「小兔彼得」、「彼得潘」、「小熊維尼」、「派丁頓熊」、「艾麗絲」、「魔戒」、「哈利波特」。			
		◎情節發展討論： 南極仙翁可能修煉出什麼寶貝？你是東方的孩子，你想要什麼寶貝，趕快告訴南極仙翁吧！ ◎故事旨趣探討： 耶誕老人撈過了界，開始在東方世界發送禮物給小朋友，小朋友漸漸忘了南極仙翁，我們沒有了自己的文化特色，這樣好嗎？ S1：我們的文化會漸漸失傳。 S2：我們的文化會逐漸被西方文化取代。 S3：我們沒有自己的民族和國家特色。 S4：我們會失去國際競爭力。因為我們沒有自己的優勢文化。	E-1-7-7-3 能從閱讀的材料中，培養分析歸納的能力。	七、規畫、組織與實踐。	能積極討論並踴躍發表。
		◎除了南極仙翁、王母娘娘、玉皇大帝，你還知道東方的傳說或古老故事中，還有哪些有趣的人物和故事？查一查資料貼上，並準備換你講古，讓東方文化也好好上國際舞臺亮相了！ S1：我要查保生大帝。 S2：我要查土地公。	E-1-5-2-1 能了解圖書室的設施、使用途徑和功能，並能充分利用，以激發閱讀興趣。	二、欣賞表現與創新。	能完成查資料的作業。

		S3：我要查媽祖的故事。 S4：我要查灶神的故事。 5. 〈如果在山上，一隻青蛙〉 (1) 學生先個別默讀整篇童話，再分段輪流朗讀。 (2) 請學生拿出螢光筆，將好詞佳句標記出來。 (3) 最後分組或共同討論「主角外表及個」、「故事背景」、「情節發展」、「故事旨趣」等。 (4) 完成討論單內容： ◎故事旨趣探討：	40	E-1-3-1-1 能培養良好的閱讀興趣、態度和習慣。	一、了解自我與發展潛能。	能仔細閱讀並標記出好詞佳句。
		ㄅ.故事中的青蛙說搭便車讓他明白很多事，是哪些事？ S1：人生沒有永遠的司機，到了就得下車。 S2：也跟演唱會一樣，你表演完就得下臺，觀眾就得離場。 S3：好像六月底一到，大哥哥大姐姐就要離開小學生上國中了。		E-1-2-9-5 能提綱挈領，概略了解課文的內容與大意。	九、主動探索與研究。	能積極發表意見。
		ㄆ.青蛙說：「事實上每個人都是一隻青蛙。」為什麼？ S1：因為很多人對自己的現狀並不滿意。 S2：大家都覺得自己不夠好。 S3：要尋找一個完美得自己。 S4：這些都是無法和自己和平相處的人。 S5：也可以說是無法接納原本的自己，欣賞		E-1-7-10-5 學會用自己提問，自己回答的方法，幫助自己理解文章的內容。	十、獨立思考與解決問題。	能積極發表意見。

		自己、自我肯定的人。			
		ㄇ.為什麼青蛙說:「當公主跟當青蛙沒什麼差別?」		E-1-7-7-3 能從閱讀的材料中,培養分析歸納的能力。	七、規畫、組織與實踐。	能積極發表意見。
		S1:一樣對自己不能感到滿意。				
		S2:公主期待王子的奇蹟之吻,才能有幸福的生活。				
		S3:青蛙期待公主親吻牠,讓牠變成王子。	40			
		S4:所以說不管當人或當青蛙都在期待奇蹟,對現狀的自己都不滿意。				
		◎情節發展探討:		E-1-7-5-2 能理解在閱讀過程中所觀察到的訊息。	五、尊重、關懷與團隊合作。	能積極發表意見。
		ㄅ.親錯青蛙是要付出代價的。到底發生了什麼令人意外的事?				
		S1:公主親了青蛙,青蛙沒有變回王子,公主反而也變成一隻青蛙了。				
		ㄆ.主角親了一隻掃把星的青蛙,青蛙沒有變回王子,自己卻由公主便成了青蛙,牠是以什麼態度面對這樣的結果的。				
		S1:她並不期待有人來親它讓牠變回公主。				
		S2:因為她覺得當青蛙和當人一樣,都會有同樣的磨難,所以就好好當青蛙吧!				
		S3:因為她相信奇蹟之吻。				
		S4:她覺得活在當下的				

		自己，喜歡當下得自 己才是真正的幸福。 ㄇ.這篇童話的描寫手法是 倒敘法還是順序法？ S1：倒敘法。 S2：因為青蛙和司機的 　　　對話是在回憶，所以 　　　是倒敘法。		F-1-8-2-1 能分辨並欣 賞作品中的 修辭技巧。	二、欣 賞表現 與　創 新。	能積極 發表意 見。
		6.〈流星沒有耳朵〉 (1) 學生先個別默讀整篇童 話，再分段輪流朗讀。 (2) 請學生拿出螢光筆，將好詞 佳句標記出來。 (3) 最後分組或共同討論「主角外 表及個」、「故事背景」、「情節 發展」、「故事旨趣」等。 (4) 完成討論單內容：	40	E-1-3-1-1 能培養良好 的閱讀興 趣、態度和 習慣。	一、了 解自我 與發展 潛能。	能仔細 閱讀並 標記出 好詞佳 句。
		◎故事背景探討：這篇童話 　故事是怎麼開始的。 S1：安安上課時，老師問大 　　　家天空是什麼顏色？ S2：老師、同學、爸爸、奶 　　　奶大家都一起討論天 　　　空是不是藍色的，從大 　　　家相互得討論問答中 　　　形成的。 ◎情節發展討論：		E-1-7-5-2 能 理解在閱讀 過程中所觀 察到的訊 息。	五、尊 重、關 懷與團 隊　合 作。	能踴躍 發表。
		ㄅ.安安經歷了好幾個對 　流星許願實現的故 　事，但流星老是聽錯安 　安許的願望，而發生了 　許多有趣的事。你最喜 　歡哪一個流星願的故 　事？為什麼？ S1：我最喜歡「藍藍的 　　　天」，「懶懶的天」，		E-1-2-9-5 能 提綱挈領， 概略了解課 文的內容與 大意。	九、主 動探索 與　研 究。	能踴躍 發表。

		不用早起刷牙，不怕上學遲到，所有的事情都慢慢來，很優閒自在，老師也不急著上課，真是快樂無憂。 S2：我最喜歡「東方之珠」，「東方蜘蛛」載著安安去上學，蕩進了太平洋，盪到了美洲，看到了舊金山大橋、自由女神像。盪到了大西洋，看到了起霧的倫敦、巴黎鐵塔、埃及金字塔。看到了中國的萬里長城、西湖......看到了澎湖的跨海大橋，盪過了臺灣海峽，臺灣出現在眼前，學校出現了。學校的鐘聲剛剛響，環遊了世界一圈，剛好趕上第一節課。讀這一段真的好興奮，好刺激，讀起來像坐雲霄飛車一樣的暢快，高空環遊再上學的故事安排讓人迷死了。 S3：我最喜歡「問問」你，「吻吻」你的願望，讓安安和在天堂的媽媽相遇，媽媽跟安安介紹「天堂小學」，天堂小學每天都要上課。尤其是老			

		天使的課，媽媽最喜歡。老天使會教安安的媽媽和同伴們分辨風的喜怒哀樂、雨滴的思想、雲的呼吸；教大家從一粒沙裡拉出一朵花，在一天裡度過十二個月，在一分鐘裡做完二十四件事......」，真是不可思議！ S4：安安和媽媽相遇，但是媽媽並不能久留，這件事讓我最感動。不過安安可以看著流星媽媽，還是一件很幸福的事。 ㄆ.流星老是聽錯安安許的願望，都是怎麼聽錯的？ S1：因為「同音異字」的關係，如「東方之珠」和「東方蜘蛛」。 S2：因為「發音類似」的關係，如「藍藍」和「懶懶」；「天天」和「舔舔」；「媽媽」和「馬馬」；「飛機」和「灰雞」；「問問」和「吻吻」。大部分只是聲調不同，所以會聽錯。 S3：這是作者運用「語音聯想」的技巧設計出來的。 ◎故事旨趣探討：	E-1-7-7-3 能從閱讀的材料中，培養分析歸納的能力。	七、規畫、組織與實踐。	能積極討論、發表。

| | | ㄅ.流星真的沒有耳朵嗎？
　　到底是怎麼一回事？
S1：真的流星沒有耳朵，
　　因為它們只是從外太
　　空飛進地球的石塊。
S2：在這篇童話中的流
　　星指的是那些單親
　　小孩在天堂的爸媽，
　　所以應該有耳朵。
S3：因為空氣汙染太嚴
　　重，天空總是灰濛濛
　　的，雲層太厚，所以
　　好多流星爸媽都聽
　　不清楚孩子的話。
S4：所以不是流星爸媽
　　沒有耳朵。
ㄆ.如果你可以像安安一
　　樣對著流星許願，你要
　　許什麼願？邀請一位
　　同學當流星，和你一起
　　編寫一個充滿想像而
　　有趣的流星願。
（三）綜合活動
　　學校邀請參加讀報教育展，設為
　　童話專區，我和學生們帶著這些
　　幸福的童話故事，快快樂樂的去
　　布置。 | E-1-7-10-5學
會用自
己提問，自
己回答的方
法，幫助自
己理解文章
的內容。

E-1-1-2-2 能
在口述作文
和筆述作文
中，培養豐
富的想像
力。 | 十、獨
立思考
與解決
問題。

二、欣
賞表現
與創新
。 | 能積極
討論、
發表。

能積極
和同學
共同創
作
。 |

221

表 6-2-2　半圖像半文字閱讀教學設計（二）

半圖像半文字閱讀教學設計（二）

單元名稱	寓言故事	教學對象	三年級下學期		
設 計 者	曾麗珍	時　　間	200 分鐘		
教學目標	1.　達到由圖像閱讀銜接到文字閱讀教學的目的。 2.　由「圖文文」的半圖像半文字閱讀比例選材進行教學。 3.　由身邊所及兒童讀物，包含圖畫書、橋樑書等讀物進行選材。 4.　培養學生喜歡閱讀、養成閱讀習慣，進而能獨立閱讀的能力。				
教學活動名稱	教學活動內容	時間	分段能力指標	十大基本能力	評量方式
	一、準備活動 （一）教師 　　　準備製作好的寓言故事閱讀教學教材及討論單。取材自《甜雨‧超人‧丟丟銅》的有：謝武彰的〈酒店裡的猛狗〉、〈蛞蝓〉；謝鵬雄的〈大力士〉、〈不說謊的大臣〉；曹若梅的〈惠施的大葫蘆〉。取材自洪志明的《一分鐘寓言》的有十五篇，分別是：〈變小了嗎？〉、〈用頭髮思考的國家〉、〈跨海大橋〉、〈大輪船和小礁石〉、〈驢子的教訓〉、〈井底之蛙〉、〈最後的一餐〉、〈差一點點而已〉、〈漂亮的蛾〉、〈存不存在〉、〈講理的狼〉、〈富翁和狼〉、〈山貓的兒子〉、〈請狼保護〉、〈有肉同吃〉。 二、教學活動 （一）引起動機 　　　老師以「螳螂捕蟬，黃雀在後」此一寓言，請學生試說其情境。	5	B-1-1-3-3能養成仔細聆聽的習慣	三、生涯規畫與終身	能仔細聆聽並發表。

		S1：螳螂想要抓蟬，黃雀在樹上看。 S2：螳螂準備要抓住蟬，沒想到黃雀卻也趁機想要抓螳螂。 S3：好危險啊！自己要吃別人，別人要吃你。 S4：所以處理事情要設想周全，要機智還要有警覺性。 T：這一系列的活動我們要閱讀的是寓言故事，學習做個有智慧的人。 （二）發展活動			學習。	
活動一： 古典寓言 新登場		1. 古典寓言新登場──〈酒店裡的猛狗〉、〈蜠蚿〉、〈大力士〉、〈不說謊的大臣〉、〈惠施的大葫蘆〉		E-1-3-1-1 能培養良好的閱讀興趣、態度和習慣。	一、了解自我與發展潛能。	能仔細閱讀故事。
		(1) 學生先個別默讀各篇寓言故事，老師再仔細解說文中較難以理解的文辭或句意。	25	E-1-7-5-2 能理解在閱讀過程中所觀察到的訊息。	五、尊重、關懷與團隊合作。	能積極參討論與發表。
		(2) 〈酒店裡的猛狗〉這個故事如果應用在現代的生活中，你要如何運用這個啓示？ S1：如果希望交到好朋友，對人說話就要誠摯有禮。 S2：如果家裡是做生意的，希望有客人上門，對待客人的態度要歡欣喜悅、要誠意的服務。 S3：選舉的時候，要投票給有道德、有學問的人，才能避免自私自利、狡猾奸詐的人，壞了國家大事。	10			
		(3) 在〈蜠蚿〉這個故事中，你要如何借取蜠蚿的習性、生命形態，調整自己的生活態度、習慣，同時避免與這種	10	E-1-2-9-5 能提綱挈領，概略了解課文的內容	九、主動探索與研究。	能將故事中的啓示運用在生

		習性的人為伍？ 【蛷螋】：是一種很會背東西的黑色小蟲。走路時，只要遇到東西，就會立刻把它背在背上。還喜歡往高處爬，直到力氣用盡了，然後掉下來摔得粉身碎骨。 S1：對於課業的學習，不要太貪心，每一樣都希望自己搶第一，這樣會把自己壓垮。		與大意。		活事例中。
		(4)〈大力士〉這個故事中，公儀伯的老師告訴他：「人的力氣以剛剛用得著為最好，一個人天天用得上力氣，叫作有力氣，一生都不用力氣，叫做無力氣……」你們能夠了解和體會這段話的意思嗎？	10	E-1-2-9-5能提綱挈領，概略了解課文的內容與大意。	九、主動探索與研究。	能積極參討論與發表。
		S1：做事情適當就是好。 S2：「天天用得上力氣」就好比細水長流的意思一樣，好習慣要天天保持。 S3：「一生都不用力氣，叫做無力氣」，就像一個人雖然聰明，但是不努力，那跟愚鈍的人沒有兩樣。				
		(5)〈不說謊的大臣〉這個故事中，楚國司馬子反告訴楚莊王：「宋是小國，國內居然有一個臨危不肯說謊的大臣。楚國是大國，難道可以沒有這樣的大臣嗎？」對於這段話你有什麼感受？	10	E-1-7-5-2能理解在閱讀過程中所觀察到的訊息。	五、尊重、關懷與團隊合作。	能積極參討論與發表。
		S1：宋雖是小國，卻有大將之才的大夫華元，他把國家				

		大事如此有擔當的處理，令人欽佩。 S2：因為華元是一個有擔當、大氣度的人，所以子反才會跟楚莊王建言。 S3：所以子反也是個有智慧、恢宏氣度的人。 S4：楚莊王後來也下令班師回國，這樣才能證明楚國是個大國，有大氣度。 (6)〈惠施的大葫蘆〉這個故事中，惠施因為怪葫蘆長得太大，既不能裝水也不能裝酒，屋子裡又擺不下，簡直氣死了。莊子於是說了一個故事啟發他，你在這個故事中也得到哪些啟發？ S1：頭腦要能轉彎，一件事情應該會有不同的解決方法。 S2：不要被困難困住了。 S3：人都會害怕改變，因為會擔心不知如何應變。 S4：能隨時保持處理事情的彈性，就不會被事情困住了。	10		
活動二： 現代寓言		2. 一分鐘寓言 ◎活動實施步驟 (1) 學生分成五組，將十五個故事分配給五個組，一組負責主講三個寓言故事。 (2) 每個故事有全文、一分鐘思考、一分鐘智慧三個部分，每組學生共同分配工作。 (3) 第一輪五組都說完故事後，再換第二個故事。 (4) 組員上臺後，先把故事內	120		

		容說完，再進行一分鐘思考和一分鐘智慧活動，最後進行臺上臺下相互提問。		
		◎活動實施情形		
		ㄅ、〈變小了嗎？〉		
		(1) 先概說故事內容：由於造錢幣的銅礦愈來愈難找，硬幣的需求量卻愈來愈大。造幣廠為了滿足硬幣需求量，只好把從前發行過的硬幣收回來，重新鑄造。重新鑄造後的硬幣，每個都比原來的小很多。硬幣看了看自己縮小的身體，很難過。鈔票告訴硬幣：「樣子只是一個虛殼而已，變小了有什麼關係？重要的是本質不要變小哇！」	E-1-3-1-1 能培養良好的閱讀興趣、態度和習慣。	一、了解自我與發展潛能。	能用心聆聽。
		(2) 臺上同學帶領臺下同學對照插圖再詳細思考故事所在意趣。			
		(3) 提問一分鐘思考問題： ・為什麼硬幣不喜歡自己的身體變小？ ・為什麼鈔票勸硬幣不要難過？ ・如果你變矮了，會有什麼感受？ ・個子矮的人真的比較吃虧嗎？	E-1-7-5-2 能理解在閱讀過程中所觀察到的訊息。	五、尊重、關懷與團隊合作。	能積極參討論與發表。
		(4) 說明一分鐘智慧： ※高個子別笑矮個子高個子的腦袋，不一定	E-1-2-9-5 能提綱挈領	九、主動探索	能仔細聆聽、

| | | 比矮個子聰明；高個子的為人，也不一定比矮個子善良；當然啦，高個子對這個社會的貢獻，也不一定比矮個子多。
　　一個人有沒有價值，和他的智慧有很大的關係，和他的知識有很大的關係，和他的行為有很大的關係，和他對這個社會的貢獻有很大的關係，可是和她的身高卻一點關係都沒有。
(5)〈用頭髮思考的國家〉、〈跨海大橋〉、〈大輪船和小礁石〉、〈驢子的教訓〉、〈井底之蛙〉、〈最後的一餐〉、〈差一點點而已〉、〈漂亮的蛾〉、〈存不存在〉、〈講理的狼〉、〈富翁和狼〉、〈山貓的兒了〉、〈請狼保護〉、〈有肉同吃〉等故事都依前例的探討方式進行寓言故事閱讀學習活動。
（三）綜合活動
　　比較古典寓言故事與現代寓言故事的不同閱讀趣味。 | ，概略了解課文的內容與大意。 | 與　　研究。 | 積極參討論與發表。 |

第三節
第三級：全文字閱讀的教學設計
及其施行途徑

　　全文字閱讀，就是完全捨棄圖像了。以文學方面的讀物來說，兒童散文、生活故事、少年小說、兒童戲劇都是純文字閱讀的範疇。全文字閱讀可以在小學四年級的時候，一點一滴的逐步累積推展，擴大學生閱讀的量。以〈一七〇本橋樑書推薦與導讀〉一文的書目來看，圖已經很少，最後的系列書，更是連續性的閱讀列車之旅，可以累積很豐厚的閱讀興趣，打好穩固的閱讀根基。

　　兒童散文、生活故事、少年小說、兒童戲劇是我的自編橋樑書教材的取材類型，而它們之間也多少有些銜接性。因為看過短篇的生活故事，因為讀過文字敘述仔細修潤的兒童散文，所以在閱讀少年小說和兒童戲劇時，更能掌握人物的刻畫、情節的敘述與轉折。在兒童散文取材方面，在《有情樹──兒童文學散文選集 1988～1998》中我選擇了陳木城的〈春之歌〉、洪志明的〈廚房裡的眼鏡蛇〉、潘人木的〈有情樹〉、林良的〈旗手〉和〈露天餐廳〉、林仙龍的〈超齡〉、桂文亞的〈菜市街〉、方素珍的〈那天下午・今天晚上〉、林玫伶的〈戲院是我的大教室〉和〈從電視跑出來的人〉、林芳萍的〈毛絨絨的冬天〉、林加春的〈阿爸的烏魚子〉、張嘉樺的〈由你決定的冒險記〉。在生活故事取材方面，從《甜雨、超人、丟丟銅──兒童文學散文選集 1988～1998》一書中我選擇了孫晴峰的〈甜雨〉、唐土兒的〈黑衣耶誕老人〉、侯文詠的〈暑假作業〉和〈超人特攻隊〉、張友漁的〈我的爸爸是流氓〉、王淑芬的〈補〉。這些

文章是我實際實施在教學上，也將呈現在教學活動計畫上的。在前兩節的多圖少文和半圖半文的教學活動設計中，或許大家會想知道如何挪出這些時間來，其實很簡單，在閱讀課、彈性課程、和晨光時間多加規畫、運用就挪得出時間來。如果每週各一堂閱讀課、彈性課程、和晨光時間來進行此教學，一週就有 120 分鐘，一學期有二十週，要完全實施完多圖少文的教學時間是綽綽有餘的。更何況這個教學活動是提供參考，大家可以視時間彈性運用；但是有一個大前提是教學者一定要先用心的去了解教材，實施起來才能用最精簡的時間發揮最大的效用。例如童話賞析的教學，從選材到設計討論單是我利用下班後的餘暇，在寒暑假一篇篇先設計好的；也閱讀了許多的相關資料和作品，所以在課堂上進行教學時能夠有豐沛的先備經驗，能有滿盈的指導熱忱，教學的歷程一切就如在好山好水間順水行舟般的令人感到暢快愉悅。少年小說的閱讀教學，因為借了四十四本小說，每人一週輪二本，但一學期還是輪不完，也看不完，有時是時間的關係，有時是輪到的書學生剛好沒興趣，但是可以確定的是比沒有實施小說閱讀之前，學生已經讀了好幾本小說了。要在一學期之內把四十四本看完是不可能的，只是多給學生一點選擇的機會而已。也很感謝學校容許我們這樣一借就借一學期，沒有跟導師催書，所以在這方面每一個教學者可能要視自己的教學環境作適時的彈性調整。（四十四本小說詳細書目見本論述一百四十四頁）最熱門的是《神奇樹屋》系列，學生上臺分享時都可以侃侃而談，不用翻書提示；再來是《雨果的秘密》，小魯的成長小說系列《尋找尼可西》、《五年五班三劍客》、《小魷魚》。其他的小說像《想念五月》、《少年噶瑪蘭》、《碎瓷片》這些得獎的好書，我本以為學生會喜歡看，但看的人寥寥無幾，我想他們才四年級，像《雨

果的秘密》、《小魷魚》和《神奇樹屋》系列書這樣的小說，帶點趣味性，冒險性還是比較適合他們這年齡層的閱讀興趣與能力。另外還有學校共讀書車的五本小說，分別是《一碗湯麵》、《代做功課股份有限公司》、《超時空友誼》、《第一百面金牌》、《作文怪獸我最愛》，因為是每人一本，且要書寫共讀閱讀單，所以是每個學生都多多少少讀完了。在教學活動設計中我會將比較多人閱讀，討論比較深入的小說，學生閱讀學習的歷程書寫出來。兒童戲劇也是以學生實際拿到劇本，讀過劇本且實際演出的作品作為教學活動設計的內容。少年小說與兒童戲劇要醞釀的時間較長，讀完一本小說再討論和背熟對白再演出都需要一段時間，所以教學者要有耐心，不急著作呈現，讓學生有充足的時間好好享受閱讀的樂趣。

表 6-3-1　全文字閱讀教學設計（一）

全文字閱讀教學設計（一）

單元名稱	如錦的編織——散文精選	教學對象	四年級上學期
設 計 者	曾麗珍	時　　間	360 分鐘
教學目標	1.　為達到由圖像閱讀銜接到文字閱讀教學的目的。 2.　由「文文文」的全文字閱讀比例選材進行教學。 3.　由身邊所及兒童讀物，包含圖畫書、橋樑書等讀物進行選材。 4.　培養學生喜歡閱讀、養成閱讀習慣，進而能獨立閱讀的能力。		

教學活動名稱	教學活動內容	時間	分段能力指標	十大基本能力	評量方式
	一、準備活動 （一）教師 　　　準備製作好的兒童散文閱讀教學教材。 　　　1. 陳木城的〈春之歌〉。 　　　2. 洪志明的〈廚房裡的眼鏡				

	蛇〉。 3. 潘人木的〈有情樹〉。 4. 林良的〈旗手〉。 5. 林仙龍的〈超齡〉。 6. 桂文亞的〈菜市街〉。 7. 林玫伶的〈戲院是我的大教室〉。 8. 林加春的〈阿爸的烏魚子〉。 9. 林芳萍的〈毛絨絨的冬天〉。 10. 方素珍的〈那天下午‧今天晚上〉。 11. 張嘉樺的〈由你決定的冒險記〉。 （二）學生 1. 請事先將教材概覽過。 2. 準備螢光筆。 二、教學活動				
活動一： 落花生	（一）引起動機 1. 老師唸作家許地山的散文作品〈落花生〉。 2. 請學生說一說聽完這篇散文有什麼特別的感覺？ S1：很像寓言故事，也很像童話。 S2：作者把人比喻為落花生，希望他的子女長大後做人要像落花生的特質一樣踏踏實實的。 S3：很溫馨的小故事。 （二）發展活動	5	B-2-2-3-3 能發展仔細聆聽與歸納要點的能力。	一、欣賞、表現與創新。	能仔細的聆聽。
活動二： 如錦的編織——散文精選	1.〈春之歌〉 (1) 學生先各自安靜閱讀〈春之歌〉中的〈春天的小雨滴滴滴〉。 (2) 老師先範唸一次。請學生仔細聆聽，專注在文章的節奏感和音樂性。 (3) 換學生共同朗讀，注意段句、	35	E-2-5-9-1 能用心精讀，記取細節，深究內容，開展思路。	九、主動探索與研究。	能用心精讀，記取細節。

| | | 狀聲詞的聲音表情。
(4) 師生共同討論詞意、文句的意涵、整篇文章的意境。
(5) 這篇文章裡頭有很多的聽覺摹寫，請大家一起來找，用螢光筆畫出來，並且把句子唸出來。
S1：都是形容雨聲。
S2：有時候是「叮叮咚咚」，有時候是「滴滴答答」，有時候是「叮叮噹噹」，雨打在不同的地方，就發出來不同的聲音。
S3：接續在後面的還有「嘩啦嘩啦」、「淅瀝淅瀝」、「啪啦啪啦」、「嘩啦啦」，整座森林熱鬧的就像一座音樂廳一樣。最後是像打小鼓似的！
「啪」
「通通通！」
「咚──咚咚咚──」 | C-2-2-2-2
能針對問題，提出自己的意見或看法。 | 二、欣賞、表現與創新。 | 能踴躍發表。 |
| | | (6) 接下來請專注在文句的安排，想一想作者如此安排的用意。那也是另一種語言及情緒的表達形式。
雨，
已經，
下了很久了。
……
……
……
雨，
不大。
(7)「雨，已經，下了很久了。」如果改成「雨已經下了很久了。」有什麼不同的感覺？
S1：原來的比較有節奏感。
S2：原來得比較有感情，情感比較 | E-2-3-2-2
能概略理解文法及修辭的技巧。 | 二、欣賞、表現與創新。 | 能專注思考文句的安排用意並踴躍發表。 |

		深刻。			
		S3：原來的節奏比較慢，有細細品 　　味的感覺。			
		2.〈廚房裡的眼鏡蛇〉	20	E-2-5-9-1 能用心精讀 ，記取細節 ，深究內容 ，開展思路 。	九、主 動探索 與研究 。	能用心 精讀。
		(1) 學生先個別默讀。這篇文章有 　　著一份衝突的趣味性，適合讓學 　　生自己親臨那份驚訝和奇異。			
		(2) 這篇散文有著一種驚奇的趣 　　味性，你覺得這篇文章最精采 　　的地方是哪裡？			
		S1：當作者看到掛在水龍頭上的 　　眼鏡蛇，兩腳發軟匆匆忙忙的 　　跑去找回父親時。		C-2-2-2-2 能針對問題 ，提出自己 的意見或看 法。	二、欣 賞、表 現與創 新。	能回答 老師的 問題。
		S2：最後，作者的父親竟把眼鏡蛇 　　烤成一塊塊的蛇肉要給作者 　　吃，作者傻了眼的時候。			
		3.〈有情樹〉	40			
		(1) 學生先個別默讀。			
		(2) 這篇散文極有深度，四年級的 　　學生可能還看不太懂。例如文 　　章中的某些古典詩句：「窗寒 　　西嶺千秋雪」、「日出東南隅， 　　照我鼠氏樓……」某些詞句： 　　「氤氤氳氳的綠黃」、「內在 　　生命的放射」、「紅堂堂」。 　　老師要先加以解釋。		2-3-2-2 能概略理解 文法及修辭 的技巧。	二、欣 賞、表 現與創 新。	能用心 聆聽。
		(3) 當作者描寫 V 形樹椏上日出的 　　景象時，用了譬喻修辭的描寫 　　技巧，你發現了了嗎？			
		S1：一個紅堂堂的原點，像沉落在 　　藍色大酒杯中的一粒櫻桃。			
		S2：紅櫻桃輕輕一跳，變成一個光 　　華閃閃的橘子冰淇淋甜筒。			
		S3：不一會兒又變成透著紅光的 　　扇形脆餅。			
		S4：突然一個難以察覺的震動，樹			

	椏裡跳出一個……的金色太陽。 T： 作者善用譬喻修辭拉近了讀者和作者之間的距離，像「紅櫻桃、橘子冰淇淋甜筒、扇形脆餅」這三個東西，讓小孩子們看懂了，而且看得喜孜孜、樂陶陶的。 (4) 這篇文章最重要的生命意涵「有情樹」是指什麼？ S1： 描寫松鼠在 V 形樹椏築巢，擋住作者欣賞日出的事情，作者由不高興轉而體諒一個當媽媽的為新生兒的出生，準備一個溫暖舒適的家的用心。 S2： 松鼠媽媽千挑萬選想給新生兒的幸福，作者感受到了，所以後來很高興和一窩松鼠共享日出。	C-2-2-2-2 能針對問題，提出自己的意見或看法。	二、欣賞、表現與創新。	能回答老師的問題。
	4. 〈旗手〉 (1) 學生先個別默讀。 (2) 〈旗手〉一文中本想將店員同學找錯的「一毛錢又五個銅板」據為私有的林良，後來他怎麼想？怎麼做？ S1： 想起被眾人知道後會造成自己和父親的各種傷害。 S2： 所以林良誠實的把錢還給店員同學。 S3： 因為林良能這樣想這樣做，是個好榜樣，所以受到表揚，由可能成為「小偷」變成「旗手」。	20 E-2-5-9-1 能用心精讀，記取細節，深究內容，開展思路。	九、主動探索與研究。	能安靜的默讀並能踴躍的發表。
	5. 〈超齡〉 (1) 〈超齡〉描寫國小聯合運動會大隊接力賽熱鬧賽事的景況，氣勢磅礴，老師可先範讀	30 B-2-2-4-5 能在聆聽過程中感受說	四、表達、溝通與分	能仔細聆聽老師的範

	一次，讓學生學習朗讀這類型文章該有的語言表情。		話者的情緒。	享。	讀。
	(2) 學生共同朗讀，教師一邊指導，要學生注意語調的高低、抑揚頓挫、轉折等，要隨著氣勢表達出語言的力量。				
	(3) 超齡跑手擔任莒光隊最後一棒，漂亮的完成一直領先的任務，贏得了第一名。但主辦單位發現這位跑手超齡，取消了莒光隊的冠軍資格。莒光隊的隊員有什麼反應？為什麼？		C-2-2-2-2 能針對問題，提出自己的意見或看法。	二、欣賞、表現與創新。	能踴躍的發表。
	S1：莒光隊依然將這位跑手拋向天空，抱在一起再度歡呼。。				
	S2：因為這位跑手的繼父不讓他讀書，第三年經校方會同警方的拜訪，他才得以入學。。				
	S3：但也是三天兩天必須請假幫忙搬汽水，這位同學沒有怨言，反而感恩繼父的照顧。所以校方和其他選手也不在乎林同學超齡犯規的問題，一心希望成績好人緣好的體育健將林同學第一個回到終點線。				
	6. 〈菜市街〉				
	(1) 學生共同朗讀。	20	E-2-5-9-1 能用心精讀，記取細節，深究內容，開展思路。	九、主動探索與研究。	能踴躍的發表。
	(2) 桂文亞的〈菜市街〉筆調輕鬆，非常有趣。逛菜市街可能是每個孩子都有的經驗，或者跟媽媽去，或者跟奶奶去，大家都有新鮮熱鬧的經驗，請大家一起來分享。				
	S1：我跟奶奶去傳統菜市場，奶奶都會買一碗便宜好吃又大碗的乾麵給我吃。				
	S2：我的爸爸媽媽都是上班族，所				

	以我們只能利用假日去逛大賣場。 S3：我們假日都離開市區，住到郊外去，爸爸最喜歡去逛海港邊的魚市場了。 S4：我喜歡菜市場熱鬧的叫賣聲，感覺很有活力，充滿生氣；去走一走，看一看各色各樣的東西，開開眼界，心情會好很多。 7.〈戲院是我的大教室〉 (1) 教師先範讀，學生再共同朗讀。 (2) 這是一篇切合學生課程學習經驗的文章，老師必須在學生閱讀完之後，稍加解釋說明，因為有寫課程原理和內容，現今的四年級學生可能看不懂。 (3) 一個戲院裡的種種瑣碎事物都可以和所學的課程相結合，舉例說一說吧！ S1：打掃和槓桿原理。 S2：外找和針孔原理。 S3：賣票與先乘除後加減問題。 S4：賣了多少票和植樹問題、換劇照和幾何數學。 (4)「戲院是我的大教室」，作者的靈巧處，是在於她如何運用智慧，讓自己能隨時學習隨時應用？ S1：作者的靈巧處還在於她如何利用零碎時間，什麼情況下讀什麼書。 S2：讓現在要上五花八門的才藝課的我們，也學習到如何利用零碎時間做些自己喜歡的事。 8.〈阿爸的烏魚子〉		40	E-2-5-9-1 能用心精讀，記取細節，深究內容，開展思路。 C-2-2-2-2 能針對問題，提出自己的意見或看法。	九、主動探索與研究。 二、欣賞、表現與創新。	能用心聆聽、閱讀。 能踴躍的發表。

		(1) 學生共同朗讀。	40	C-2-2-2-2 能針對問題，提出自己的意見或看法。	二、欣賞、表現與創新。	能踴躍的發表。
		(2) 一起討論吃過「烏魚子」的滋味如何？				
		S1：烏魚子要切成薄薄的片狀，乾煎過就好。				
		S2：不能再加鹽巴，那會鹹很難吃。				
		S3：阿嬤講要配蒜苗更好吃。				
		(3) 烏魚子怎麼來的，如何製作而成的，大概是這篇文章要帶給我們的學習，大家說說看吧！				
		S1：捕抓烏魚俗稱「跳烏」，母烏魚才有烏魚子。				
		S2：製作烏魚子的方法是先將母烏剖開肚腸，小心的拉出黃橙色的魚卵，輕輕放進水盆裡。				
		S3：接下來是魚卵要用清水洗乾淨，清除黏附在魚卵上的微細血管，最後用鹽巴幫烏魚子爽身。				
		S4：接下來是要把烏魚子平放在木板的夾層裡，並覆蓋上潔淨的白紗布，木板上要穩穩的壓上紅磚塊。				
		S5：最後的一道功夫是要拿山烏魚子放在陽光下曝曬，要記得替魚卵翻身。				
		(4) 阿爸的烏魚子，有什麼特別吸引人的味道？				
		S1：是阿爸親手做的。				
		S2：有阿爸的愛心。				
		S3：有一段深藏在記憶中的溫情。				
		9.〈毛絨絨的冬天〉				
		(1) 學生共同朗讀。	20	B-2-2-10-11 能正確記取聆聽內容的細節與要點。	十、獨立思考與解決問題。	能積極討論並踴躍的發表。
		(2) 在這篇散文裡，作者利用視覺摹寫迷惑了讀者，請你把它找出來。				
		S1：黃橙橙的柳丁、綠瑩瑩的檸檬。				

		S2：柳丁黃、檸檬綠。 S3：蓮霧紅、葡萄紫。 S4：紅豔豔的蘋果、棗子紅。 S5：毛絨絨的冬天。 　(3) 我們也來玩「顏色」和「水果」、「水果」和「顏色」的遊戲。 S1：櫻桃紅、黃澄澄的柿子。 S2：辣椒紅。 S3：辣椒是蔬菜。 10.〈那天下午‧今天晚上〉 　(1) 學生共同閱讀。 　(2) 這篇散文的主題本身有著特別的意味，在閱讀的時候，要特別注意一下，作者是如何下標題的，想一想，請大家說說看？ S1：「那天下午」是指方素珍和好友几桂芳一起去繳交比賽作品的景況，那時候她們期望作品受到矚目，心情上「既期待又怕受傷害」。 S2：「那天下午」的三個月後的「這天晚上」是指頒獎典禮結束後，彼此互相安慰要接受這次的挫敗。 S3：「那天下午」是指開始，「這天晚上」是指結束。 　(3) 閱讀這篇文章時，班級圖書架上正展示著方素珍的《祝你生日快樂》，我便拿起了這本書，唸起這本圖畫書，問孩子們喜不喜歡這個故事，是不是對本書的圖也很喜歡。方素珍和几桂芳很努力認真的完成另一件像這樣的作品，但卻沒有得獎。如果我們看到《祝	40	B-2-2-10-11 能正確記取聆聽內容的細節與要點。	十、獨立思考與解決問題。	能用心感受並發表。

	你生日快樂》是如此令人「驚豔」，就能體會作者從「那天下午」到「今天晚上」的心情了。 11.〈由你決定的冒險記〉 　(1) 學生共同閱讀。 　(2)〈由你決定的冒險記〉這篇散文，充滿了冒險的樂趣，作者創作了一個宛如迷宮一樣的散文組曲，不管做了「Yes」或「No」的選擇，都是要接受挑戰的心跳一百的決定。 　(3) 根據文本拆解文章結構，將整篇散文設計成一本八頁小書的格式，分組仿作〈由你決定的冒險記〉。 　(4) 第一頁是封面，標題設計要有冒險的風格及氣氛，要寫上組別及成員。 　(5) 第二頁貼上本文的第一段「冒險記」的簡介。第三頁進入冒險記的開始，開始抉擇了。 　(6) 第四、五、六頁是三個抉擇的事件，不管是「Yes」或「No」都要有驚爆的冒險元素形構而成的內容。 　(7) 第七頁是總結。第八頁是封底，有同學的話、家長的話、老師的話，故事要與人分享，要有回饋。	40	B-2-2-10-11 能正確記取聆聽內容的細節與要點。 E-2-3-2-1 能了解文章的主旨及取材結構。 E-2-3-2-2 能概略理解文法及修辭的技巧。 E-2-3-2-3 能認識基本文體的特色。	十、獨立思考與解決問題。 二、欣賞、表現與創新。 二、欣賞、表現與創新。 二、欣賞、表現與創新。	能記取聆聽內容。 能了解文章的結構。 能理解文法及修辭技巧。 能認識文體特色。
	（三）綜合活動 　　各組仿作作品上臺分享。	10			

表 6-3-2　全文字閱讀教學設計（二）

全文字閱讀的教學設計（二）

單元名稱	生命的地圖──少年小說	教學對象	四年級下學期
設 計 者	曾麗珍	時　　間	120 分鐘

| 教學目標 | 1. 為達到由圖像閱讀銜接到文字閱讀教學的目的。
2. 由「文文文」的全文字圖像閱讀比例選材進行教學。
3. 由身邊所及兒童讀物，包含圖畫書、橋樑書等讀物進行選材。
4. 培養學生喜歡閱讀、養成閱讀習慣，進而能獨立閱讀的能力。 ||||

教學活動名稱	教學活動內容	時間	分段能力指標	十大基本能力	評量方式
活動一： 生命的地圖	一、準備活動 （一）教師 　　1. 準備小說讀本、《雨果的秘密》、《一碗湯麵》、《代做功課股份有限公司》、《超時空友誼》。 　　2. 準備閱讀單，八開圖畫紙。 二、教學活動 （一）引起動機 　　1. 介紹《雨果的秘密》這本書──這本重量級的書，把圖畫書和文字書合為一體，讓文和圖輪流說故事，帶領讀者進入書中世界，人物表情、場景關係一目了然；這些圖畫翻頁時，更能身歷其境的感受到神秘、懸疑和緊張的情緒。 　　2. 請已經閱讀過的學生和大家分享。 　　S1：這本書雖然又厚又重，但都	10	B-2-2-10-1 能正確記取聆聽內容的細節與要點。	十、獨立思考與解決問題。	能用心聆聽與分享。

		是用簡短的句子寫的，讀起來很容易！ S2：這本書的厚度雖然驚人，但是書裡的精緻插圖會帶領你一直往下讀。 S3：然後，你會突然發現，自己怎麼一下子就讀了一半！ T：其他的小說就像這本書一樣，不要被它的文字量嚇到了，讀看看，你會被故事迷住了，會一頁接著一頁看下去的。 （二）發展活動				
		1.《代做功課股份有限公司》 　(1) 寒假閱讀完畢並書寫學校規定的線上閱讀發表心得，要詳細閱讀，開學後要完成閱讀存摺。 　(2) 將老師已編印好的閱讀存摺小書發給學生。 　(3) 封面寫上班級、姓名，第一頁寫上書名、作者、譯者、出版社、閱讀日期。	30	E-2-2-1-1 能養成主動閱讀課外讀物的習慣。	一、了解自我與發展潛能。	能認真閱讀。
		(4) 第二頁，開始第一個討論書寫的項目「閱讀寫作技巧練習——角色網」。想一想，找一找，這家「代做功課股份有限公司」的成員有哪些人？（也就是這本書的主要人物）分別寫出他們的名字和職務，再來分別找出他們的生理特徵和心理特徵，以便了解書中主要人物的個		B-2-2-10-1 能正確記取聆聽內容的細節與要點。	十、獨立思考與解決問題。	能用心的討論並仔細書寫討論內容。

241

		性、外表。			
		(5) 第三頁，討論書寫的項目是「修辭練習」。這本書有很多發人深省的話。找出以下的話是誰說的？自己同意這些話嗎？原因？			
		(6) 第四頁，討論書寫的項目是「五花八門的家庭作業」。每個班級的作業都有它的學習目的，讓學生帶著小書利用下課時間到各班級去調查，完成紀錄後再討論各種作業的難易度、挑戰性及學習目的，還有看一看自己班的家庭作業與別班有何異同，其各自特色及目的又有何不同？並請學生發表他們喜歡什麼樣的家庭作業，比較有趣、有學習動機和學習效果。	E-2-8-5-3 能在閱讀過程中，培育參與團體的精神，增進人際互動。	五、尊重、關懷與團隊合作。	能完成調查活動。
		(7) 第五頁，討論書寫的項目是「調查方法大公開」。在本書中提到很多作業都需要去調查的問題，到底哪些作業需要調查？要如何調查？調查之後對自己又有什麼幫助？請小朋友思考一下，寫下自己調查的方法，再提出和大家互相討論一下，或許會發現有許多對學習非常有幫助的方法喔！	C-2-2-2-2 能針對問題，提出自己的意見或看法。 F-2-10-3-2 能嘗試創作（如童詩、童話等），並欣賞自己的作品。	二、欣賞、表現與創新。 三、生涯規畫與終身學習。	能用心的討論並踴躍發表。 能將自己的改變歷程書寫出來。
		(8) 第五頁，討論書寫的項目是			

| | | 「思考活動」。我曾經因為某人、某事或某一句話，改變了我的想法或態度，寫出改變的心理歷程。
(9)「代做功課股份有限公司」這個書名，在你第一次看到時，有些什麼想法？
S1：興奮的想像著這簡直是天上掉下來的禮物。
S2：很訝異！真有書中所說的這樣一家寫功課的公司嗎？
S3：老師，我們都很需要。
2.《超時空友誼》
(1) 給學生三個星期的時間，利用課餘及週末假日的時間閱讀完畢。
(2) 共同討論，並發下閱讀單並請學生寫出書中主角宜舟超越時空所遇見的古人是哪五位？
S1：岳飛、朱元璋。
S2：陶淵明。
S3：譚嗣同與鄭板橋。
(3) 這五位古人誰讓你印象最深刻？原因是什麼？
S1：朱元璋，因為很有名。
S2：鄭板橋，因為他誠實又大膽的照顧自己過日子，拚命讀書，盡情玩樂。
S3：岳飛，因為他的兒子很孝順。
S4：岳飛，因為我覺得他很勇 | 40 | C-2-2-2-2
能針對問題，提出自己的意見或看法。

E-2-8-5-1
能討論閱讀的內容，分享閱讀的心得。 | 二、欣賞、表現與創新。

五、尊重、關懷與團隊合作。 | 能用心的討論並踴躍發表。

能踴躍發表。 |

		敢，雖然他被秦檜害死，但是他的勇氣還是令人佩服。 S5：岳飛，因為他是我第一個認識的名人。 S6：朱元璋，因為他的臉長得很奇怪。 (4) 如果有一天你遇見故事中的五位古人，你會想對他們說什麼？ S1：朱元璋，你是真的會魔法嗎？ S2：鄭板橋，我也想吃吃那燒餅。 S3：岳飛，你的武功好棒！ S4：陶淵明，你的膽子好大。 S5：譚嗣同，可不可以跟你去騎馬？ S6：岳飛，打仗時要努力奮鬥到底，不要放棄。 S7：陶淵明，你人雖好，但酒不要喝太多。 S8：譚嗣同，遇到困難的事，你一定很難過。 S9：朱元璋，你很想救國，但全身又長痘痘，真可憐。 S10：鄭板橋，你愛創字，要多努力喔！ S11：朱元璋，你的臉已經都好啦！恭喜你！ S12：鄭板橋，你好強哦！詩書畫都會。 S13：岳飛，最後被騙了，好冤	E-2-8-5-3能在閱讀過程中，培養參與團體的精神，增進人際互動。	五、尊重、關懷與團隊合作。	能踴躍分享、發表。

		枉。 S14：譚嗣同，你好厲害哦！都 　　　不會痛嗎？ S15：陶淵明，你的詩應該很 　　　美！ S16：朱元璋，還好我不是以前 　　　的人。 S17：鄭板橋，你怎麼可以懷疑 　　　自己的老婆？說不定她 　　　沒有啊！ S18：岳飛，你好可怕喔！要好 　　　好的保護兒子。 S19：譚嗣同，你也很有勇氣。 S20：陶淵明，你真是一個很厲 　　　害的文學家。				
		3.《一碗湯麵》 (1) 給學生三個星期的時間，利 　　用課餘及週末假日的時間 　　閱讀完畢。 (2)【內容導讀】 　　　這本書是 1998 年日本 　　最暢銷、最受歡迎的兒童 　　書。書裡一共有兩個故事： 　　第一篇〈一碗湯麵〉，大家 　　都被那位堅強的母親，力爭 　　上游的兩個小兄弟，以及和 　　藹可親的麵店老闆所感 　　動，這是一篇充滿人情味與 　　勵志的真實故事……第二 　　篇〈阿健與聖誕老公公〉， 　　敘述貧苦但聰明伶俐、卻得 　　絕症的阿健，他樂觀、勇敢 　　地活著，讓每一位認識他的	40	E-2-8-5-1 能討論閱讀 的內容，分 享閱讀的心 得。	五、尊 重、關 懷與團 隊合作。	能仔細 閱讀。

		人，對他都有一份無比的同情與疼惜之情。 (3) 共同討論，並發下閱讀單。 (4) 請你在看完這本書後，回答以下的問題： ◎這本書的內容包含哪兩篇故事？ S1：〈一碗湯麵〉和〈阿健與聖誕老公公〉。 ◎〈一碗湯麵〉這篇故事發生的地點在哪裡？（請詳述） S1：這個故事是十五年前的十二月三十一日，也就是除夕夜，發生在日本札幌街上一家「北海亭」的麵館裡。	C-2-2-2-2 能針對問題，提出自己的意見或看法。	二、欣賞、表現與創新。	能用心的討論並踴躍發表。
		◎在日本除夕夜吃什麼？ S1：除夕夜吃蕎麵條過年是日本人的傳統習俗。 ◎〈一碗湯麵〉這篇故事的內容，最讓你感動的地方是什麼？ S1：小淳把〈一碗湯麵〉寫成一篇作文，大聲的把那篇作文唸出來的地方。 S2：因為哥哥認真的送報，小淳幫忙買菜做飯，使媽媽可以安心工作，公司發給我一份全勤的特別加給，因此今天就將剩下的部分就	E-2-8-5-2 能理解作品中對週遭人、事、物的尊重關懷。	五、尊重、關懷與團隊合作。	能用心的討論並踴躍發表。
			E-2-8-9-4	九、主	能用心

| | | 全部繳完了。
S3：一家堅強的生活，真是太感動了。
◎「北海亭」的老闆、老闆娘如何鼓勵小淳一家人？從故事中你找到他們如何默默行善又顧及別人自尊的行為了嗎？請寫出來。
S1：就是小淳一家人每次吃完要走的時候，老闆和老闆娘一定會說一句：「謝謝你們！新年快樂！」
S2：偷偷的把一半的麵糰加進去，而不是直接拿三碗給他們吃。
S3：老闆娘偷偷地在丈夫的耳朵旁說著。「喂，煮三碗給他們吃好不好？」「不行，這樣做他們會不好意思的。」
◎〈阿健與聖誕老公公〉這篇故事中，阿健是如何表現他的勇敢？
S1：對一直守在身邊的媽媽鼓勵說：
「媽媽，我會忍耐……您不用擔心」
S2：阿健每天接受各種翻來覆去的、抽血驗尿的檢查，雖然各種檢驗很不舒服，但他仍勇敢地 | 能主動記下個人感想及心得，並對作品內容摘要整理。

C-2-2-2-2
能針對問題，提出自己的意見或看法。 | 動探索與研究。

二、欣賞、表現與創新。 | 的討論並踴躍發表。

能踴躍發表。 |

		面帶笑容。			
		◎阿健的家人是如何對待阿健？			
		S1：為了阿健，媽媽特地將自己的毛衣拆掉，改織成他的聖誕禮物。			
		S2：阿健的媽媽，都在床邊看守著，拄著拐杖的奶奶，在病房的角落傷心地哭泣！			
		◎查一查下列語詞的意思，並在（　）內填上語詞出現在書中的頁數： 古道熱腸（　）： 津津有味（　）： 打烊（　）： 戰戰兢兢（　）： 熱絡（　）：	D-2-2-3-1會查字辭典，並能利用字辭典，分辨字義。	三、生涯規畫與終身學習。	會使用字辭典並完成作業。
		◎在這本書中一定有最讓你感動的一幕，請你畫出來，還要講給家人聽喔！			
		（三）綜合活動 　　將共讀小說的閱讀學習單，整理成檔案，參與學校期末語文教學成果展。			

第七章

相關研究成果的應用推廣

第一節
提供教學者自編教材與改善教法的借鏡

一、「橋樑書」正流行

　　正當我埋首在本論述的撰寫時，臺北市訓練閱讀種子老師的福林國小開了「精進閱讀教學」研習，邀請的師資有國家教育研究院籌備處的研究員吳敏而主講閱讀理解策略探討和實作，國立中央大學講師游婷雅主講深度理解文章與出題原則及檢核、分組進行文章結構分析實作，臺東大學兒文所前所長張子樟主講童話閱讀指導，南大附小老師溫美玉主講國語科課文與閱讀教材的連結低、中、高年級案例分享。學校裡同學年的老師都要去參加了，其中有位閱讀種子老師和我討論到這次的研習內容應該和 PIRLS 國際閱讀評比有關，大家都對目前閱讀教學的問題和趨勢有同樣的敏感度。後來她問我論文研究的主題，我說和「橋樑書」有關，她告訴我這議題現在很夯，我說有一些時間了。我告訴她我的撰寫意圖——張子樟等關心教育的人士，擔心過度的推廣圖畫書閱

讀會讓學子們誤以為閱讀的視野就是如此，無法進入全文字閱讀，於是同樣關心教育的出版界人士，引進了橋樑書，期望能達到從圖像閱讀銜接到文字閱讀的理想；然而楊茂秀、林美琴一樣關心教育的人士也極力的告訴大家，圖畫書的閱讀就是要帶領學子們從幼兒期就能漸次培養閱讀興趣和習慣的，還有圖畫書中圖文合為一體，讓文和圖輪流說故事，圖畫一方面分擔文字敘事的功能，一方面比文字更直接的帶領讀者進入書中世界，這樣對於培養閱讀興趣和習慣是有所助益的。說完目前關於橋樑書出現的緣由，接著我說：標明「橋樑書」的書很多是外國翻譯的，本土的不多，怎見得完全適合我們的學生；另外一個是框架設定的限制問題，為了銜接孩子進入文字閱讀的家長們，為孩子買書時有可能都選擇標明為橋樑書的書。但其實身處教育現場第一線的我們都知道，橋樑書是一個小框框，就像美國的閱讀分級系統，橋樑書（chapter book）只佔一個小小的環節，我們把自己推到那個小環節裡，但渴望有大改變。其實，在課室裡摸索一切的我們其實很明白，身邊所有的一切讀物都可以是學生們所需的橋樑書，而且每一個學生都有依他的程度所需要的橋樑書，不是標明出版著「橋樑書」的書就能解決從圖像閱讀銜接到文字閱讀的問題的。這位細膩、認真而用心推動閱讀的種子老師點點頭，她說：對呀！就是這個樣子。我說我們每天跟學生在一起，我們跟他們的互動這麼多，敏感度更微細啊！就這樣我跟她聊起橋樑書自編教材的事，她看了一下綱要，很有興趣，我說等寫完時給你比較完整的內容，一起研究！

二、實施自編教材的歷程

　　我的自編教材當初從文類開始尋找，為什麼會是文類？那是有緣由的。剛開始是從童詩，那是在一場「少年小說進校園」的研習中，張子樟提及可以先從詩歌開始教起，讓學生練習純文字閱讀，我自己也很喜歡詩，收集了一疊「為兒童寫詩」的詩，就這樣我的學生人手一詩，我開始想做起銜接教學的工作。等下次再去聽課時，聽到張子樟又說了，他說詩的意象是比較難教的。我想我的重點放在朗讀、繪圖，沒有把意象教學這一塊鋪陳得很艱深，所以這點應該不會造成我的阻礙。兒歌自己有點忽略了，是指導教授周慶華老師提醒我，這才想起還好平常上臺語課，我最愛讓學生唱課文中編寫的臺語兒歌，所以這不成問題，我們本來就在唱，又愛唱。接著的是童話，那是因為再來應該要講故事了，因為看到七星潭在《國語日報》刊載的「滑不溜丟的故事」，因為喜歡聽楊茂秀講故事，所以想講他寫的故事。但當我　開始著于找起童話故事時，發現真是繽紛燦爛哪！所以我給學生們講的是九歌童話選中得獎的童話故事，但是用刊載在《國語日報》有注音有插圖的版本，翻遍了學校家裡的舊報紙，夠認真吧！就是要原味。寓言故事也是周慶華老師提醒的，這點很感激老師，因為自己對寓言故事比較少接觸，因此找到許多現代寓言和古代寓言新詮釋的故事，學生們讀起寓言故事也是眼睛為之一亮，因為故事中機智、冷靜、智慧、幽默、嘲諷的文章風格，和先前所讀的比較幻想、柔性的文章有所不同。它接觸現實、充滿挑戰性的節奏，能學生頭腦轉轉轉，這合不合理，

還可以怎樣解決這件事，很真實很實用。所以進行寓言故事教學時，現代寓言故事的主講人都是學生，我是輔助者而已。

　　兒童散文是因為「名家散文講座」的研習，廖玉蕙和簡媜同時提到散文教學的實例探討，我才有了指導學生閱讀散文的構想，在這之前連「兒童散文」這個文類我都還沒聽過，但是散文大家琦君的作品我可是在國中時代就翻看一大半了，所以我稍稍能理解「兒童散文」的模樣了。有了廖玉蕙和簡媜講授中的指導，我有了指導學生閱讀兒童散文的意圖，於是開始找資料，找資料的過程中反而覺得是自己獲益良多。十幾年來「兒童散文」已成為兒童文學的一個文類，而且作品相當多，質優且富含文學美感，我真覺得自己是到處在挖寶。兒童散文的教學已邁入全文字教學，課室裡的國語課本的文章都是散文的形式，但要另外教兒童散文是因為課室裡的國語課本的文章都已經刪刪修修不成味兒了。簡媜在講授中講了三個父親的故事，和我們的生命很貼近、和心靈很靠近；廖玉蕙也講述了自己父親的故事，廖玉蕙的文風清新溫潤，語帶詼諧、嘲諷，當她講述書寫逛菜市街的景象和文章內容時，真是趣味無窮，很貼近生活。帶著這兩位作家的散文靈魂，我有了帶領學生閱讀兒童散文的文學力量，我個人認為散文的純淨質地是引領學生接觸文學最美好的開端。所以在眾多兒童散文作品中，我選擇了十幾篇帶領學生細細品味，學生在閱讀兒童散文上，很需要的是生活經驗，慢慢的拉近他們的連結，學生很快的就能自己享受在散文閱讀的趣味中。生活故事一樣是散文，不同的是它和生活更貼近。普遍來說，學生有時覺得像是在看故事一樣，閱讀上對他們來說沒有很大的障礙。少年小說可就要有耐心了，因為擔心學生無法進入文字閱讀的階段，現在不管是研習會上、學校的故事媽媽讀書會上，到處都可看

到整裝待發處在準備推廣小說閱讀的路上。閱讀小說與其說要有耐心，不如說更需要的是閱讀的樂趣，因為不是為了閱讀而閱讀，而是為了樂趣、享受心靈之旅而閱讀。好的小說會讓學生讀起來，突然發現自己一下子就讀了一半！在班上帶領學生閱讀小說的歷程中，以中年級的學生來說，故事性強一點的，比較貼近生活經驗的小說，大部分的學生都可以一口氣讀完，厚薄不是問題，題材和類型比較是影響的因素。像《隨身聽小孩》、《佐賀的超級阿嬤》、《神奇樹屋》系列、《一碗湯麵》、《超時空友情》、《第一百面金牌》等這些類型的書，學生閱讀起來流暢無比，不需要老師導讀、監工，它就會喜孜孜的翻開來讀了。兒童戲劇從〈四隻大神龜〉、〈金鵝〉、〈誰偷了那些雞〉、〈會笑的星星〉，說實在話，學生對白都背好了，他們在等的是我什麼時候可以讓他們上演。以上談的是我在實施自編教材時的整個歷程，它是很自然發生的，也是對我有觸發、感動、收穫與成長的。

三、給新手的一些建議

　　做任何一件事一定有甘有苦，文學饗宴四部曲的教學過程也一樣會碰到困難。在此將我所碰到的問題與困難列舉出來，希望能給有志一同者一些協助，讓大家能更順利的進行此教學。

（一）在選材方面：要花費許多時間，而且要親自閱讀過，所以養成平時看到就蒐集起來的習慣，可以節省許多時間，也避免選到難易度不適合學生程度的文章。舉一個例子，當初在選編兒童散文時，要從《有情樹》一書中的一百四十篇散文中，選出十幾篇，如果要質好文佳也要花相當的一些時間，當時

我因為時間不夠，一看到〈有情樹〉這篇，心想它是拿來當書名的文章，選它一定沒錯。結果都印給學生了才發現這篇文章寫得很好，但是給高年級的學生閱讀比較適宜，給四年級的學生閱讀難度真的太高了，很難體會文章的意境。仔細端詳思索後，我抓出了文章中有許多譬喻修辭的句子，就這樣才帶領學生走進文中所描寫的情境，但那些結構相當精鍊簡潔的句子，我想他們可能很快就忘了，無法習得這樣的寫作技巧。另一個例子是我認為林良的作品淺顯卻有鮮明的意指，所以選了數篇，後來發現有一、二篇真的太簡單了，學生果真在讀完後一致的提出反應，這比較適合低年級看。

（二）在教學活動設計方面：教學活動除了口頭討論、文字的書寫之外，可能還有朗讀、繪畫、表演等不同的形式，不要把活動規劃得太複雜，避免安排像是成果發表的形式，因為我們的重點在閱讀後內在的學識涵養的提昇，如果流於表面的華麗熱鬧，就會降底閱讀層次的深度。舉「我來唸首童詩給你聽」的活動為例，可以連結的延伸學習活動很多，但是做這個活動已經花費了許多時間，當然學習效果很好，但是不能再做同樣形式的教學模式，這樣就會流於活動化。所以當學生和家長希望能在規劃一次這樣的活動時，我拒絕了。因為我要引導的是深度的閱讀欣賞，不是在做活動。所以，童話教學設計時，我就改變教學活動進行的方式，讓學生沉靜下來，把心思收攝在童話的角色個性、情節發展、故事旨趣等文章內涵探討方面。

（三）在時間規畫方面：教學活動不要貪多，要從最簡單的開始，降底期望值，才不會導致活動有頭無尾。以兒歌教學活動來

說，因為是後來為求兒童文學文體的多元性才規劃進來的，所以實施時間不足，教學成效就沒有辦法達到童詩教學那樣的效果。

四、文學饗宴四部曲實施的原則與理念

我的自編教材看似從文類來分四部曲，但仔細再看清楚，它其實是從字數少到多，文句從簡易到難，文體類型也從簡易而至繁複。這四個部曲你不必限定某一個時間一定要實施哪一個部曲，你要用漸次的順序來安排你的教學內容，這四部曲彷若是個兒童文學菁華倉庫，你要用「多圖少文→半圖半文→全文字」的原則與理念來提取，就像我在本論述第二章提及的閱讀的層級是漸進的，第一層級閱讀並沒有在第二層級的閱讀中消失，第二層級又包含在第三層級中。最高的閱讀層級，包括了所有的閱讀層次，也超過了所有的層次。以下面圖表來表示實施的漸次的順序：

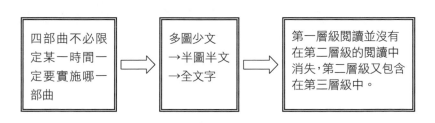

圖 7-1-1　四部曲實施的原理、原則示意圖

所有的銜接教學工作，操作在老師的智慧之眼中，只要你了解學生現在需要什麼讀物，那本書就是橋樑書，你就是在幫他作架橋

工作了，漸漸地他也會憑著自己的感覺去尋找自己要的橋樑書。從簡單的開始，從身邊的材料著手，從認識所謂的橋樑書開始，理念很簡單就是幫助學生「從圖像閱讀漸漸走入全文字閱讀」，最後並不拋棄圖像閱讀，而是統統都閱讀。最後，希望我的經驗能帶給有志一同者一點參考和幫助。

第二節
激發學習者自我建立階次閱讀模式的參照

一、一七十本橋樑書閱讀觀察報告

在這一節裡，我想要將自己閱讀過〈一七十本橋梁書推薦與導讀〉一文中所推薦的書籍，自己翻閱過後的心得和大家分享。因為當自己更清楚更明白「橋樑書」的內涵和特色後，才能進一步作拓展的工作。我依著推薦的級次去閱讀，這樣可以察看它的銜接性是否完整。

（一）第一級導讀

劉清彥在第一級導讀：5000 字以下的開頭這麼寫著：這一級的橋樑書是要幫助剛學會識字，需要大人協助共讀，逐漸發展獨立閱讀能力，延續閱讀習慣和建立閱讀自信的媒材。是以貼近小孩生活經驗為主題，搭配簡單的故事概念與思維邏輯，用有限詞彙構築

成的精簡語句所撰寫而成的故事，是他們開始正式透過文字，親自體會文學美感的重要閱讀經驗，並且藉此一點一滴累積日後提筆為文的寫作養分。

1.【小熊】系列

在兒童文學史中具有橋樑書開路先鋒地位的【小熊】系列，是由圖文創作者艾爾斯・敏納立克與莫里斯・桑達克，從 1957 至 1968 年間聯手打造的橋樑書，用俐落清爽的文字和洋溢藝術性的維多利亞時代畫風圖像。我看過這套書後覺得維多利亞時代畫風圖像很特別，但和這樣有同等功能的讀物也很普遍。

2.【青蛙和蟾蜍】系列

美國知名童書作畫家阿諾・羅北兒的【青蛙和蟾蜍】系列，羅北兒在這對宛如小孩化身的寶兄弟擔綱演出的故事中，細膩描寫他們之間超越性格差異的動人情誼，和各種有趣的生活哲學思考，是許多小孩心中的最愛。我看完後也想說，它也是我的最愛，是值得一再推薦閱讀的一套書，大人小孩、老少咸宜。米奇巴克出版社引進的一系列法國橋樑書，作者以故事為小孩開啟知識的窗口，激發多元思考和創意。

3.《薩琪到底有沒有小雞雞？》

米奇巴克出版社引進的一系列法國橋樑書，作者以故事為小孩開啟知識的窗口，激發多元思考和創意。《薩琪到底有沒有小雞雞？》具體呈現這樣的概念。以輕鬆詼諧的筆調，透過偵探遊戲的探索過程，幫助小孩了解兩性差異，學習彼此尊重。這是一本圖畫

書，也是橋樑書，學生很喜歡，我也很喜歡，也很極力推薦，但是和這樣極具創意的圖畫書也很多啊！為什麼其他的圖畫書就不是橋樑書？

4.【我會自己讀】系列

《天下雜誌》的【我會自己讀】系列，則是有系統的選輯美國橋樑書龍頭出版社──哈潑柯林斯所企畫出版的作品，以精準的文字和故事結構，增進並擴展小孩的閱讀和思維能力。這套書我讀過後，覺得「精準的文字和故事結構」這樣的兒童讀物，臺灣本土的作品也不少，光是中華兒童叢書裡就有一大堆。

5.日本童書

日本童書《平底鍋爺爺》，作者透過活潑生動的角色和高潮起伏的情節，引領小讀者隨著平底鍋爺爺一起歷險，從中領略樂觀、智慧、關懷與勇敢的人生哲學。我讀過後很欣賞作者將一個平底鍋，這樣平常而不起眼的鍋具，賦予生命，並開展出溫馨、勵志的故事。較近代的作品《黃色水桶》、《吊橋搖啊搖》，以及《小熊貝魯和小蟲達達》三部曲，則更貼近小孩的心境，在作繪者帶有淡淡醍醐味的圖文創作中，體驗人生的甘苦。都是好書，但為什麼一定要稱為橋樑書，可能是它的字體比較大吧！這是橋樑書的特點之一。

（二）第二級導讀

第二級：5000 到 10000 字，在獨立閱讀之路逐漸邁向坦途的小孩，倘若能持續閱讀習慣，閱讀和思維能力會日漸提升。能讀完

比較長篇的故事，可以理解比較複雜的邏輯與因果關係，對情感的體會更深刻，且具有更精準的感知力與表達能力。因此，這類的橋樑書，雖然仍有圖像陪襯，重點卻在文字表現，使用的字彙增多，句子的長度與結構複雜度也提升，除了兼具文學性，同時提供語言學習的功能，成為他們跨入純文字閱讀的關鍵。

1.【兒童閱讀列車】書系

十年前開始，信誼基金會策畫出版的【兒童閱讀列車】書系，算是最早的本土企畫著作，期望有系統的搭建獨立閱讀的橋樑。使用中低年級能夠閱讀和理解的遣詞用字，述說有趣的故事（《咪嗚與阿旺》），描繪兒童成長的歷程（《娃娃屋裡的小女孩》），或是將原本生硬的知識軟化包藏其中（《又見吉吉與平平》、《植物的旅行》），為小孩營造萬花鏡般的閱讀經驗。這類的圖書，中華兒童叢書中也有類似的，可以多介紹中華兒童叢書，讓學生閱讀。

2.【字的童話】系列

語言學習必須得自母語作品的真傳，從這方面來看，【字的童話】系列的確具有寓教於樂的閱讀效果。兩位作者藉由趣味橫生的童話故事，將中文字的形音義、排列組合變化、使用與創造性，展演得淋漓盡致。《怪博士的神奇照相機》可以拍出字序顛倒的迥異詞意（例如將「豆花」拍成「花豆」）；扛長槍，走四方，尋找山大王的《英雄小野狼》，一路引領小讀者領略文句的聲韻、節奏與樂趣；〈紅妖怪白妖怪〉裡的膽小勇士張結巴，則親身為小讀者示範「斷句」方式對語句意義的影響；還有《小巫婆的心情夾心糖》裡所包裝的各種與「心」有關的性格和特質，都將語文學習不著痕跡

融入饒富童趣的故事中。這套書的每個故事都呈現不同的文句主題，使小讀者在閱讀中輕鬆吸收領略，漸漸發展出自己對語言和文字的感知力。這是一套我極力要推薦的本土橋樑書，它不應該只是橋樑書，是值得閱讀的好書。尤其對教學者，會有教材編制上的靈巧啟發。

3.【故事摩天輪】書系

大多數搜羅自日文讀本的東方出版社【故事摩天輪】書系，為小讀者引爆許多故事奇想。這系列書的字數落差比較大，從兩、三千字到一萬三千字都有，仍是橋樑書很好的選擇。例如屬於第一級的《愛挖耳朵的國王》在充滿荒謬性的幽默中，揭示明確的因果關聯；駕車到處營救解難的《貓計程車司機》（第三級），將連串的單一事件合體為完整的故事。

4.《杯子蛋糕的魔力》與《魔法餅乾的祕密》

日本作家安晝安子將故事與食譜結合的創作《杯子蛋糕的魔力》與《魔法餅乾的祕密》，閱讀精采有趣的故事同時，還能學習創意十足的食譜，文學與知識也因此像大缽中的雞蛋和麵粉，巧妙地融合在一起。這兩個來自日本書系的橋樑書，我閱讀過後覺得還好，還是那一句話，有很多的好書跟它們的特質很相仿，所以可以選擇的橋樑書其實還很多，只是出版社有沒有認同而已。

（三）第三級導讀

第三級：10000 到 20000 字，選入第三級的書單數量並不多，因為到了第三級，孩子已經具備一定的閱讀能力，如何讓他們持續

對閱讀保持興趣，挑戰更多的文字量，更厚的篇幅，是這一級的目標。且在故事類的書籍之外，選擇非文學類的讀物，藉著不同類型文字書寫的形式和邏輯，開闊閱讀的經驗。本級數的入選書，圖文的比例有比較大的變化，圖的量縮減為夾雜在頁面的配角地位，文字成為孩子閱讀中擷取資訊的主要來源。

1.【什麼都行魔女商店】系列

在【什麼都行魔女商店】系列裡，用剛轉學的奈奈發現魔女商店的經驗，寫成了《討厭魔法的小魔女》，加多了字量，不時幫襯的圖像，還有洋裁的知識，和隱身得很好的勵志味，是認真又體貼的橋樑作品。這系列書我很推薦閱讀，因為想像很廣闊，情節鋪陳細膩、用心，是值得一讀的橋樑書、好書。

2.《君偉上小學》

作家王淑芬的《君偉上小學》從一年級寫到六年級，是國產的校園故事中最具代表性，也大受歡迎的作品。作者幽默的筆法，雖然在字數和字量控制上並不具橋樑書的概念，但是內容和趣味度都是小學生的最愛。這我十分支持。

（四）第四級導讀

第四級：系列，第三級之後，就可以銜接另一類的出版類型，是以特定主角發展成的系列故事，這種系列書（series）往往能引發孩子一本接一本讀下去的興趣。

1.【神奇樹屋】系列

【神奇樹屋】系列這個結合知識和故事的系列書，充分運用時光穿梭的樂趣，巧妙地將資訊隱藏在故事的發展中，有一些懸疑的成分，可以寓教於樂。

2.【札克檔案】系列

【札克檔案】，揉合生活、幻想、冒險等元素，這個人氣系列在國外還拍成影集。小學階段，男生和女生的閱讀胃口會有些差異，大多數男生的閱讀力比同年級的女生弱，想讓小男生愛上閱讀，「札克」應該是個不錯的選擇。【札克檔案】對我來說，比【神奇樹屋】更具吸引力，果真只有吸引男生嗎？不過這兩個系列書是不同的風格，都是值得推薦閱讀的好書。

二、結語

以上是我閱讀過推薦的書單後檢視的心得，有一些橋樑書我很欣賞，極力推薦閱讀；有些橋樑書，我覺得它好，但閱讀經驗告訴我，有很多書和它一樣好，但出版社沒有標明它是橋樑書。當然，還有些書非常棒，是圖畫書。既然圖畫書也是橋樑書，那為何會擔心圖像閱讀影響文字閱讀的能力？我閱讀了大部分的推薦書目，作了這樣的檢視動作，那是因為我個人認為每個人都會有一個自己的閱讀進階系統，他會知道自己現在需要什麼口味的書，依著那個直覺去尋找；因為倘若閱讀真的讓人的心靈感到喜悅，他會自己不斷的往前探尋，那如果是為了閱讀而閱讀，就常要依別人的模式按表

操課了。或許有聲音會出現，小孩沒有那樣的自覺系統，因為連閱讀興趣和習慣都沒有養成。那我也要發言：我們幫孩子擬出來的書單，會不會把他框限在那裡？我因為教學而開展的橋樑書自編教材設計，是憑自己的教學經驗來尋找讀物的。在學生閱讀的過程中，不斷地發現問題，就不斷地修改調整，希望他們喜歡閱讀，希望他們沒有全文字閱讀的障礙，最後希望他們學會尋找自己的橋樑書。

第三節
促進制式語文教材編纂更新的取為準則

一、制式語文教材的困境

　　前一陣子，因為暨南大學教授李家同在一篇報紙的文章指出，小四學生就要學「層遞」、「映襯」、「類疊」、「設問」這些連許多中文教授都答不出來的修辭格，引起社會譁然。不少人跳出來呼應，現在孩子唸的教科書，不但跟生活脫節，簡直扼殺孩子的學習意願。在九年一貫還沒實施以前，我擔任高年級級任時，也沒有跟學生談及修辭的問題。但四年前回歸級任以後，看到當時的國語試卷，有一次的月考評量，同事出了一大題的「修辭大挑戰」，十題中有好幾題我也不會，後來我只好趕快惡補，也幫學生惡補。因為不知道九年一貫實施五年後的當時，原來中年級是要考修辭的，我也這樣半疑惑半入手的上路了。想一想，我們考學生辨識這些做什

麼？這樣寫作能力會增加嗎？根本不會啊！這樣只是要學生做很多細微的分辨，記住一些奇怪的名詞。學生的寫作能力越來越差，但考寫作技巧的名詞分辨卻這樣重要，是出在月考耶！很明顯，我們的語文教育在開倒車嗎？

在天下雜誌出版的《親子天下》雜誌 6 月號，教科書大揭密專題中，廖玉蕙在〈別讓修辭學困住下一代〉的文章中提到：「在教科書編輯與審查的領域中，要跟傳統拔河有多麼困難。」以修辭一事來說，她認為修辭太難、應該刪掉，其他委員卻認為修辭很簡單。大人會慣於用五十歲的成熟度來看小朋友，從沒有站在和孩子同樣的高度來看問題。難不難的問題，你要回到自己十歲的時候去看才客觀。不要說十歲的孩子，連我這個剛從自然科任回鍋的老師都答不出來。廖玉蕙覺得，小學和國中的國語文課本重點應該包括：（一）知識的獲得；（二）情意的開發；（三）創意的養成。這些都應該指向讓你的生活更容易，也就是在學校學習後，你會懂得說話、也很容易聽懂別人說的話，不會曲解別人的意思，看到數學題也能清楚明白的知道它在問什麼。聽說讀寫的學習，就是要能寫出一篇順暢的文章，讓別人知道你在想什麼，有沒有絃外之音。比如，母親節到了，你跟媽媽說帶她去整理整理頭髮，媽媽可能回答：「現在這樣還好，不要多花錢。」「不要多花錢」是什麼意思？應該是指「媽媽覺得髮型雖然不是很有造型了，但還可以接受，所以現在還不急著去整理。」如果是孝順的兒女，可能就聽得出來這種細微之處，否則可能只是理解媽媽說：「不要多花錢」。在文學的閱讀中，我們應該慢慢啟發孩子對人生事物的了解；或者事情發生後，知道該如何去解釋它，並能尊重別人的想法。這才是語文教育的最終目的：能幫助人在生活中容易為自己解套，看到人生更美好的景致，而不

是什麼事情一解釋下去就很糟，困住自己也困住別人。所以促進制式語文教材編纂更新，真是一個好大的課題，也是一門好難的學問。（廖玉蕙，2009）

二、蒐集資訊的真實性閱讀教學活動

　　什麼是制式語文教材，打開教學指引一看就知道。就像李玉貴說的：教學指引的課文閱讀教學觀和 PIRLS 所定義的閱讀歷程內含有所差距，教科書開放多年後的今天，教學指引的「內容深究教法」仍存在諸多問題。例如：任何文類均採固定的「老師問學生答」的閱讀教學流程，語文教材雖以單元編輯，但各課閱讀教學採單課獨立的「內容深究」設計模式等。「內容深究」的閱讀觀點，與 PIRLS 重視閱讀歷程、強調閱讀是為了欣賞文學與蒐集資訊的真實性閱讀（authentic reading）有所差距。我上課時不看教學指引，只看後面有沒有值得參考的補充資料，因為課文已被刪刪修修的沒多少文學美感了，不想再帶著學生一直嚼著那些乾巴巴的字音字形、一字多音、相似詞、相反詞等。我也不看李玉貴所指的指引上的內容深究部分，因為唸完課文幾遍，學生都知道要答什麼。我想到的是，例如：這個單元是植物的世界，四課分別是詩歌，主題是蒲公英；參訪原生植物園，提到構樹、樟樹、相思樹、破布子；挖竹筍，提到竹子的生長；最後一課提到牽牛花，紫花酢醬草、含羞草等野花。我就請家裡賣花的學生帶來菊花，去自然專科教室借放大鏡，介紹菊科植物。跟學生說明你們在校園看到的飄啊飄的種子，不一定是蒲公英的種子，菊科植物的野花像兔兒菜、黃鵪菜、昭和草，它們的種子都跟蒲公英的種子同一個形態，都是下面有一個螺旋槳，上

面有白色的纖毛，隨風飄啊飄的。光講的還不夠，再帶學生去校園看看，看到馬利筋爆開的果實，有一團的螺旋槳種子，我讓學生一人帶一個回去貼在課本上。去看樟樹、去找構樹，構樹不見了，學校裡也沒有破布子、竹子，於是打電話到臺北市植物園詢問有沒有為我們這種教學專題提供的解說服務？有，於是上網登錄，輸入我們要參觀的主題植物——民俗植物與民生植物。植物園的解說員水準是一流的，講解時會把歷史、文化、典故也一併介紹。因為我對他們瞭若指掌，我曾跟著解說員聽了十二個月的解說活動。這是我會去做的事，也就是李玉貴所提到的蒐集資訊的真實性閱讀。

三、一點星光的展望

「促進制式語文教材編纂更新」，連知名作家、大學裡的教授，在國立編譯館的審查會議中都感到與傳統拔河的困難，那我們能做什麼？做你可以做到的事，橋樑書自編教材設計沒有人阻擋你，沒有人要你做，也沒有人說你不能做。這就是你可以做的事，這就是打破制式語文教材結構的教學。帶學生用放大鏡認識菊科植物，去校園找蒲公英種子，去植物園參觀民俗植物與民生植物，也是打破制式語文教學方法的事，這都是我們可以做的事。雖然《親子天下》雜誌〈教科書背後的危機〉一文中提到：教師慣性決定教科書走向，而非學生需求。文中引用的例子是國中老師選書的情形；但在小學裡，我們沒有什麼預設立場，覺得部編版的數學題目老是出錯，我們就決定看看別的出版社的。臺語讀本也一樣，看到已使用好幾年的金安，看到一家不怎麼常見的出版社，但課文的內容非常貼近臺

語生活中的用語和對話，我們也會選擇換版本了。所以老師慣性決定教科書走向，而非學生需求，真的如此嗎？

　　當我有了想要研究「從圖像閱讀銜接到文字閱讀」的意圖時，我想到的也是橋樑書會不會變成另一種形式的課外讀物教科書，所以才會一再的敘說其實所有的讀物都可以是橋樑書，因為不希望連架橋的讀物都制式化。從「從橋樑書中開啟圖像閱讀銜接到文字閱讀的文學饗宴四部曲」的首部曲：美感的啟蒙／兒歌與童詩精選、二部曲：幸福的樂章／童話與寓言故事精選、三部曲：如錦的編織／散文與生活故事精選、四部曲：生命的地圖／兒童戲劇與少年小說精選，我花了很多的心思編教材。到「圖像閱讀銜接到文字閱讀的教學設計及其施行途徑」的第一級：多圖像閱讀的教學設計及其施行途徑、第二級：半圖像半文字閱讀的教學設計及其施行途徑、第三級：全文字閱讀的教學設計及其施行途徑，我認真的在教學中與學生探討。希望看過這兩個章節的讀者，能夠帶給你們一些有心於閱讀教學，尤其是在從圖像閱讀銜接到文字閱讀教學這一區塊的有志一同者，看到一點星光。或許就是我們這些點點的星光，可以慢慢的將制式的教科書教材點綴得美麗一點，甚至有一天可以一起幫它換裝，讓星空更璀璨閃亮。

第八章

結論

第一節　重點的回顧

「橋樑書」這個詞最早出現在誠品報告 2003【專題十三】〈在圖與字之間——孩子的閱讀也要有階段性〉一文中，文中開頭明說：親子書也和大人書一樣，依照不同的旨趣再行分類，如美育、知識、教養、語言學習等；不過親子書的分類還有一項大人書所沒有的特點：階段性。這個閱讀的階段套用西方世界為童書建立的架構，約略可分為圖畫書（picture books）、故事書（story books）和青少年讀物（young adult novels）。故事書又依年齡層（大約 5 或 6 歲左右）分為「轉接讀本」（transitional readers 或 chapter books）和「簡易讀本」（easy readers）。後面兩種經常被稱為「橋樑書」（bridging books）。bridging 顧名思義就是架接，而兩種讀本的架接功能便設定在「由圖畫書的少字多圖」漸進至「純文字的青少年文學」、「中介的插圖書」或「篇章較短，故事結構較清晰簡易的兒童文學」，就是透過圖文的比例、內容敘述的繁複性、生活性、趣味性，以漸進的方式，讓孩子建立自我閱讀的自信。這就是橋樑書要達成的功能；這是出版界關心兒童閱讀教育者首先給我們的訊息。看到出版界的橋樑書出版理念，身為教學現場第一線的我，不

禁也暗自思索，我為學生的閱讀診脈過嗎？我知道他們需要什麼樣的銜接讀物嗎？當然，我也對出版界的橋樑書的功能感到疑惑，一套一套的橋樑書究竟適合誰讀？每個孩子的閱讀程度都不一樣啊！只有橋樑書才有銜接圖像閱讀到文字閱讀的架橋功能嗎？好像太狹隘了。這樣的疑惑讓我產生了行動的力量和研究的動機。所謂的行動，指的是我認為有更多的橋樑書就在身邊，只是我們沒有去尋訪、提取；而必須研究的理由是自己必須先十分清楚、明白的知道橋樑書的理念、原則，才能從出版界的橋樑書走出，編製屬於自己的學生需求的橋樑書。在本論述的最終，將以回顧的方式來檢視我對「一個橋樑書的新願景──從圖像到文字閱讀的教學研究」的論述要點，希望有助於讀者對於整個論述的思考脈絡更加清楚。

在第一章緒論中提到「從圖像閱讀銜接到文字閱讀」是目前關心教育的人士憂心的一個問題。這主要是由於推動圖畫書閱讀已多年，希望藉此培養孩子們的閱讀興趣和習慣，但普遍的現象是大部分的孩子仍然沒有辦法深入閱讀文字書。於是有了橋樑書的出現，希望藉此將孩子們帶入文字書的世界。但是我個人認為狹義的橋樑書是不夠普遍性的。基於這個緣由，我以「一個橋樑書的新願景──從圖像到文字閱讀的教學研究」為題，先就「橋樑書」、「圖像閱讀」、「文字閱讀」、「閱讀教學」、「新橋樑書」、「橋樑書的功能」、「橋樑書的運用」等概念釐清。接著是建立命題，橋樑書的出現是要促進閱讀興趣和習慣的進一步獨立，因此我所建立的命題依序為：「現有制式教材過於簡化」、「橋樑書可以培養學童的閱讀興趣」、「橋樑書的成形有助於學校自我激化」。這是作為我論述「一個橋樑書的新願景──從圖像到文字閱讀的教學研究」的基礎，並且據以形成研究問題，接著依據所形成的研究問題，選擇適切的研究方法分別

如下：首先以現象主義方法來詮釋「橋樑書」、「圖像閱讀」、「文字閱讀」的定義、「橋樑書與閱讀教學」的關係和相關研究成果的整理、分析和批判及此一課題在教學實施上的新的可能性；其次，以心理學和社會學方法探討「橋樑書新概念的建立」、「橋樑書的階段性閱讀功能」等課題，希望有進一步開創性的解讀，是本研究帶給讀者的「新意」；接著以美學方法對「文學饗宴四部曲」加以論述、說明；最後，以社會學方法探究「橋樑書在閱讀教學上運用的可能性」「制式教材過於簡化、橋樑書的成形有助於學校自我激化」「相關研究成果的應用推廣」，尋求目前社會現狀突破的可能性。

　　我論述「一個橋樑書的新願景──從圖像到文字閱讀的教學研究」意在突破現有橋樑書狹義的運用概念，期望以教學現場第一線的教學者的專業覺察力和敏感度，編製屬於自己學生需求的橋樑書，是屬於理論的建構。我所依循的是：「理論建構在講究創新，大致上從概念的設定開始，經由命題的建立到命題的演繹及其相關條件的配置等程序而完成一套具體系且有創意的論說。」（周慶華，2004a：329）所以在論述上也就不採一般實證研究的體例，因為實證研究的體例，只適用於以質性或量化方法進行的研究。在研究問題與方法確立以後，便是研究範圍的界定與限制。我將論述的焦點集中在：橋樑書的界定、閱讀功能、運用的可能性；現有語文教育的缺失；文學饗宴四部曲多元素材自編教學設計的選編原則分析；圖像與文字閱讀由「圖圖文」到「圖文文」再到「文文文」自編教學設計的原則及理念，相關研究成果的應用推廣等。不在這個範圍內的，就成了本研究的限制。它包括：（一）編寫設計素材只能以文學作品為主；（二）教學活動只設定在閱讀上；（三）本研究因為

研究者自身所擔任的教學年級為三、四年級，教學設計的實施、應用受限於本身的教學處境，所以無法做到全面性檢證的地步。

在研究目的、問題、方法、範圍建立後，第二章文獻探討主要是針對既有研究論述的回顧與檢討，一方面是方便讀者對這個題目有基本的了解；另一方面則是用以區別我的論述所要拓展、建構的部分，以凸顯研究價值。在這一章分別按「橋樑書」、「圖像閱讀」、「文字閱讀」、「圖像閱讀和文字閱讀」、「橋樑書與閱讀教學」五個面向進行。整體來說，現有研究中有關「圖畫書教學」和「閱讀教學」的論述已相當豐盈，但「橋樑書」是這三、四年才有的概念，所以並無相關論文研究。「圖像閱讀」和「文字閱讀」各自的含義與共舞、互斥的效果，也是因為「架橋」工作而凸顯出來的。還有「橋樑書與閱讀教學」才剛起步，所以這正是我的論述所要建構的部分。

在論述「一個橋樑書的新願景」之前，有必要先就「橋樑書新概念」的建立，予以詳細的說明、界定，這是第三章所要處理的。我們必須知道「橋樑書」這個新概念，再從這個來自西方閱讀分級系統的概念的作用，檢視我們要的是什麼？從而重新調整，視我們的學習環境、景況，發展出屬於自己的「橋樑書」，這就是「新橋樑書」的概念。它未必一定要成書，但一定要有架橋的功能。而且它是活性的，是流動的，是可變換的，所以應該說「新橋樑書」的概念是能擔任起架橋功能的讀物都是橋樑書。作用場域可以融入學科教學中的閱讀課、彈性課程等。

第四章要探討「現有語文教育的缺失與改善途徑」，目前在課室裡的國語課本的編纂，課文篇章內容淺顯、篇幅短，課文說明性文類較少，類型單一，真實性與功能性不足，教學指引的課文閱讀

教學觀與 PIRLS 所定義的閱讀歷程內含有所差距。另外還有課內閱讀教學方法、教師是否具備課內閱讀策略的教學能力、教師課外閱讀教學是否落實指導學生閱讀策略等各項急待改善的問題。相反的，「橋樑書的成形有助於學校自我激化變成一座活的圖書館」，是大家討論到目前學校使用教科書教學的缺失時，一個新的教學願景。

　　第五章是本論述所建構的橋樑書自編教材，是新願景的著力所在，它所論述、開創的內容是「從橋樑書中開啟圖像閱讀銜接到文字閱讀的文學饗宴四部曲」，分別是「首部曲：美感的啟蒙／兒歌與童詩精選」、「二部曲：幸福的樂章／童話與寓言故事精選」、「三部曲：如錦的編織／散文與生活故事精選」、「四部曲：生命的地圖／兒童戲劇與少年小說精選」。首部曲以童詩和兒歌為教學主體，最主要的根據是字數，再者是句型和字彙難易度。二部曲首先以童話故事多變的情節性及奇幻的想像來吸引兒童對閱讀的興趣，再者以故事內容簡單，但啟發性很強、充滿機智的寓言故事來引導孩童閱讀。三部曲以散文的純淨質地引領學生深觸文學最美好的開端，以生活故事來開展學生的生活體驗和啟示。四部曲以兒童戲劇讓學生浸潤在「第七藝術」當中，認識這門綜合的藝術，包括了詩歌、小說、音樂、繪畫、建築、雕塑、舞蹈……等藝術特質；以少年小說承載起對青少年生命成長的啟蒙責任，這張生命的地圖必須能引領每一個孩子，面對未來現實人生可能面臨的挑戰。

　　跟第五章相應的第六章所論述的是「多圖像閱讀」、「半圖像半文字閱讀」、「全文字閱讀」的教學設計及其施行途徑。為何說相應？那是因為這四個部曲你不必限定某一個時間一定要實施哪一個部曲，要用漸次的順序來安排教學內容，這四部曲彷若是個兒童文學

菁華倉庫，要用「多圖少文→半圖半文→全文字」的原則與理念來提取。就像我在本論述第二章提及的閱讀的層級是漸進的，第一層級閱讀並沒有在第二層級的閱讀中消失，第二層級又包含在第三層級中。最高的閱讀層級，包括了所有的閱讀層次，也超過了所有的層次。

第七章論述的是相關研究成果的應用推廣。如果我們認同「橋樑書」的銜接功能，那麼「新橋樑書」的最重要意義更在於反對銜接角色的「定於一尊」。因此，前面我們透過不同面向了解圖像閱讀銜接的文字閱讀的重要性，個人也將自己一步一步嘗試的架橋工作，包括理念、實作經驗，提供教學者自編教材與改善教法的參考，依據教學現場學生的需求來幫他作架橋工作，漸漸地他也會憑著自己的感覺去尋找自己要的橋樑書，這是要激發學習者自我階次進取閱讀模式的建立。因為這樣的自編教材的實施，當提升了學生的能力之後，間接的也能促進制式語文教材編纂的更新產生一些促發的力量。總的來說，本論述希望能提供讀者了解「橋樑書」的階段性閱讀功能，而要更擴大它的功用，要走出明定「橋樑書」的框框，是每個學生的不同需求，提取他們所需要的銜接讀物，幫助學生「從圖像閱讀漸漸走入全文字閱讀」，最後並不拋棄圖像閱讀，而是統統都閱讀。

第二節　未來研究的展望

「橋樑書」是這幾年才出現的出版概念，有很多家長、老師現在才逐漸的認識它。我是在兩年前的一場研習中才初次接觸到這個

詞彙，所以有關「橋樑書」的論述應該是一個陌生的地帶。目前書籍的出版大多翻譯自國外，歐、美、日都有，臺灣本土的正在起步，所以有關運用的成效，也還沒能作檢證。我的橋樑書自編教學設計只能說是跟它用同步的理念和原則去設計、實施而已，所以也有許多待開發的地方。在論述的過程中，有不少的方向可以在此提出作為後續研究的依據。首先，是橋樑書自編教學設計的教材範圍界定，本論述的範疇設定在「文學饗宴」，所以編寫設計素材只能以文學作品為主，其他諸如科學類、藝術類……等非文學類別便無法觸及。未來的研究者若能將非文學類的讀物納入教材編製範疇，藉著不同類型文字書寫的形式和邏輯，開闊孩子們的閱讀經驗，將更能全方位和多元的顧及學生的閱讀興趣和習慣的建立。李玉貴在〈從臺灣 PIRLS2006 評估結果談小學語文閱讀教學的現況與現象〉一文中，也提及課文說明性文類較少，類型單一，真實性與功能性不足，社會、科學、藝術類的文章都是說明文，所以跨出文學領域是勢在必行的。接著者，教學活動只設定在閱讀上，因現實情境不允許多耗時間旁涉；否則，會難以控制其變化，觀察相關的成效。但閱讀與寫作如果能結合研究，將更能看出閱讀對一個人氣質轉化的影響力，畢竟「文如其人」，這也是未來的研究者，可以參酌的研究面向。最後，我規畫橋樑書自編教學設計的用意，並不是要否定目前出版潮流正熱烈的「橋樑書」，只是希望由圖像閱讀銜接到文字閱讀的架橋工作，不只是站在出版者或學者的眼光角度來看，教學實務工作者現場經驗的真實性，更能協助關心教育的人士，有更精準、細微的掌舵方向；我們不是背道而馳的，而是要共同攜手為孩子努力的。

　　在我和學校裡參與閱讀種子教師訓練的同事聊天時,她告訴我一星期讓學生閱讀一本課外書,書都是她買的,每一本書她都會設計學習單。她不是隨隨便便設計的,是自己一讀再讀、細細品味之後,自己非常喜歡,有所感動、有所觸發之後,才去構思要如何編製出一份讓學生跟她有同樣收穫的學習單。書是她自己買的,自己還一看再看,自己覺得好才跟學生分享,我聽了很感動!好像我在編制童話討論單和篩選兒童散文時的樣子喔!我也跟她分享,每一篇童話我真的一看再看,有深刻感受了,抓準那個意味,才寫下討論題目。選散文時,也是讀了一本又一本,數十篇讀來讀去,怕壞了散文的美好形象(因為我自己也很喜歡散文),很慎重的作選擇。這位老師真的好想看這篇論述,很有心的一位老師,但是我還沒完稿,還沒修潤過,所以告訴她完成後一定跟她分享;不能馬上給她看,深覺得有些歉意,因為她對教育的那份溫柔用心。

　　做任何的教學都需要團隊的合作和分享,對於橋樑書概念逐漸走入校園,家長和老師們也逐漸對它有了認識的今天,「新橋樑書」的「新意」希望有更多的有心者看出來,讓我們為學生們架起一個更堅固、更寬闊的橋樑。

參考文獻

C.C.Pappas, B.Z.Kiefer & L.S.Levstik 等著，林佩蓉、蔡慧姿譯（2004），《統整式語文教學的理論與實務》，臺北：心理。

J.W.Peterson 著，陳質采譯（1998），《我的妹妹聽不見》，臺北：遠流。

小魯閱讀網（2007），〈橋樑書的創意教學設計〉，網址：http://www.tienwei.com.tw/article/article.php?articleid=643 ，點閱日期：2008.08.22

大衛‧卡利著，吳愉萱譯（2006），《我等待》，臺北：米奇巴克。

王文華（2007），《歡喜巫婆買掃把》，臺北：小兵。

王淑芬（2006a），《一年級鮮事多》，臺北：作家。

王淑芬（2006b），《二年級問題多》，臺北：作家。

王淑芬（2006c），《三年級花樣多》，臺北：作家。

王淑芬（2006d），《四年級煩惱多》，臺北：作家。

王淑芬（2006e），《五年級意見多》，臺北：作家。

王淑芬（2006f），《六年級怪事多》，臺北：作家。

天下雜誌編輯部（2008），《閱讀123》，臺北：天下雜誌。

戶田和代著，郭淑娟譯（2003），《狐狸的電話亭》，臺北：和融。

丹‧葛林寶著，陳家輝譯（2007），《札克檔案系列》，臺北：哈佛人。

中島和子著，林文茜譯（2005），《最後的魔法》，臺北：東方。

方淑貞（2003），《Fun 的教學：圖畫書與語文教學》，臺北：心理。

布萊恩‧賽茲尼克著，宋珮譯（2007），《雨果的祕密》，臺北：遠流。

古德曼著，洪月女譯（1998），《談閱讀》，臺北：心理。

艾德勒、范多倫著，郝明義、朱衣譯（2003），《如何閱讀一本書》，臺北：商務。

艾爾斯‧敏納立克著，潘人木譯（2008），《小熊系列》，臺北：上誼。

艾諾‧洛貝爾著，黨英臺譯（2001a），《青蛙與蟾蜍──好朋友》，

　　臺北：上誼。

艾諾‧洛貝爾著，黨英臺譯（2001b），《青蛙與蟾蜍──好伙伴》，
　　臺北：上誼。

艾諾‧洛貝爾著，黨英臺譯（2001c），《青蛙與蟾蜍──快樂年年》，
　　臺北：上誼。

艾諾‧洛貝爾著，黨英臺譯（2001d），《青蛙與蟾蜍──快樂時光》，
　　臺北：上誼。

何三本（1995），《幼兒故事學》，臺北：五南。

克拉格特‧強森著，林良譯（2008），《阿羅有枝彩色筆》，臺北：
　　上誼。

克莉絲蒂娜‧涅斯林格著，張筱雲譯（2004a），《法蘭茲的故事》，
　　臺北：東方。

克莉絲蒂娜‧涅斯林格著，張筱雲譯（2004b），《法蘭茲和電視》，
　　臺北：東方。

克莉絲蒂娜‧涅斯林格著，張筱雲譯（2004c），《法蘭茲踢足球》，
　　臺北：東方。

克莉絲蒂娜‧涅斯林格著，張筱雲譯（2004d），《法蘭茲做功課》，
　　臺北：東方。

李玉貴（2008），〈從臺灣 PIRLS2006 評估結果談小學語文閱讀教學
　　的現況與現象〉，《國文天地》第 24 卷第 4 期，4-19。

李惠加（1998），〈圖畫書的語言訊息傳達〉，《兒童文學與兒童語
　　言學術研討會論文集》，98～199，臺北：富春。

李歐‧李歐尼著，楊茂秀譯（2006），《一寸蟲》，臺北：大穎。

阿盛（1990），《火車與稻田──阿盛散文選》，臺南：南縣文化局。

阿諾‧羅北兒著，楊茂秀譯（1997），《羅北兒故事集》，臺北：遠流。

吳英長（2007），《兒童文學與閱讀教學》，臺東：吳英長老師紀念
　　文集編輯委員會。

岩村和朗著，游珮芸譯（2006），《愛思考的青蛙》，臺北：上誼。

林小杯（2000），《叫夢起床》，臺北：上誼。

林文寶、徐守濤、陳正治、蔡尚志合著（1996），《兒童文學》，臺
　　北：五南。

林文寶編（2006），《2002 年臺灣兒童文學精華集》，臺北：天衛。

林玉珮（2007），〈體檢國語文教育──時數不足，教法凌亂〉，《教

出寫作力》，56-66，臺北：天下。

林玉薇（2001），《建構一座壯麗星系——簡媜散文研究》，東吳大學中國文學系碩士論文，未出版，臺北。

林世仁、哲也（2006），《字的童話》，臺北：天下雜誌。

林守為（1990），《兒童文學》，臺北：五南。

林良編（1985），《童詩五家》，臺北：爾雅。

林良（2002），《淺語的藝術》，臺北：國語日報。

林明憲（2002），《幻想的遊戲——管家琪的童話研究》，屏東師範學院國民教育研究所碩士論文，未出版，屏東。

林美琴（2009.02.22），〈圖畫書是閱讀的助力還是阻力〉，《國語日報》兒童文學版。

林武憲（2004），〈我們對多元語文教育應有的認識與素養〉，《教師天地》第 131 期，8-14。

林煥彰（1980），《童詩百首》，臺北：爾雅。

林滿秋（2006），《隨身聽小孩》，臺北：小魯。

林德姮（2008），〈雙線並列的故事結構〉，《國語日報》兒童文學版 2009.05.03

林慧珍（2009.09.28），〈圖畫書是大人念給孩子聽的書〉，《國語日報》兒童文學版。

佩特‧哈群斯著，上誼出版部譯（1993），《母雞蘿絲去散步》，臺北：上誼。

幸佳慧（1998），《兒童圖畫故事書的藝術探討》，成功大學藝術研究所碩士論文，未出版，臺南。

周祝瑛（2006），〈從紐西蘭反思臺灣的語文教育〉，《文訊》第 248 期，95-97。

周惠玲（2000），《夢穀子，在天空之海——兒童文學詩歌選集幼獅文化 1988～1998》，臺北：幼獅。

周慶華（2004a），《語文研究法》，臺北：洪葉。

周慶華（2004b），《創造性寫作教學》，臺北：萬卷樓。

周慶華（2007），《語文教學方法》，臺北：里仁。

近藤薰美子著，陳怡如譯（2007），《219 隻螳螂》，臺北：遠流。

近藤薰美子著，陳怡如譯（2007），《種子笑哈哈》，臺北：遠流。

珍‧杜南著，宋珮譯（2006），《觀賞圖畫書中的圖畫》，臺北：雄獅。

洪志明（2000），《童詩萬花筒──兒童文學詩歌選集 1988～1998》，臺北：幼獅。

洪志明（2007），《11 堂智慧故事課》，臺北：小魯。

洪志明（2008），《一分鐘寓言》，臺北：小魯。

洪志明、陳沛慈、陳景聰編（2006a），《2000 年臺灣兒童文學精華集》，臺北：天衛。

洪志明、陳沛慈、陳景聰編（2006b），《2001 年臺灣兒童文學精華集》，臺北：天衛。

洪志明、陳沛慈、陳景聰編（2006c），《2003 年臺灣兒童文學精華集》，臺北：天衛。

侯明秀（2003），《無字圖畫書的圖像表現力及其敘事藝術之研究》，臺東大學兒童文學研究所碩士論文，未出版，臺東。

神澤利子著，張桂娥譯（2002），《媽媽，生日快樂！》，臺北：小魯。

神澤利子著，張桂娥譯（2006 a），《你好！小熊沃夫》，臺北：小魯。

神澤利子著，小路譯（2006 b），《平底鍋爺爺》，臺北：東方。

柯華葳（2006），《教出閱讀力》，臺北：天下。

柯華葳、詹益綾、張建妤、游婷雅（2008），《臺灣四年級學生閱讀素養（PIRLS 2006 報告）》，國家科學委員會科學教育處、教育部國民教育司、中央大學學習與教學研究所。

約翰‧洛威‧湯森著，謝瑤玲譯（2003），《英語兒童文學史綱》，臺北：天衛。

徐琬瑩（2006），《不只是兒戲：兒童劇本集》，臺北：幼獅。

哲也（2005），《童話莊子》，臺北：小魯。

高山榮子著，周姚萍譯（2006），《南瓜弟弟忘東西》，臺北：小魯。

郝明義（2007），《越讀者》，臺北：網路與書。

夏婉雲（2007），《童詩的時空設計》，臺北：富春。

徐錦成編（2006），《九十四年童話選》，臺北：九歌。

張子樟（1999），《少年小說大家讀──啟蒙與成長的探索》，臺北：天衛。

張子樟（2000），《沖天炮 VS.彈子王──兒童文學小說選集 1988～1998》，臺北：幼獅。

張子樟（2008），〈擺盪於圖像與文字之間〉，自由電子報，網址：http://www.libertytimes.com.tw/2008/new/mar/10/today-article1.htm，點

閱日期：2008.08.22。

張清榮（2002），《少年小說研究》，臺北：萬卷樓。

張淑瓊、劉清彥（2007），〈170 本橋樑書推薦與導讀〉，《教出寫作力》，274-295，臺北：天下。

張淑瓊（2008），〈如何為孩子選書？〉，網址：http://www.best100club.com/bestfocus/kids/expert2_1.asp，點閱日期：2008.08.05。

張湘君、葛琦霞編著（1999），《開放教育總動員：25 本童書教學活動設計》，臺北：天衛。

曼古埃爾著，吳昌杰譯（1999），《閱讀地圖》，臺北：商務。

曹俊彥（1998），〈圖畫・故事・書〉，《美育月刊》第 91 期，國立臺灣藝術教育館，20，臺北。

曹俊彥（1995），〈圖畫故事的寫作〉，張湘君主編，《認識幼兒讀物》，12，臺北：天衛。

郭雅玲（2004），《少年小說鑑賞之研究——以李潼得獎中長篇少年小說為例》，高雄師範大學國文教學碩士班碩士論文，未出版，高雄。

莊惠雅（2001），《臺灣兒童戲劇發展之研究（1945-2000）》，臺東大學兒童文學研究所碩士論文，未出版，臺東。

陳玉金（2007），〈童書出版現象觀察─銜接圖像，進入文字閱讀的橋梁書〉，《全國新書資訊月刊》第 100 期，32-35。

陳正治（2007），《兒歌理論與賞析》，臺北：五南。

陳義芝編（1994），《簷夢春雨》，臺北：朱一。

陳信茂編著（1983），《兒童戲劇概論》，臺北：臺大。

培利・諾德曼著，劉鳳芯譯（2000），《閱讀兒童文學的樂趣》，臺北：天衛。

莫渝編譯（1991），《夢中的花朵——法國兒童詩選》，臺北：富春。

馮季眉（2000），《甜雨・超人・丟丟銅——兒童文學故事選集 1988～1998》，臺北：幼獅。

馮輝岳（2000），《有情樹——兒童文學散文選集 1988～1998》，臺北：幼獅。

馮輝岳（2000），《兒童散文精華集：馮輝岳導讀精品 14 篇》，臺北：小魯。

馮輝岳（2003），《小保學畫畫》，臺北：小魯。

曾西霸（2000），《粉墨人生──兒童文學戲劇選集 1988～1998》，臺北：幼獅。

提利著，謝蕙心譯（2002），《薩琪到底有沒有小雞雞》，臺北：米奇巴克。

提利著，謝蕙心譯（2002），《薩琪想要一個小寶寶》，臺北：米奇巴克。

黃秋芳編（2007），《九十五年童話選》，臺北：九歌。

黃秋芳編（2008），《九十六年童話選》，臺北：九歌。

黃靜萩（2001），《童心話童年──國小低年級兒童詩歌教學歷程之研究》，國立臺北師範學院課程與教學研究所碩士論文，未出版，臺北。

凱瑟琳・派特森、珍・立德等著，劉清彥譯（2007），《我會自己讀》，臺北：天下雜誌。

菲利帕・皮亞斯著，張麗雪譯（2000），《湯姆的午夜花園》，臺北：東方。

彭懿編著（2006），《圖畫書：閱讀與經典》，南昌：二十一世紀。

博客來網路書店（2007），〈找到最適合你的英文書〉，網址：http://www.books.com.tw/activity/2007/11/Lexile/index.html，點閱日期：2008.08.22。

楊茂秀（1999），〈英語繪本與英語的教與學〉，《臺灣地區兒童文學與國小語文教學研討會論文集》，3-27，臺東：臺東師範學院兒童文學研究所。

楊茂秀（2008），〈黑貓白貓一文觀察篇〉，網址：http://blog.ylib.com/maoshow/Archives/2008/06/30/6568，點閱日期：2008.08.22。

誠品報告編輯部（2004），〈專題十三：在圖與字之間──孩子的閱讀也要有階段性〉，《誠品報告 2003》，網址：http://city.udn.com/54948/2043522，點閱日期：2008.08.5。

新浪新聞中心（2008），〈親子橋樑書：要有進階的特質〉，網址：http://news.sina.com.tw/article/20080523/376958.html，點閱日期：2008.07.28。

塗絲佳（2006），《國中國文「閱讀」教學研究》，高雄師範大學國文教學研究所碩士論文，未出版，高雄。

葉瑞霞（2004），《馮輝岳兒童散文研究》，臺東大學兒童文學研究

所碩士論文，未出版，臺東。

廖玉蕙（2009），〈別讓修辭學困住下一代〉，《親子天下》，112-114，臺北：天下。

臺灣省兒童文學協會（1991），《臺灣兒童詩選集》，臺中：臺灣省兒童文學協會。

劉克襄（1991），《風鳥皮諾查》，臺北：遠流。

劉梅影編著（1994），《世界繪本五大獎精選（親子手冊）》，臺北：格林。

趙雅麗（2002），《言語世界中的流動光影——口述影像的理論建構》，臺北：五南。

熊田勇著，何榮發譯（2002），《我的肚子變白的原因》，臺北：和融。

鄭麗玉（1990），《認知與教學》，臺北：五南。

蔡雅惠（2003），《中學寓言教學研究》，高雄師範大學國文教學碩士班碩士論文，未出版，高雄。

謝武彰（2008），《寫給兒童的好散文》，臺北：小魯。

謝雲珠（2002），《探討國小校園文化——以王淑芬校園系列書為例》臺東大學兒童文學研究所碩士論文，未出版，臺東。

謝鴻文（2008.11.16），〈落幕的感動與微笑之後——從《會笑的星星》看臺灣兒童劇的未來〉，《國語日報》兒童文學版。

謝鴻文（2008.10.19），〈為兒童量身打造的故事劇場——徐琬瑩《不只是兒戲》的語言與表現形式〉，《國語日報》兒童文學版。

簡媜（1999），《紅嬰仔》，臺北：聯合文學。

羅爾德・達爾著，任溶溶譯（1990），《巧克力工廠的祕密》，臺北：志文。

嚴北溟、嚴捷（2008），《中國哲理寓言大全》，香港：商務。

國家圖書館出版品預行編目

一個橋樑書的新願景．從圖像到文字閱讀的教學研究 / 曾麗珍著.-- 一版.-- 臺北市：秀威資訊科技, 2009.11

面；　公分. -- (社會科學類；AF0120 東大學術；18)

BOD 版

ISBN 978-986-221-322-3(平裝)

1. 閱讀指導　2. 小學教學　3. 教學研究

523.31　　　　　　　　　　　　　98019551

社會科學類　　AF0120

東大學術⑱

一個橋樑書的新願景
——從圖像到文字閱讀的教學研究

作　　者 / 曾麗珍
發 行 人 / 宋政坤
執行編輯 / 藍志成
圖文排版 / 鄭維心
封面設計 / 陳佩蓉
數位轉譯 / 徐真玉　沈裕閔
圖書銷售 / 林怡君
法律顧問 / 毛國樑　律師
出版印製 / 秀威資訊科技股份有限公司
　　　　　　台北市內湖區瑞光路 583 巷 25 號 1 樓
　　　　　　電話：02-2657-9211　　　　傳真：02-2657-9106
　　　　　　E-mail：service@showwe.com.tw
經 銷 商 / 紅螞蟻圖書有限公司
　　　　　　台北市內湖區舊宗路二段 121 巷 28、32 號 4 樓
　　　　　　電話：02-2795-3656　　　　傳真：02-2795-4100
　　　　　　http://www.e-redant.com

2009 年 11 月 BOD 一版
定價：350 元

讀 者 回 函 卡

感謝您購買本書，為提升服務品質，煩請填寫以下問卷，收到您的寶貴意見後，我們會仔細收藏記錄並回贈紀念品，謝謝！

1. 您購買的書名：_____

2. 您從何得知本書的消息？

　　□網路書店　□部落格　□資料庫搜尋　□書訊　□電子報　□書店

　　□平面媒體　□ 朋友推薦　□網站推薦　□其他_____

3. 您對本書的評價：(請填代號　1.非常滿意 2.滿意 3.尚可 4.再改進)

　　封面設計_____　版面編排_____　內容_____　文/譯筆_____　價格_____

4. 讀完書後您覺得：

　　□很有收獲　□有收獲　□收獲不多　□沒收獲

5. 您會推薦本書給朋友嗎？

　　□會　□不會，為什麼？_____

6. 其他寶貴的意見：_____

　　_____

　　_____

　　_____

讀者基本資料

姓名：_____　年齡：_____　性別：□女 □男

聯絡電話：_____　E-mail：_____

地址：_____

學歷：□高中(含)以下　□高中　□專科學校　□大學

　　　□研究所(含)以上 □其他_____

職業：□製造業 □金融業 □資訊業 □軍警 □傳播業 □自由業

　　　□服務業 □公務員 □教職　□學生 □其他_____

To：114

台北市內湖區瑞光路 583 巷 25 號 1 樓

秀威資訊科技股份有限公司　　　收

寄件人姓名：

寄件人地址：□□□

- -

(請沿線對摺寄回,謝謝!)

秀威與 BOD

BOD（Books On Demand）是數位出版的大趨勢，秀威資訊率先運用 POD 數位印刷設備來生產書籍，並提供作者全程數位出版服務，致使書籍產銷零庫存，知識傳承不絕版，目前已開闢以下書系：

一、BOD 學術著作—專業論述的閱讀延伸
二、BOD 個人著作—分享生命的心路歷程
三、BOD 旅遊著作—個人深度旅遊文學創作
四、BOD 大陸學者—大陸專業學者學術出版
五、POD 獨家經銷—數位產製的代發行書籍

BOD 秀威網路書店：www.showwe.com.tw
政府出版品網路書店：www.govbooks.com.tw

永不絕版的故事・自己寫・永不休止的音符・自己唱